中华人民共和国民法典物权编

注释本

Real Right of Civil Code
of the People's Republic of China

法律出版社法规中心　编

法律出版社
LAW PRESS CHINA

编辑出版说明

现代社会是法治社会,社会发展离不开法治护航,百姓福祉少不了法律保障。遇到问题依法解决,已经成为人们处理矛盾、解决纠纷的不二之选。然而,面对纷繁复杂的法律问题,如何精准、高效地找到法律依据,如何完整、准确地理解和运用法律,日益成为人们“学法、用法”的关键所在。

为了帮助读者快速准确地掌握“学法、用法”的本领,我社开创性地推出了“法律单行本注释本系列”丛书。本丛书自首次出版至今已十余年,历经多次修订完善,现已出版近百个品种,涵盖了社会生活的重要领域,已经成为广大读者学习法律、应用法律之必选图书。

本丛书具有以下特点:

1. 出版机构权威。成立于1954年的法律出版社,是全国首家法律专业出版机构,始终秉承“为人民传播法律”的宗旨,完整记录了中国法治建设发展的全过程,享有“社会科学类全国一级出版社”“全国百佳图书出版单位”等荣誉称号。

2. 编写人员专业。本丛书皆由相关法律领域内的专业人士编写,并引入匿名审稿评估制度,确保图书内容始终紧跟法治进程,反映最新立法动态,体现条文本义内涵。

3. 法律文本标准。作为专业的法律出版机构，多年来，我社始终使用全国人民代表大会常务委员会公报刊登的法律文本，积淀了丰富的标准法律文本资源，并根据立法进度及时更新相关内容。

4. 条文注解精准。本丛书以立法机关的解读为蓝本，对每个条文提炼出条文主旨，并对重点条文进行注释，使读者能精准掌握立法意图，轻松理解条文内容。

5. 配套附录实用。书末“附录”部分收录的均为重要的相关法律、法规和司法解释，使读者在使用中更为便捷，使全书更为实用。

需要说明的是，本丛书中“适用提要”“条文主旨”“条文注释”等内容皆是编者为方便读者阅读、理解而编写，不同于国家正式通过、颁布的法律文本，不具有法律效力。本丛书不足之处，恳请读者批评指正。

我们用心打磨本丛书，以期为法律相关专业的学生释法解疑，致力于帮助每个公民撑起法律的保护伞。

法律出版社法规中心

2020 年 8 月

目　　录

附录一　条 文 对 照

附录二　相关法规(通过正文二维码获取)

《中华人民共和国民法典》物权编适用提要

物权是民事主体依法享有的重要财产权。物权法律制度调整因物的归属和利用而产生的民事关系，是最重要的民事基本制度之一。2007 年第十届全国人民代表大会第五次会议通过了《中华人民共和国物权法》（以下简称《物权法》）自 2007 年 10 月 1 日起施行。《物权法》实施以来，物权保护取得了明显的效果，在一定程度上促进了土地、林地等财产的流转，有利于市场经济的活跃。

2020 年 5 月 28 日第十三届全国人民代表大会第三次会议通过了《中华人民共和国民法典》（以下简称《民法典》），自 2021 年 1 月 1 日起施行。《物权法》等相关法律于《民法典》施行时废止。《民法典》在《物权法》的基础上，按照党中央提出的完善产权保护制度，健全归属清晰、权责明确、保护严格、流转顺畅的现代产权制度的要求，结合现实需要，进一步完善了物权法律制度。第 2 编共 5 个分编、20 章、258 条，主要内容如下。

（一）通则

物权编第 1 分编为通则，规定了物权制度基础性规范，包括平等保护等物权基本原则、物权变动的具体规则，以及物权保护制度。党的十九届四中全会通过的《中共中央关于坚持和完善中国特色社会主义制度推进国家治理体系和治理能力现代化若干重大问题的决定》对社会主义基本经济制度有了新的表述，为贯彻会议精神，《民法典》物权编将有关基本经济制度的规定修改为："国家坚持和完善公有制为主体、多种所有制经济共同发展，按劳分配为主体、多种分配方式并存，社会主义市场经济体制等社会主义基本经济制度。"（第 206 条第 1 款）

（二）所有权

所有权是物权的基础，是所有人对自己的不动产或者动产依法享有占有、使用、收益和处分的权利。物权编第 2 分编规定了所有权制度，包括所有权人的权利，征收和征用规则，国家、集体和私人的所有权，相邻关系、共有等所有权基本制度。针对近年来群众普遍反映业主大会成立难、公共维修资金使用难等问题，并结合此次新型冠状病毒肺炎疫情防控工作，在现行《物权法》规定的基础上，进一步完善了业主的建筑物区分所有权制度：一是明确地方政府有关部门、居民委员会应当对设立业主大会和选举业主委员会给予指导和协助（第 277 条第 2 款）。二是适当降低业主共同决定事项，特别是使用建筑物及其附属设施维修资金的表决门槛，并增加规定紧急情况下使用维修资金的特别程序（第 278 条、第 281 条第 2 款）。三是结合疫情防控工作，在征用组织、个人的不动产或者动产的事由中增加"疫情防控"；明确物业服务企业和业主的相关责任和义务，增加规定物业服务企业或者其他管理人应当执行政府依法实施的应急处置措施和其他管理措施，积极配合开展相关工作，业主应当依法予以配合（第 245 条、第 285 条第 2 款、第 286 条第 1 款）。

（三）用益物权

用益物权是指权利人依法对他人的物享有占有、使用和收益的权利。物权编第 3 分编规定了用益物权制度，明确了用益物权人的基本权利和义务，以及建设用地使用权、宅基地使用权、地役权等用益物权。《民法典》还在《物权法》规定的基础上，作了进一步完善：一是落实党中央关于完善产权保护制度依法保护产权的要求，明确住宅建设用地使用权期限届满的，自动续期；续期费用的缴纳或者减免,依照法律、行政法规的规定办理(第 359 条第 1 款)。二是完善农村集体产权相关制度,落实农村承包地“三权分置”改革的要求,对土地承包经营权的相关规定作了完善,增加土地经营权的规定,并删除耕地使用权不得抵押的规定,以适应“三权分置”后土地经营权入市的需要(第 2 编第 11 章、第 399 条)。考虑到农村集体建设用地和宅基地制度改革正在推进过程中,《民法典》与《土地管理法》等作了衔接性规定(第 361 条、第 363 条)。三是为贯彻党的十九大提出的加快建立多主体供给、多渠道保障住房制度的要求,增加规定“居住权”这一新型用益物权,明确居住权原则上无偿设立,居住权人有权按照合同约定或者遗嘱,经登记占有、使用他人的住宅,以满足其稳定的生活居住需要(第 2 编第 14 章)。

(四)担保物权

担保物权是指为了确保债务履行而设立的物权,包括抵押权、质权和留置权。物权编第 4 分编对担保物权作了规定,明确了担保物权的含义、适用范围、担保范围等共同规则,以及抵押权、质权和留置权的具体规则。《民法典》在《物权法》规定的基础上,进一步完善了担保物权制度,为优化营商环境提供法治保障:一是扩大担保合同的范围,明确融资租赁、保理、所有权保留等非典型担保合同的担保功能,增加规定担保合同包括抵押合同、质押合同和其他具有担保功能的合同(第 388 条第 1 款)。二是删除有关担保物权具体登记机构的规定,为建立统一的动产抵押和权利质押登记制度留下空间。三是简化抵押合同和质押合同的一般条款(第 400 条第 2 款、第 427 条第 2 款)。四是明确实现担保物权的统一受偿规则(第 414 条)。

(五)占有

占有是指对不动产或者动产事实上的控制与支配。物权编第 5 分编对占有的调整范围、无权占有情形下的损害赔偿责任、原物及孳息的返还以及占有保护等作了规定(第 2 编第 20 章)。

第二编　物　　权

第一分编　通　　则

第一章　一般规定

第二百零五条　【物权编的调整范围】[1]本编调整因物的归属和利用产生的民事关系。

条文注释[2]

物权编调整物的归属关系，就要确定物的归属原则，这是物权编的重要内容。物的归属是指物的所有人是谁，确定物的归属即是确定在民事上财产权属于谁，这是对物进行利用的前提。物权编调整因物的利用而产生的相互关系，要确定对物进行利用的规则，这也是物权编的重要内容。因物的归属和利用而产生的民事关系都适用物权编。需要注意的是，物权编并不一般性地调整所有的物的归属和利用的关系，物权编只调整平等主体之间因物的归属和利用而产生的财产关系，也就是本条规定的“民事关系”。

关联法规

《民法典》[3] 第114、115条

---

①② 条文主旨、条文注释为编者所加，仅供参考，下同。——编者注

③ 为方便阅读，本书中法律法规名称均使用简称。

第二百零六条　【社会主义基本经济制度与社会主义市场经济】国家坚持和完善公有制为主体、多种所有制经济共同发展，按劳分配为主体、多种分配方式并存，社会主义市场经济体制等社会主义基本经济制度。

国家巩固和发展公有制经济，鼓励、支持和引导非公有制经济的发展。

国家实行社会主义市场经济，保障一切市场主体的平等法律地位和发展权利。

条文注释

中国特色社会主义物权制度是由社会主义基本经济制度决定的。作为反映我国社会主义生产关系和维护社会主义经济制度的物权编，必须全面、准确地体现现阶段我国社会主义基本经济制度，体现党中央提出的“必须毫不动摇地巩固和发展公有制经济”“必须毫不动摇地鼓励、支持和引导非公有制经济发展”这两个“毫不动摇”的精神。因此，物权编把社会主义基本经济制度两个“毫不动摇”作为物权编的基本原则，贯穿并体现在整部物权编的始终。

第二百零七条　【物权平等保护原则】国家、集体、私人的物权和其他权利人的物权受法律平等保护，任何组织或者个人不得侵犯。

条文注释

民法是调整平等主体之间的财产关系和人身关系的法律，作为民法重要组成部分的物权编，是调整平等主体之间因物的归属和利用而产生的财产关系的法律。物权编平等保护各个民事主体的物权是由民法调整的社会关系的性质决定的。还需要说明的是，本条规定了“其他权利人的物权”，这是由于本条是从所有制的角度对物权主体分类规定平等保护原则的，尚有无法完全纳入“国家”“集体”和“私人”的权利人，如公益性基金会等，因此规定了“其他权利人”。

第二百零八条　【物权公示原则】不动产物权的设立、变更、转让和消灭，应当依照法律规定登记。动产物权的设立和转让，应当依照法律规定交付。

条文注释

物权公示原则包含两层含义：(1)物权人享有物权、物权的内容变更或者物权消灭以什么方式确定，即物权的设立、变更、转让和消灭的方式问题，称为物权变动。(2)由于物权是排他的"绝对权""对世权"，义务人负有不作为的义务。因此必须让广大的义务人清楚地知道谁是权利人，不应该妨碍谁。而且，权利人转让自己的物时，也要让受让方知道其有无资格转让该物。这都要求物权变动要以令公众信服的特定方式确定，便于大家能清楚地知道该物是谁的，以维护权利人和社会公众的合法权益。这是物权的公信问题。

物权公示的主要方法是：不动产物权的设立、变更、转让和消灭经过登记发生效力，动产物权的设立、转让通过交付发生效力。也就是说，要获得不动产的所有权，就要进行登记，登记之后不动产所有权的设立、变更或者消灭才有效。要获得一个动产的所有权，则要通过交付。因此，物权变动的关键点，不动产就是登记，动产就是交付。

第二章　物权的设立、变更、转让和消灭

第一节　不动产登记

第二百零九条　【不动产物权登记的效力】不动产物权的设立、变更、转让和消灭，经依法登记，发生效力；未经登记，不发生效力，但是法律另有规定的除外。

依法属于国家所有的自然资源，所有权可以不登记。

条文注释

不动产，即土地以及房屋、林木等土地附着物。根据本条第1款的规定，原则上不动产物权登记是不动产物权的法定公示手段，是不动产物权设立、变更、转让和消灭的生效要件，也是不动产物权依法获得承认和保护的依据。

不动产物权登记，最基本的效力表现为，除法律另有规定外，不动产物权的变动，经依法登记，发生效力；未经登记，不发生效力。在不动产物权登记这个核心效力的基础上，还可以派生出不动产物权登记推定真实的效力，即除有相反证据证明外，法律认为记载于不动产登记簿的人是该不动产的权利人。因此，对认为不动产登记簿记载的权利为正确权利而取得该项权利的第三人，法律认可其权利取得有效而予以保护，但对明知不动产登记簿记载的权利有瑕疵而取得该项权利的人，法律则不予保护。

本条第1款规定的"法律另有规定的除外"，主要包括三个方面的内容：(1)本条第2款所规定的，依法属于国家所有的自然资源，所有权可以不登记。(2)本章第3节规定的物权设立、变更、转让或者消灭的一些特殊情况，即主要是非依法律行为而发生的物权变动的情形：第一，因人民法院、仲裁委员会的法律文书，人民政府的征收决定等，导致物权设立、变更、转让或者消灭的，自法律文书生效或者人民政府的征收决定等行为生效时发生效力。第二，因继承取得物权的，自继承开始时发生效力。第三，因合法建造、拆除房屋等事实行为设立和消灭物权的，自事实行为成就时发生效力。(3)考虑到现行法律的规定以及我国的实际情况尤其是农村的实际情况，本法并没有对不动产物权的设立、变更、转让和消灭，一概规定必须经依法登记才发生效力。例如，在"土地承包经营权"一章中规定，"土地承包经营权自土地承包经营权合同生效时设立"。同时还规定，"土地承包经营权互换、转让的，当事人可以向登记机构申请登记；未经登记，不得对抗善意第三人"。这里规定的是"未经登记，不得对抗善意第三人"，而不是"不发生效力"。

本法第246~254条对属于国家所有的财产作了规定。需要说明的是，本条第2款只是规定依法属于国家所有的自然资源，所有权可以不登记，至于在国家所有的土地、森林、海域等自然资源上设立用益物权、担保物权，则需要依法登记生效。

关联法规

《民法典》第246～254条；《不动产登记暂行条例》；《不动产登记暂行条例实施细则》

第二百一十条　【不动产登记机构和不动产统一登记】不动产登记，由不动产所在地的登记机构办理。

国家对不动产实行统一登记制度。统一登记的范围、登记机构和登记办法，由法律、行政法规规定。

条文注释

为整合不动产登记职责，规范登记行为，方便群众申请登记，保护权利人合法权益，国务院于2014年11月制定发布了《不动产登记暂行条例》，并于2019年3月修订。目前，不动产登记工作应当按照《不动产登记暂行条例》来执行。2018年9月7日，第十三届全国人大常委会立法规划公布，其中不动产登记法被列为一类立法项目。不动产统一登记的范围、登记机构和登记办法将是不动产登记法的重要内容。

第二百一十一条　【不动产登记申请资料】当事人申请登记，应当根据不同登记事项提供权属证明和不动产界址、面积等必要材料。

条文注释

物权编在此只是原则性地作出一个衔接性的规定，当事人申请登记所需要提供的具体材料，还需要专门法律法规进行进一步明确。例如，《不动产登记暂行条例》第16条就明确规定，申请人应当提交下列材料，并对申请材料的真实性负责：(1)登记申请书；(2)申请人、代理人身份证明材料、授权委托书；(3)相关的不动产权属来源证明材料、登记原因证明文件、不动产权属证书；(4)不动产界址、空间界限、面积等材料；(5)与他人利害关系的说明材料；(6)法律、行政法规以及该条例实施细则规定的其他材料。

关联法规

《不动产登记暂行条例》第14～16条

第二百一十二条 【登记机构的职责】登记机构应当履行下列职责：

（一）查验申请人提供的权属证明和其他必要材料；

（二）就有关登记事项询问申请人；

（三）如实、及时登记有关事项；

（四）法律、行政法规规定的其他职责。

申请登记的不动产的有关情况需要进一步证明的，登记机构可以要求申请人补充材料，必要时可以实地查看。

条文注释

本条内容只是物权编作出的一个原则性规定，随着行政管理体制改革和不动产统一登记制度的建立，法律还将在总结实践经验的基础上对登记机构的履行职责作出更为具体的规定。例如，《不动产登记暂行条例》第18条规定，不动产登记机构应当对下列事项进行查验：(1)不动产界址、空间界限、面积等材料与申请登记的不动产状况是否一致；(2)有关证明材料、文件与申请登记的内容是否一致；(3)登记申请是否违反法律、行政法规规定。第19条规定，对下列事项不动产登记机构可以对申请登记的不动产进行实地查看：(1)房屋等建筑物、构筑物所有权首次登记；(2)在建建筑物抵押权登记；(3)因不动产灭失导致的注销登记；(4)不动产登记机构认为需要实地查看的其他情形。对可能存在权属争议，或者可能涉及他人利害关系的登记申请，不动产登记机构可以向申请人、利害关系人或者有关单位进行调查。

关联法规

《不动产登记暂行条例》第17～22条

第二百一十三条 【登记机构不得从事的行为】登记机构不得有下列行为：

(一)要求对不动产进行评估；

(二)以年检等名义进行重复登记；

(三)超出登记职责范围的其他行为。

条文注释

本条对登记机构某些行为作出予以明确禁止的规定，在明确列举“要求对不动产进行评估”和“以年检等名义进行重复登记”这两项的同时，又规定了一项兜底内容，即“超出登记职责范围的其他行为”，以防止这些登记机构钻法律的空子；同时，也为当事人在权益受到侵害时提供法律武器。

第二百一十四条 【不动产物权变动的生效时间】不动产物权的设立、变更、转让和消灭，依照法律规定应当登记的，自记载于不动产登记簿时发生效力。

条文注释

本法第 209 条第 1 款确立了不动产物权登记生效的原则。本条则具体明确了不动产物权设立、变更、转让和消灭登记生效的时间，即“自记载于不动产登记簿时发生效力”。也就是说，不动产物权登记，自登记机构将不动产物权有关事项记载于不动产登记簿时，始告完成。

不动产登记簿是法律规定的不动产物权登记机构管理的不动产物权登记档案。一般认为，根据物权公示原则的要求，不动产登记簿应当具有以下特征：一是统一性，一个登记区域内的不动产登记簿只能有一个；二是权威性，不动产登记簿是国家建立的档案簿册，其公信力以国家的行为担保，并依此为不动产物权变动的可信性提供保障；三是持久性，不动产登记簿将由登记机构长期保存，以便于当事人和利害关系人的利益获得长期的保障；四是公开性，登记机构不仅应当允许权利人和利害关系人查阅复制，还要为他们的查阅复制提供便利。

第二百一十五条　【合同效力与物权变动区分】当事人之间订立有关设立、变更、转让和消灭不动产物权的合同，除法律另有规定或者当事人另有约定外，自合同成立时生效；未办理物权登记的，不影响合同效力。

条文注释

本条规定的内容，在民法学中称为物权变动与其基础关系（原因关系）的区分原则。以发生物权变动为目的的基础关系，主要是合同，它属于债权法律关系的范畴，合同的成立以及生效应该依据《合同法》来判断。民法学将这种合同看成物权变动的原因行为。不动产物权的变动只能在登记时生效，依法成立生效的合同也许不能发生物权变动的结果。这可能是因为物权因客观情势发生变迁，使物权的变动成为不可能；也可能是物权的出让人“一物二卖”，其中一个买受人先行进行了不动产登记，其他的买受人便不可能取得合同约定转让的物权。有关设立、变更、转让和消灭不动产物权的合同和物权的设立、变更、转让和消灭本身是两个应当加以区分的情况。除非法律有特别规定，合同一经成立，只要不违反法律的强制性规定和社会公共利益，就可以发生效力。合同只是当事人之间的一种合意，并不必然与登记联系在一起。登记是针对民事权利的变动而设定的，它是与物权的变动联系在一起的，是一种物权变动的公示的方法。登记并不是针对合同行为，而是针对物权的变动所采取的一种公示方法，如果当事人之间仅就物权的变动达成合意，而没有办理登记，合同仍然有效。

关联法规

《民法典》第502条

第二百一十六条　【不动产登记簿的效力和管理】不动产登记簿是物权归属和内容的根据。

不动产登记簿由登记机构管理。

条文注释

本条第1款的规定，在民法学上一般称为权利正确性推定原则，即在不动产登记簿上记载某人享有某项物权时，推定该人享有该项权利，其权利的内容也以不动产登记簿上的记载为准。法律规定物权的归属和内容以不动产登记簿为依据，目的就是从国家公信力的角度对物权相对人的利益进行保护，从而建立一个能以客观标准衡量的公正的经济秩序，这也是物权公示原则的价值和要求。法律在为建立公正安全的交易秩序而保护相对人利益的同时，也为可能的事实权利人提供了异议登记、更正登记等救济手段。

关联法规

《不动产登记暂行条例》第8～10条；《最高人民法院关于适用〈中华人民共和国物权法〉若干问题的解释(一)》第2条

第二百一十七条　【不动产登记簿与不动产权属证书的关系】不动产权属证书是权利人享有该不动产物权的证明。不动产权属证书记载的事项，应当与不动产登记簿一致；记载不一致的，除有证据证明不动产登记簿确有错误外，以不动产登记簿为准。

条文注释

不动产权属证书，即不动产的所有权证、使用权证等，是登记机关颁发给权利人作为其享有权利的证明。根据物权公示原则，完成不动产物权公示的方式是不动产登记，不动产物权的归属和内容应以不动产登记簿为依据。不动产物权证书只是不动产登记簿所记载内容的外在表现形式。在社会生活和交易过程中，不动产权利人为了证明自己的权利状况，可以出示权属证书。同时本条规定，不动产权属证书记载的事项，应当与不动产登记簿一致；记载不一致的，除有证据证明不动产登记簿确有错误外，以不动产登记簿为准。

第二百一十八条　【不动产登记资料的查询、复制】权利人、利害关系人可以申请查询、复制不动产登记资料，登记机构应当提供。

条文注释

物权公示虽然是针对不特定的人，但这个不特定的人不是全社会的人。登记资料只要能够满足合同双方当事人以外或者物权权利人以外的人中可能和这个物权发生联系的这部分人的要求，就达到登记的目的和物权公示的目的。如果不加区别地认为所有人都可以去查询、复制登记资料，实际上是一种误导，做了没有必要的事情，甚至会带来不必要的麻烦。因此，本条规定，权利人、利害关系人可以申请查询、复制不动产登记资料，登记机构应当提供。

关联法规

《不动产登记暂行条例》第27条

第二百一十九条　【保护权利人个人信息】利害关系人不得公开、非法使用权利人的不动产登记资料。

条文注释

本条是《民法典》新增加的条文。明确利害关系人有不得公开、非法使用权利人不动产登记资料的义务，目的是保护权利人的个人信息。根据本法第218条的规定，在权利人之外，只有利害关系人可以申请查询、复制登记资料。如此规定已经表明法律不认为不动产物权登记信息属于可以向社会公众开放查询的公开信息。除权利人外，登记资料只要能够满足与特定物权产生利害关系的人查询、复制的需要，就已达到物权公示的目的。然而，利害关系人虽然依法有资格查询、复制不动产登记资料，本条明确，其仍有义务保护不动产权利人的个人信息，不得公开、非法使用权利人的不动产登记资料。

还应当注意的是，《民法典》总则编在"民事权利"一章明确规定："自然人的个人信息受法律保护。任何组织或者个人需要获取他人个人信息的，应当依法取得并确保信息安全，不得非法收集、使用、加工、传输他人个人信息，不得非法买卖、提供或者公开他人个人信息。"此外，对个人信息的保护还涉及多部法律，如《消费者权益保护法》《网络安全法》《商业银行法》《执业医师法》《居民身份证法》

等。这些法律从不同角度对自然人个人信息进行保护,明确相关民事主体的权利义务,规定相应的民事责任、行政责任以及刑事责任。

关联法规

《不动产登记暂行条例》第28条

第二百二十条 【更正登记与异议登记】权利人、利害关系人认为不动产登记簿记载的事项错误的,可以申请更正登记。不动产登记簿记载的权利人书面同意更正或者有证据证明登记确有错误的,登记机构应当予以更正。

不动产登记簿记载的权利人不同意更正的,利害关系人可以申请异议登记。登记机构予以异议登记,申请人自异议登记之日起十五日内不提起诉讼的,异议登记失效。异议登记不当,造成权利人损害的,权利人可以向申请人请求损害赔偿。

条文注释

更正登记与异议登记同样是保护事实上的权利人或者真正权利人以及真正权利状态的法律措施。与异议登记不同的是,更正登记是彻底地消除登记权利与真正权利不一致的状态,避免第三人依据不动产登记簿取得不动产登记簿上记载有误的物权。因此,也可以认为更正登记是对原登记权利的涂销登记,同时是对真正权利的初始登记。更正登记有两种方式:一种是经权利人(包括登记上的权利人和事实上的权利人)以及利害关系人申请的登记;另一种是登记机关自己发现错误后作出的更正登记。

异议登记,就是将事实上的权利人以及利害关系人对不动产登记簿记载的权利所提出的异议记入登记簿,异议登记的法律效力是,登记簿上所记载权利失去正确性推定的效力,第三人也不得主张依照登记的公信力而受到保护。本条同时规定,申请人自异议登记之日起15日内不起诉的,异议登记失效。申请人在异议登记之日起15日内不起诉,说明异议登记的申请人不积极行使其权利,为使登记簿上记载的权利人的利益和正常的交易秩序不致受到严重的影响,法律规定此时该异议登记失去其效力。同时还应注意,根据本条规定,异议登记不当,造成权利人损害的,权利人可以向申请人请求损害赔偿。

关联法规

《最高人民法院关于适用〈中华人民共和国物权法〉若干问题的解释(一)》第3条

第二百二十一条 【预告登记】当事人签订买卖房屋的协议或者签订其他不动产物权的协议,为保障将来实现物权,按照约定可以向登记机构申请预告登记。预告登记后,未经预告登记的权利人同意,处分该不动产的,不发生物权效力。

预告登记后,债权消灭或者自能够进行不动产登记之日起九十日内未申请登记的,预告登记失效。

条文注释

预告登记,是指为保全一项请求权而进行的不动产登记,该项请求权所要达到的目的,是在将来发生不动产物权变动。这种登记是不动产登记的特殊类型。预告登记的本质特征是使被登记的请求权具有物权的效力。也就是说,进行了预告登记的请求权,对后来发生的与该项请求权内容相同的不动产物权的处分行为,具有对抗的效力。这样,所登记的请求权就得到了保护。

关联法规

《最高人民法院关于适用〈中华人民共和国物权法〉若干问题的解释(一)》第4、5条

第二百二十二条 【不动产登记错误的赔偿】当事人提供虚假材料申请登记,造成他人损害的,应当承担赔偿责任。

因登记错误,造成他人损害的,登记机构应当承担赔偿责任。登记机构赔偿后,可以向造成登记错误的人追偿。

条文注释

实践中,登记错误的发生主要有两种情况:一是登记机构工作人员疏忽、过失等原因造成错误;二是登记申请人等采取欺骗手段

或者与登记机关的人员恶意串通造成错误。《民法典》物权编作为民事基本法，对于登记错误责任问题，本条只是作出原则性的规定。本条第2款规定，因登记错误，给他人造成损害的，登记机构应当承担赔偿责任。这里造成登记错误的原因，既包括登记机构工作人员故意以及疏忽大意等过错，也包括当事人提供虚假材料欺骗登记机构等情形。

关联法规

《最高人民法院关于审理房屋登记案件若干问题的规定》第12、13条

第二百二十三条　【不动产登记的费用】不动产登记费按件收取，不得按照不动产的面积、体积或者价款的比例收取。

第二节　动　产　交　付

第二百二十四条　【动产交付的效力】动产物权的设立和转让，自交付时发生效力，但是法律另有规定的除外。

条文注释

依照本条规定，“动产物权的设立和转让，自交付时发生效力”，指的是当事人通过合同约定转让动产所有权和设立动产质权两种情况。物权编所说的交付，指的是物的直接占有的转移，即一方按照法律行为要求，将物的直接占有移转给另一方的事实。本条规定的“法律另有规定的除外”主要指的是：(1)本节对动产物权的设立和转让的一些特殊情况。本法第226条规定：“动产物权设立和转让前，权利人已经占有该动产的，物权自民事法律行为生效时发生效力。”本法第227条规定：“动产物权设立和转让前，第三人占有该动产的，负有交付义务的人可以通过转让请求第三人返还原物的权利代替交付。”本法第228条规定：“动产物权转让时，当事人又约定由

出让人继续占有该动产的，物权自该约定生效时发生效力。”(2)本章第3节对主要是非依法律行为而发生的物权变动问题所作的规定。(3)本法物权编第4分编“担保物权”对动产抵押权和留置权的相关规定。

第二百二十五条 【特殊动产登记的效力】船舶、航空器和机动车等的物权的设立、变更、转让和消灭，未经登记，不得对抗善意第三人。

条文注释

法律对船舶、航空器的物权登记效力问题已有规定。《海商法》规定，船舶所有权的取得、转让和消灭，应当向船舶登记机关登记；未经登记的，不得对抗第三人。设定船舶抵押权，由抵押权人和抵押人共同向船舶登记机关办理抵押权登记；未经登记的，不得对抗第三人。《民用航空法》规定，民用航空器所有权的取得、转让和消灭，应当向国务院民用航空主管部门登记；未经登记的，不得对抗第三人。设定民用航空器抵押权，由抵押权人和抵押人共同向国务院民用航空主管部门办理抵押权登记；未经登记的，不得对抗第三人。

为了保持法律的稳定性，本条延续了相关法律对这类动产登记对抗主义原则的规定。法律对船舶、航空器和汽车等动产规定有登记制度，其物权的变动如果未在登记部门进行登记，就不产生社会公信力，不能对抗善意第三人。所谓善意第三人，就是指不知道也不应当知道物权发生了变动的物权关系相对人。

关联法规

《海商法》第9、10、13、14条；《民用航空法》第11、12、14、16、33条；《道路交通安全法》第8、12条；《最高人民法院关于适用〈中华人民共和国物权法〉若干问题的解释(一)》第6条

第二百二十六条 【动产物权受让人先行占有】动产物权设立和转让前，权利人已经占有该动产的，物权自民事法律行为生效时发生效力。

条文注释

本条规定的是设立或者转让动产物权时的一种特殊的情形，即物权的受让人已经取得了动产的占有，而后又与动产的所有权人达成转移所有权或者设定质权合同的情形。本法所规定的民事法律行为，依照总则编的规定，是民事主体通过意思表示设立、变更、终止民事法律关系的行为。民事法律行为可以基于双方或者多方的意思表示一致成立，也可以基于单方的意思表示成立。本条涉及的主要是前一种情况。有效的民事法律行为须具备下列条件：(1)行为人具有相应的民事行为能力；(2)意思表示真实；(3)不违反法律、行政法规的强制性规定，不违背公序良俗。民事法律行为以行为人的意思表示作为构成要素。本条规定的民事法律行为，主要指的是动产所有权人与受让人订立动产转让的协议以及与质权人订立动产出质协议。在受让人已经取得对动产的占有又依据民事法律行为取得其物权的情况下，动产物权的公示已经在事先完成，物权受让人已经能够依物权的排他性行使物权。因此，物权的变动就在当事人之间的关于物权变动的协议生效时生效。

关联法规

《最高人民法院关于适用〈中华人民共和国物权法〉若干问题的解释(一)》第18条

第二百二十七条 【指示交付】动产物权设立和转让前，第三人占有该动产的，负有交付义务的人可以通过转让请求第三人返还原物的权利代替交付。

条文注释

本条所规定的指示交付是一种例外情形，它与现实交付具有同等效力。指示交付，又称返还请求权的让与，是指让与动产物权的时候，如果让与人的动产由第三人占有，让与人可以将其享有的对第三人的返还请求权让与给受让人，以代替现实交付。

本条中的“第三人”即指能够对转让标的(动产)进行物理意义上直接占有和直接控制的一方，如根据租赁或者借用协议而占有不动产的人，或者根据保管合同、动产质押协议等而占有动产的保管人、质权人等，都可以成为本条所规定的“第三人”。此外需要特别说明的是，在利用提单、仓单等证券进行动产物权变动时，接受货物而签发提单或者仓单的承运人或者仓储保管人都可能成为本条中的“第三人”。除此之外，还有一类“第三人”也在本条的适用范围之内，即不具备法律上的正当原因而占有动产的无权占有人。

关联法规

《最高人民法院关于适用〈中华人民共和国物权法〉若干问题的解释(一)》第18条

第二百二十八条　【占有改定】动产物权转让时，当事人又约定由出让人继续占有该动产的，物权自该约定生效时发生效力。

条文注释

占有改定，是指动产物权的让与人使受让人取得对标的物的间接占有，以代替该动产现实移转的交付。本条所规定的占有改定即是出让人自己保留直接占有，而为受让人创设间接占有以代替现实交付的一种变通方法。

占有改定必须符合下列三项要件：第一，让与人与受让人达成移转动产物权的合意，一般通过买卖或者让与担保的设定，使受让人取得动产所有权。第二，让与人与受让人之间还需具有某种使受让人取得动产间接占有的具体法律关系，即本条所规定的由出让人继续占有该动产的双方约定。第三，让与人已经对物进行了直接占有或者间接占有，否则不能发生占有改定的适用。

第三节　其他规定

第二百二十九条　【法律文书或征收决定导致的物权变动】因人民法院、仲裁机构的法律文书或者人民政府的征收决定等，导致物权设立、变更、转让或者消灭的，自法律文书或者征收决定等生效时发生效力。

条文注释

本条规定的是基于公权力的行使而使物权发生变动的情形：

(1)因国家司法裁判权的行使、仲裁裁决而导致物权的设立、变更、转让或者消灭。人民法院的判决书、调解书以及仲裁机构的裁决书、调解书等法律文书的生效时间，就是当事人的物权设立、变动的时间。这里需要说明两点：第一，导致物权变动的人民法院判决或者仲裁机构的裁决等法律文书，是指直接为当事人创设或者变动物权的判决书、裁决书、调解书等。例如，离婚诉讼中确定当事人一方享有某项不动产的判决、分割不动产的判决、使原所有人回复所有权的判决即属于本条所规定的设权、确权判决等。此类设权或者确权判决、裁决书、调解书本身，具有与登记、交付（移转占有）等公示方法相同的效力，因而依据此类判决、裁决书、调解书而进行的物权变动，无须再进行一般的物权公示而直接发生效力。第二，由于法院的判决或者仲裁机构的裁决等，所针对的只是具体当事人而非一般人，对当事人以外的第三人来说公示力和公信力较弱，因此根据本节规定，对于依照法院判决或者仲裁裁决而享有的物权，在处分时，如果法律规定需要办理登记的，不经登记，不发生物权效力。

(2)因国家行政管理权的行使而导致物权的设立、变更、转让或者消灭。该种情况，主要是指因人民政府的征收决定等而产生的物权变动。国家征收，是国家取得财产的特殊方式，按照《土地管理法》的规定，国家征收土地，县级以上人民政府要进行公告，这已起到了公示作用，而且集体所有土地被征收，即成为国家所有的自然资源，依照本编前述规定，依法属于国家所有的自然资源，所有权可以不登记，因此人民政府的征收决定生效之时即发生物权变动的效力。

关联法规

《最高人民法院关于适用〈中华人民共和国物权法〉若干问题的解释(一)》第7条

第二百三十条 **【因继承取得物权】**因继承取得物权的，自继承开始时发生效力。

条文注释

本条所指的“继承开始”就是“被继承人死亡”之时。而此所谓“死亡”既包括自然死亡，如老死、病死、意外事故致死，也包括宣告死亡。对于宣告死亡的情形，自判决所确定的死亡之时继承开始。本条所指的继承又可分为法定继承和遗嘱继承两类。法定继承，指的是在被继承人没有对其遗产的处理立有遗嘱的情况下，由法律直接规定继承人的范围、继承顺序、遗产分配的原则。遗嘱是公民生前按照自己意愿处分自己不动产物权的一种单方民事法律行为。

《民法典》继承编规定，继承开始后，继承人放弃继承的，应当在遗产处理前，以书面形式作出放弃继承的表示；没有表示的，视为接受继承。由此可见，自继承开始后，所有继承人是基于法律的直接规定而取得物权，因此取得物权的生效时间始于继承开始。与此不同，继承编第1125条规定，受遗赠人应当在知道受遗赠后60日内，作出接受或者放弃受遗赠的表示；到期没有表示的，视为放弃受遗赠。这是因为遗赠本质上属于赠与关系。合同编规定，赠与合同是赠与人将自己的财产无偿给予受赠人，受赠人表示接受赠与的合同。受赠人表示接受，赠与法律关系才成立。需要说明的是，根据本节规定，因继承而取得物权，如果涉及的遗产为不动产，依照法律规定需要办理登记，继承人未办理登记的，对该不动产的处分行为不发生效力。

关联法规

《民法典》第1121条

第二百三十一条 **【因事实行为发生物权变动】**因合法建造、拆除房屋等事实行为设立或者消灭物权的，自事实行为成就时发生效力。

条文注释

所谓事实行为，是指不以意思表示为要素的能够产生民事法律后果的法律事实。这表明：(1)事实行为是人的行为，是人的一种有意识的活动,与自然事实有别;(2)事实行为是一种法律事实,即能够在人与人之间产生、变更或终止民事法律关系;(3)事实行为不以意思表示为要素,即行为人是否表达了某种心理状态,法律不予考虑,只要有某种事实行为存在,法律便直接赋予其法律效果。

本条规定"自事实行为成就时发生效力"。因事实行为而导致的物权的设立或者消灭,自事实行为成就时发生效力,而不需要遵循一般的物权公示方法(不动产为登记,动产为交付)即生效。但同时根据本节规定,合法建造的房屋,固然因建造完成而取得所有权,但如果按照法律规定应当办理登记而未登记的,所有权人其后的处分行为,不发生物权效力。

第二百三十二条　【处分非因民事法律行为享有的不动产物权】处分依照本节规定享有的不动产物权,依照法律规定需要办理登记的,未经登记,不发生物权效力。

条文注释

物权变动的公示方式,针对动产,一般采用交付,针对不动产,则多采用登记。但依照本节规定,物权的变动还可因法院判决、政府征收决定、继承以及合法建造房屋等,直接发生效力,而不必遵循依民事法律行为而进行的物权变动应当遵循的一般公示方法,这必然可能损害到交易秩序和交易安全,尤其是涉及不动产的物权变动时更甚。考虑到对交易安全的保护,本法明确,依照本节规定享有的物权,处分该不动产物权时,依照法律规定需要办理登记的,未经登记,不发生物权效力。

第三章　物权的保护

第二百三十三条　【物权纠纷解决方式】物权受到侵害的,权利人可以通过和解、调解、仲裁、诉讼等途径解决。

条文注释

物权受到侵害,物权人有权选择不同的途径救济。和解是当事人之间在没有第三者参加的情况下自愿协商,达成协议。和解属于当事人处分自己民事实体权利的一种民事法律行为。和解可以发生在诉讼以前,双方当事人互相协商,达成协议,也可以发生在诉讼过程中。调解是通过第三人调停解决纠纷。通过调解达成的协议还可以依法申请司法确认。仲裁是当事人协议选择仲裁机构,由仲裁庭裁决解决争端。我国《仲裁法》是规范仲裁法律关系的专门法律。诉讼包括民事、行政、刑事三大诉讼,物权保护的诉讼主要指提起民事诉讼。

第二百三十四条 【物权确认请求权】因物权的归属、内容发生争议的,利害关系人可以请求确认权利。

条文注释

物权确认请求权是物权保护的一项基本权利,是物权保护请求权的一种。物权归属或者内容发生争议,物权人可以请求有关行政机关、人民法院等部门确认该物权的归属或者内容。

第二百三十五条 【返还原物请求权】无权占有不动产或者动产的,权利人可以请求返还原物。

条文注释

返还原物是物权请求权的一种。物权人的物被他人侵占,物权人的对物支配权受到侵害时,物权人有权请求返还原物,使物复归于物权人事实上的支配。返还原物请求权的产生,须有他人无权占有不动产或者动产的事实。无权占有就是没有法律根据、没有合法原因的占有。一般包括以下两种情形:一是占有人从占有之始就没有法律根据,如占有人占有的物是盗窃物;二是占有之初本来有法律根据,但是后来该根据消灭,如租赁他人之物,租赁期限届满而不返还。享有返还原物请求权的权利人应当是物权人,包括所有权人、用益物权人等。至于占有人,无论其是否为有权占有,均应依据占有请求权行使权利，而不能依返还原物请求权行使权利。

第二百三十六条　【排除妨害请求权】妨害物权或者可能妨害物权的，权利人可以请求排除妨害或者消除危险。

条文注释

排除妨害也是一种物权请求权。妨害，是指以非法的、不正当的行为，包括施加无权施加的设施，影响了特定物的权利人行使物权。排除妨害请求的目的是消除对物权的障碍或者侵害，使物权恢复圆满状态。需要注意的是，被排除的妨害需具有不法性，倘若物权人负有容忍义务，则物权人不享有排除妨害请求权。

消除危险也是一种物权请求权。消除危险请求权，是指对于某种尚未发生但确有发生可能性的危险，物权人也可以请求有关的当事人采取预防措施加以防止。物权人行使消除危险请求权，只需有危险存在的客观事实，而不论有关的当事人是否具有故意或者过失的主观过错。

第二百三十七条　【物权复原请求权】造成不动产或者动产毁损的，权利人可以依法请求修理、重作、更换或者恢复原状。

条文注释

本条中的“依法”，是指依照《民法典》侵权责任编以及其他相关法律规范的规定。这就意味着权利人行使这种权利，需要符合这些相关法律关于请求权具体要件等方面的规定。

第二百三十八条　【物权损害赔偿请求权】侵害物权，造成权利人损害的，权利人可以依法请求损害赔偿，也可以依法请求承担其他民事责任。

条文注释

赔偿损失，是指行为人向受害人支付一定数额的金钱以弥补其损失的责任方式，是运用较为广泛的一种民事责任方式。赔偿的目的主要是补偿损害，使受到损害的权利得到救济，使受害人能恢复到未受到损害前的状态。除赔偿损失之外,《民法典》总则编在《民法通则》的基础上,还规定了其他一些承担民事责任的方式,包括停止侵害、排除妨碍、消除危险、返还财产、恢复原状、修理、重作、更换、继续履行、支付违约金、消除影响、恢复名誉、赔礼道歉。这其中有的责任方式主要适用于违约责任领域,有的主要适用于人身权侵权领域。对于物权受到侵害而言,有的责任方式本章已作规定,有的在功能上可以被物权请求权所覆盖。赔礼道歉也是承担民事责任的一种方式,物权受到侵犯,物权人有权请求赔礼道歉。赔礼道歉是将道德规范法律化,它不仅可以用于侵犯人身权利的责任承担,也可以用于侵犯财产权利的责任承担。

第二百三十九条　【物权保护方式的单用与并用】本章规定的物权保护方式,可以单独适用,也可以根据权利被侵害的情形合并适用。

条文注释

物权受到侵害的,当事人可以通过请求确认权利、返还原物、排除妨害、消除危险、修理、重作、更换、损害赔偿等方式保护自己的权利。上述保护方式,可以单独适用,也可以根据权利被侵害的情形合并适用。如果一种方式不足以救济权利人,就同时适用其他方式。

第二分编　所　有　权

第四章　一　般　规　定

第二百四十条　【所有权的基本内容】所有权人对自己的不动产或者动产,依法享有占有、使用、收益和处分的权利。

条文注释

根据本条规定,所有权具有如下四项基本权能:(1)占有。占有就是对财产的实际管领或控制。拥有一个物的一般前提就是占有,这是财产所有者直接行使所有权的表现。所有人的占有受法律保护,不得非法侵犯。对于动产,除非有相反证明,占有某物即是判定占有人享有该物所有权的标准。(2)使用。使用是权利主体对财产的运用,以便发挥财产的使用价值。所有权人可以自己使用,可以授权他人使用,这些都是所有权人行使使用权的行为。(3)收益。收益是通过财产的占有、使用等方式取得的经济效益。使用物并获益是拥有物的目的之一。收益通常与使用相联系,但是处分财产也可以带来收益。(4)处分。处分是指财产所有人对其财产在事实上和法律上的最终处置。处分权一般由所有权人行使,但在某些情况下,非所有权人也可以有处分权,如运输的货物,如果发生紧急情况,承运人也可以依法进行处分。

第二百四十一条 【所有权人设立他物权】所有权人有权在自己的不动产或者动产上设立用益物权和担保物权。用益物权人、担保物权人行使权利,不得损害所有权人的权益。

条文注释

所有权人在自己的不动产或者动产上设立用益物权和担保物权,是所有权人行使其所有权的具体体现。所有权人的各项所有权权能可以与所有权相分离。因而可以为他人设定用益物权和担保物权。由于用益物权与担保物权都是对他人的物享有的权利,因此都称为“他物权”,与此相对应,所有权称为“自物权”。设定他物权,是所有权人行使所有权的结果。也正因如此,用益物权人、担保物权人行使权利必须依据法律或者合同的约定进行,不得损害所有权人的权益。

第二百四十二条 【国家专属所有权】法律规定专属于国家所有的不动产和动产,任何组织或者个人不能取得所有权。

条文注释

国家专有,是指只能为国家所有而不能为任何其他人所拥有。国家专有的财产由于不能为他人所拥有,因此不能通过交换或者赠与等任何流通手段转移所有权，这与非专有的国家财产的性质不同。非专有的国家财产是可以流转的，如国家用于投资的财产。国家专有的财产范围很宽，各项具体的专有财产由各个相关单行法律、行政法规规定，本条只作概括性规定。

第二百四十三条 【征收】为了公共利益的需要，依照法律规定的权限和程序可以征收集体所有的土地和组织、个人的房屋以及其他不动产。

征收集体所有的土地，应当依法及时足额支付土地补偿费、安置补助费以及农村村民住宅、其他地上附着物和青苗等的补偿费用，并安排被征地农民的社会保障费用，保障被征地农民的生活，维护被征地农民的合法权益。

征收组织、个人的房屋以及其他不动产，应当依法给予征收补偿，维护被征收人的合法权益；征收个人住宅的，还应当保障被征收人的居住条件。

任何组织或者个人不得贪污、挪用、私分、截留、拖欠征收补偿费等费用。

条文注释

征收是国家以行政权取得集体、组织和个人的财产所有权的行为。征收的主体是国家，通常是政府部门，政府以行政命令的方式从集体、组织和个人取得土地、房屋等财产，集体、组织和个人必须服从。在物权法律制度上，征收是物权变动的一种极为特殊的情形。征收导致所有权的丧失，当然对所有权人造成损害。因此，征收虽然是被许可的行为，但通常都附有严格的法定条件的限制。

关联法规

《宪法》第10条；《土地管理法》第2、45～51、79、80条；《国有土地上房屋征收与补偿条例》

第二百四十四条 【耕地保护】国家对耕地实行特殊保护，严格限制农用地转为建设用地，控制建设用地总量。不得违反法律规定的权限和程序征收集体所有的土地。

条文注释

根据《土地管理法》等法律、行政法规的有关规定，有关耕地保护的基本政策是：(1)严格控制耕地转为非耕地。通过制定土地利用总体规划，规定土地用途，严格限制农用地转为建设用地，控制建设用地总量，对各地实行特殊保护。通过对各项建设用地下达土地利用年度计划，控制建设占用土地的总量。农用地转用要依法办理农用地转用审批手续。通过这些措施，使各项建设占用耕地的总量降到最低限度。(2)实行占用耕地补偿制度。非农业建设经批准占用耕地的，按照"占多少，垦多少"的原则，由占用耕地的单位负责开垦与所占用耕地的数量和质量相当的耕地；没有条件开垦或者开垦的耕地不符合要求的，应当按照省、自治区、直辖市的规定缴纳耕地开垦费，专款用于开垦新的耕地。(3)永久基本农田保护制度。国家实行永久基本农田保护制度，对于经国务院农业农村主管部门或者县级以上地方人民政府批准确定的粮、棉、油、糖等重要农产品生产基地内的耕地，有良好的水利与水土保持设施的耕地，正在实施改造计划以及可以改造的中、低产田和已建成的高标准农田，蔬菜生产基地，农业科研、教学试验田以及国务院规定应当划为永久基本农田的其他耕地，根据土地利用总体规划划为永久基本农田，实行严格保护。(4)对保护耕地还有许多规定，例如，保证耕地质量，非农业建设的用地原则，禁止闲置、荒芜耕地，开发未利用土地，土地复垦等。

按照《宪法》《土地管理法》等有关法律规定，征收土地的条件与程序是：(1)征收土地必须是为了公共利益的需要。根据《土地管理法》第45条的规定，有下列情形并且确需征收农民集体所有的土地的，可以依法实施征收：①军事和外交需要用地的；②由政府组织实施的能源、交通、水利、通信、邮政等基础设施建设需要用地的；③由政府组织实施的科技、教育、文化、卫生、体育、生态环境和资源保护、防灾减灾、文物保护、社区综合服务、社会福利、市政公用、优抚安置、英烈保护等公共事业需要用地的；④由政府组织实施的扶贫搬迁、保障性安居工程建设需要用地的；⑤在土地利用总体规划确定的城镇建设用地范围内,经省级以上人民政府批准由县级以上地方人民政府组织实施的成片开发建设需要用地的;⑥法律规定为公共利益需要可以征收农民集体所有的土地的其他情形。(2)必须由政府作出。征地是一种政府行为,是政府的专有权力,其他任何单位和个人都没有征地权。同时,被征地单位必须服从,不得阻挠征地。(3)必须依法取得批准。(4)必须予以公告并听取相关主体的意见。(5)必须依法对被征地单位进行补偿。有关法律和行政法规对征收的具体补偿标准有专门规定。(6)征地补偿费用的情况要向集体组织成员公布,接受监督。

第二百四十五条 【征用】因抢险救灾、疫情防控等紧急需要,依照法律规定的权限和程序可以征用组织、个人的不动产或者动产。被征用的不动产或者动产使用后,应当返还被征用人。组织、个人的不动产或者动产被征用或者征用后毁损、灭失的,应当给予补偿。

条文注释

征用是国家强制使用组织、个人的财产。强制使用就是不必得到所有权人的同意,在国家有紧急需要时即直接使用。国家需要征用组织、个人的不动产和动产的原因,是抢险、救灾、应对突发公共卫生事件等在社会整体利益遭遇危机的情况下,需要动用一切人力、物力进行紧急处理和救助。所以,法律允许在此种情况下限制单位和个人的财产所有权。国家以行政权命令征用财产,被征用的组织、个人必须服从,这一点与征收相同。但征收是剥夺所有权,征用只是在紧急情况下强制使用组织、个人的财产,紧急情况结束后被征用的财产要返还给被征用的组织、个人,因此征用与征收有所不同。本章规定的征收限于不动产,本条规定的征用的财产既包括不动产也包括动产。

关联法规

《民法典》第117、327条

第五章　国家所有权和集体所有权、私人所有权

第二百四十六条　【国有财产的范围、国家所有的性质和国家所有权的行使】法律规定属于国家所有的财产，属于国家所有即全民所有。

国有财产由国务院代表国家行使所有权。法律另有规定的，依照其规定。

条文注释

本条第1款是对国有财产范围的概括性规定。依据宪法、法律、行政法规，物权编明确规定矿藏、水流、海域、无居民海岛、无线电频谱资源、城市的土地、国防资产属于国家所有。法律规定属于国家所有的铁路、公路、电力设施、电信设施和油气管道等基础设施、文物、农村和城市郊区的土地、野生动植物资源，属于国家所有。除法律规定属于集体所有的外，森林、山岭、草原、荒地、滩涂等自然资源，属于国家所有。

本条第2款是对代表国家行使国家财产所有权的主体的规定。这样规定体现了党的十六大关于国家要制定法律法规，建立中央政府和地方政府分别代表国家履行出资人职责，享有所有者权益的国有资产管理体制的要求。国务院代表国家行使所有权，应当依法对人大负责，受人大监督。此外，国有财产由国务院代表国家行使所有权，同时依照法律规定也可以由地方人民政府等部门行使有关权利。我国很多法律法规对此都有相应的规定。

关联法规

《宪法》第9条；《土地管理法》第2、5条；《草原法》第9、10条；《森林法》第14条

第二百四十七条 【矿藏、水流、海域的国家所有权】矿藏、水流、海域属于国家所有。

条文注释

矿藏，主要指矿产资源，即存在于地壳内部或者地表的，由地质作用形成的，在特定的技术条件下能够被探明和开采利用的，呈固态、液态或气态的自然资源。矿藏属于国家所有，指国家享有对矿产资源的占有、使用、收益和处分的权利。

水流，是指江、河等的统称。此处水流应包括地表水、地下水和其他形态的水资源。水流属于国家所有，指国家享有对水流的占有、使用、收益和处分的权利。

海域，是指中华人民共和国内水、领海的水面、水体、海床和底土。这是一个空间资源的概念，是对传统民法中“物”的概念的延伸与发展。内水，是指中华人民共和国领海基线向陆地一侧至海岸线的海域。领海这个概念是随公海自由原则的确立而形成的，它是指沿着国家的海岸、受国家主权支配和管辖下的一定宽度的海水带。

关联法规

《宪法》第 9 条；《水法》第 3 条；《矿产资源法》第 3 条；《乡镇煤矿管理条例》第 3 条；《对外合作开采陆上石油资源条例》第 3 条；《对外合作开采海洋石油资源条例》第 2 条

第二百四十八条 【无居民海岛的国家所有权】无居民海岛属于国家所有，国务院代表国家行使无居民海岛所有权。

条文注释

本条是《民法典》物权编中新增加的条文。《海岛保护法》第 2 条规定：“本法所称海岛，是指四面环海水并在高潮时高于水面的自然形成的陆地区域，包括有居民海岛和无居民海岛。”第 4 条规定：“无居民海岛属于国家所有，国务院代表国家行使无居民海岛所有权。”

第二百四十九条　【国家所有土地的范围】城市的土地，属于国家所有。法律规定属于国家所有的农村和城市郊区的土地，属于国家所有。

条文注释

本条规定了国家所有土地的范围，国家所有的土地包括：(1)城市的土地属于国家所有。这是指国家对城市的土地享有所有权，且城市的土地所有权只属于国家。(2)法律规定属于国家所有的农村和城市郊区的土地属于国家所有。农村和城市郊区的土地，除法律规定属于国家所有的以外，是属于农民集体所有的。但是法律规定属于国家所有的农村和城市郊区的土地属于国家所有。这里所讲的法律是全国人大及其常委会通过的具有法律约束力的规范性文件，包括《宪法》和其他法律。

第二百五十条　【自然资源的国家所有权】森林、山岭、草原、荒地、滩涂等自然资源，属于国家所有，但是法律规定属于集体所有的除外。

条文注释

自然资源包括土地资源、水资源、矿产资源、生物资源、气候资源、海洋资源等。本条有关森林、山岭、草原、荒地、滩涂等自然资源所有权的规定是依据《宪法》作出的。《宪法》第9条第1款规定："矿藏、水流、森林、山岭、草原、荒地、滩涂等自然资源，都属于国家所有，即全民所有；由法律规定属于集体所有的森林和山岭、草原、荒地、滩涂除外。"物权编根据《宪法》和有关法律的规定，对自然资源的归属作出规定。根据《宪法》，我国其他法律对自然资源的国家所有权也作出了相应的规定。《森林法》第14条第1款规定："森林资源属于国家所有，由法律规定属于集体所有的除外。"《草原法》第9条规定："草原属于国家所有，由法律规定属于集体所有的除外。国家所有的草原，由国务院代表国家行使所有权。任何单位或者个人不得侵占、买卖或者以其他形式非法转让草原。"

第二百五十一条 【野生动植物资源的国家所有权】法律规定属于国家所有的野生动植物资源,属于国家所有。

条文注释

依据我国《野生动物保护法》第2条第2款的规定,该法保护的野生动物,即珍贵、濒危的陆生、水生野生动物和有重要生态、科学、社会价值的陆生野生动物。依据《野生植物保护条例》第2条第2款的规定,野生植物,是指原生地天然生长的珍贵植物和原生地天然生长并具有重要经济、科学研究、文化价值的濒危、稀有植物。《野生动物保护法》第3条规定:"野生动物资源属于国家所有。国家保障依法从事野生动物科学研究、人工繁育等保护及相关活动的组织和个人的合法权益。"

第二百五十二条 【无线电频谱资源的国家所有权】无线电频谱资源属于国家所有。

条文注释

无线电频谱资源属于国家所有,是指国家对无线电频谱资源享有占有、使用、收益和处分的权利。《无线电管理条例》第3条规定:"无线电频谱资源属国家所有。国家对无线电频谱资源实行统一规划、合理开发、有偿使用的原则。"第5条规定:"国家鼓励、支持对无线电频谱资源的科学技术研究和先进技术的推广应用,提高无线电频谱资源的利用频率。"

第二百五十三条 【文物的国家所有权】法律规定属于国家所有的文物,属于国家所有。

条文注释

国家依法享有对法律规定属于国家所有的文物的所有权,也就是国家依法享有对其所有的文物的占有、使用、收益和处分的权利。

本条需要明确的是,并不是所有的文物都归国家所有,而是法律规定属于国家所有的文物,属于国家所有。文物的所有者可以是各类民事主体，民事主体可以按照法律规定享有对文物的所有权。

关联法规

《文物保护法》第5条

第二百五十四条　【国防资产和基础设施的国家所有权】国防资产属于国家所有。

铁路、公路、电力设施、电信设施和油气管道等基础设施，依照法律规定为国家所有的，属于国家所有。

条文注释

本条第1款规定，国防资产属于国家所有。《国防法》第37条第2款规定，国防资产归国家所有。根据《国防法》第37条的规定，国家为武装力量建设、国防科研生产和其他国防建设直接投入的资金、划拨使用的土地等资源，以及由此形成的用于国防目的的武器装备和设备设施、物资器材、技术成果等属于国防资产。《国防法》第39条第1款规定，国家保护国防资产不受侵害，保障国防资产的安全、完整和有效。

依据本条第2款的规定，并不是所有的铁路、公路、电力设施、电信设施和油气管道等基础设施都属于国家所有，而是依照法律规定为国家所有的基础设施才属于国家所有。此处的基础设施也不仅仅是包括铁路、公路、电力设施、电信设施和油气管道这几种，只要是依照法律规定为国家所有的基础设施都被包括在本条之内。

关联法规

《电力法》第4、52条；《国防法》第37条

第二百五十五条　【国家机关的物权】国家机关对其直接支配的不动产和动产，享有占有、使用以及依照法律和国务院的有关规定处分的权利。

条文注释

本条是关于国家机关对其直接支配的物享有的物权的规定。依据本条规定，国家机关应当依法对其直接支配的财产行使占有、

使用和处分的权利。国家机关对其占用的财产的处分必须依照法律和国务院的有关规定中的限制和程序进行。不得擅自处置国有财产。本条对国家机关对其直接支配的国有财产行使占有、使用和处分的权利作出了规定,加强了对国家机关直接占有的国有财产的保护。

第二百五十六条 【国家举办的事业单位的物权】国家举办的事业单位对其直接支配的不动产和动产,享有占有、使用以及依照法律和国务院的有关规定收益、处分的权利。

条文注释

本条依照本法总则编和《事业单位登记管理暂行条例》规定的关于事业单位法人应当具备"必要的财产或者经费"、"与其业务活动相适应的经费来源"和"能够独立承担民事责任"等条件,从物权角度作出了上述规定。

对国家举办的事业单位占用的财产,要根据事业单位的类型、财产的特殊性对其收益和处分的权利分别处理:一是国家举办的事业单位对其占用的财产毫无处分权利,比如,故宫博物院对其占用的某些财产;二是经过审批,国家举办的事业单位对其占用的财产具有部分处分权利;三是国家举办的事业单位对其占用的财产具有完全的处分权利。这就需要通过以后制定国有财产管理法对国家举办的事业单位如何有效行使、如何处分其占用的财产作出明确规定。

第二百五十七条 【国家出资的企业出资人制度】国家出资的企业,由国务院、地方人民政府依照法律、行政法规规定分别代表国家履行出资人职责,享有出资人权益。

条文注释

本条中"国家出资的企业",不仅包括国家出资兴办的企业,如国有独资公司,也包括国家控股、参股有限责任公司和股份有限公司等。当然,国家出资的企业不仅是以公司形式,还包括未进行公司制改造的其他企业。

本条规定了由国务院和地方人民政府分别代表国家履行出资人职责,享有出资人权益。《企业国有资产法》第 11 条规定,国务院国有资产监督管理机构和地方人民政府按照国务院的规定设立的国有资产监督管理机构,根据本级人民政府的授权,代表本级人民政府对国家出资企业履行出资人职责。国务院和地方人民政府根据需要,可以授权其他部门、机构代表本级人民政府对国家出资企业履行出资人职责。

出资人职责就是股东的职能,履行出资人职责的机构代表本级人民政府对国家出资企业享有资产收益、重大决策和选择管理者等出资人权益;对国有资产保值、防止国有资产流失负监管责任。需要注意的是,中央政府和地方政府代表国家履行出资人职责时,要尊重、维护国有及国有控股企业经营自主权。《宪法》第 16 条中规定,国有企业在法律规定的范围内有权自主经营。根据《宪法》的规定和国有资产管理改革所遵循的政企分开的原则,中央政府和地方政府以及其设立的国有资产管理机构不能干预国家出资的企业依法行使自主经营权。《企业国有资产法》第 14 条第 2 款规定,履行出资人职责的机构应当维护企业作为市场主体依法享有的权利,除依法履行出资人职责外,不得干预企业经营活动。

关联法规

《企业国有资产法》《企业国有资产监督管理暂行条例》

第二百五十八条　【国有财产的保护】国家所有的财产受法律保护,禁止任何组织或者个人侵占、哄抢、私分、截留、破坏。

条文注释

本条中的"国家所有的财产",是指依法属于全民所有的财产,不仅包括国家拥有所有权的财产,如矿藏、水流、海域,无居民海岛,国有的土地以及森林、山岭、草原、荒地、滩涂等自然资源,野生动植物资源,无线电频谱资源,依法属于国家所有的文物,国有的铁路、公路、电力设施、电信设施和油气管道等基础设施,国家机关和国家举办的事业单位依法直接支配的国有财产,而且包括国家依法投入到企业的动产和不动产。国家的财政收入、外汇储备和其他国有资金也属于国家所有的财产。

侵占，是指以非法占有为目的，将其经营、管理的国有财产非法占为己有。侵占的客体是国有财产。侵占的主体一般是经营、管理国有财产的单位或者个人，如国有企业、国家举办的事业单位等。构成侵占，还有一个要件是侵占主体要有主观故意，即以非法占有国有财产为目的。哄抢，是指以非法占有为目的，组织、参与多人一起强行抢夺国有财产的行为。哄抢的客体是国有财产。哄抢的主体可以是任何的组织或者个人，还需具备非法占有国有财产的主观故意。私分，是指违反国家关于国有财产分配管理规定，以单位名义将国有财产按人头分配给单位内全部或者部分职工的行为。私分的主体只是单位，一般指负有经营、管理国有财产的国家机关、国有公司、企业、事业单位、人民团体等单位。截留，是指违反国家关于国有资金等国有财产拨付、流转的决定，擅自将经手的有关国有财产据为己有或者挪作他用的行为。破坏，是指故意毁坏国有财产，影响其发挥正常功效的行为，如采取爆破的方式毁坏国有铁路，影响国家正常交通运输的行为。破坏的主体可以是任何的组织或者个人，而且需有主观上的毁坏国有财产的故意。

侵占、哄抢、私分、截留、破坏国有财产的，应当承担返还原物、恢复原状、赔偿损失等民事责任；触犯《治安管理处罚法》和《刑法》的，还应当承担相应的法律责任。有关组织的责任人也要依法追究行政责任甚至刑事责任。

第二百五十九条　【国有财产管理的法律责任】履行国有财产管理、监督职责的机构及其工作人员，应当依法加强对国有财产的管理、监督，促进国有财产保值增值，防止国有财产损失；滥用职权，玩忽职守，造成国有财产损失的，应当依法承担法律责任。

违反国有财产管理规定，在企业改制、合并分立、关联交易等过程中，低价转让、合谋私分、擅自担保或者以其他方式造成国有财产损失的，应当依法承担法律责任。

条文注释

履行国有资产管理、监督职责的机构不仅是中央政府和地方政府设立的国有财产监督管理委员会(局),而且包括其他机构,如财政部门、审计部门、水利部门、外汇管理部门、银行保险监督委员会等,以及国家机关和国家举办事业单位内部设立的国有财产管理部门等,都负有一定的国有财产管理、监督职责。国有财产监督管理机构应当支持企业依法自主经营,除履行出资人职责以外,不得干预企业的生产经营活动。本条还强调了国有财产管理、监督职责的机构的工作人员的责任。如果滥用职权、玩忽职守,造成国有财产损失的,还要依法承担行政责任、刑事责任等。如《刑法》第 397 条规定,国家机关工作人员滥用职权或者玩忽职守,致使公共财产遭受重大损失的,处 3 年以下有期徒刑或者拘役。

第二百六十条　【集体财产的范围】集体所有的不动产和动产包括:

(一)法律规定属于集体所有的土地和森林、山岭、草原、荒地、滩涂;

(二)集体所有的建筑物、生产设施、农田水利设施;

(三)集体所有的教育、科学、文化、卫生、体育等设施;

(四)集体所有的其他不动产和动产。

条文注释

本条对集体所有的不动产和动产的范围作出了规定:

(1)法律规定属于集体所有的土地和森林、山岭、草原、荒地、滩涂。《宪法》第 10 条第 2 款规定,农村和城市郊区的土地,除由法律规定属于国家所有的以外,属于集体所有;宅基地和自留地、自留山,也属于集体所有。《土地管理法》也作了相同的规定。关于集体所有的土地,有两点需要说明:一是集体所有的土地的所有者只有农民集体,城镇集体没有土地的所有权。二是集体所有的土地主要包括耕地,也包括宅基地和自留地、自留山。除土地外,根据《宪法》第 9 条第 1 款的规定,森林、山岭、草原、荒地、滩涂等自然资源,根据法律规定,也可以属于集体所有。

(2)集体所有的集体企业的厂房、仓库等建筑物;机器设备、交通运输工具等生产设施;水库、农田灌溉渠道等农田水利设施;集体所有的教育、科学、文化、卫生、体育等公益设施。需要说明的是,这里集体所有的财产主要有两个来源:一是集体自己出资兴建、购置的财产;二是国家拨给或者捐赠给集体的财产。

(3)除上述几种常见的集体财产外,集体财产还包括集体企业所有的生产原材料、半成品和成品,村建公路、农村敬老院等,本条不可能一一列举,因此还规定了一个兜底条款,即集体所有的其他不动产和动产,以对上述规定的补充。

第二百六十一条　【农民集体所有财产归属及重大事项集体决定】农民集体所有的不动产和动产,属于本集体成员集体所有。

下列事项应当依照法定程序经本集体成员决定:

(一)土地承包方案以及将土地发包给本集体以外的组织或者个人承包;

(二)个别土地承包经营权人之间承包地的调整;

(三)土地补偿费等费用的使用、分配办法;

(四)集体出资的企业的所有权变动等事项;

(五)法律规定的其他事项。

条文注释

农民集体所有的特征就是集体财产集体所有、集体事务集体管理、集体利益集体分享。只有本集体的成员才能享有这些权利。农村集体成员有两个特征:一是平等性,即不分加入集体时间长短,不分出生先后,不分贡献大小,不分有无财产投入等,其成员资格都一律平等。二是地域性和身份性。需要说明的是,农民只能在一个农民集体内享有成员权利,不能同时享有两个或者多个集体成员权利。

本条明确规定了须经集体成员决定的事项:

(1)土地承包方案以及将土地发包给本集体以外的组织或者个

人承包。根据《农村土地承包法》的规定,土地承包应当按照下列程序进行:首先,由本集体经济组织成员的村民会议选举产生承包工作小组;其次,该承包工作小组依照法律、法规的规定拟订并公布承包方案;最后,依法召开本集体经济组织成员的村民会议,讨论承包方案。承包方案必须经本集体经济组织成员的村民会议2/3以上成员或者2/3以上村民代表同意。按照《农村土地承包法》的规定,农民集体所有的土地由本集体经济组织以外的单位或者个人承包的,必须经村民会议2/3以上成员或者2/3以上村民代表的同意,并报乡(镇)人民政府批准。

(2)个别土地承包经营权人之间承包地的调整。原则上,在承包期内,发包方不得调整承包地。如果因自然灾害严重毁损承包地等特殊情形需要适当调整的,按照《农村土地承包法》的规定,必须经本集体经济组织成员的村民会议2/3以上成员或者2/3以上村民代表的同意,并报乡(镇)人民政府和县级人民政府农村、林业和草原等主管部门批准。

(3)土地补偿费等费用的使用、分配办法。根据物权编关于征收补偿的规定,为了公共利益的需要,依照法律规定的权限和程序,可以征收农村集体所有的土地。征收集体所有的土地,应当支付土地补偿费、安置补助费以及农村村民住宅、其他地上附着物和青苗等的补偿费用。

(4)集体出资的企业的所有权变动等事项。集体出资的企业收益属集体成员集体所有。如果将该企业出让或者抵押的,也要经过本集体成员讨论决定,不能由该企业负责人或者本集体管理人擅自作主。

(5)法律规定的其他事项。《村民委员会组织法》规定,本村享受误工补贴的人员及补贴标准;村集体经济项目的立项、承包方案及村公益事业的建设承包方案;宅基地的使用方案等涉及村民利益的事项,必须经村民会议讨论决定方可办理。此外,《土地管理法》规定,集体经营性建设用地出让、出租等,应当经本集体经济组织成员的村民会议2/3以上成员或者2/3以上村民代表的同意。

关联法规

《土地管理法》第9、10条；《农村土地承包法》第28、52条；《村民委员会组织法》第24条

第二百六十二条 【集体所有的不动产所有权行使】对于集体所有的土地和森林、山岭、草原、荒地、滩涂等，依照下列规定行使所有权：

（一）属于村农民集体所有的，由村集体经济组织或者村民委员会依法代表集体行使所有权；

（二）分别属于村内两个以上农民集体所有的，由村内各该集体经济组织或者村民小组依法代表集体行使所有权；

（三）属于乡镇农民集体所有的，由乡镇集体经济组织代表集体行使所有权。

条文注释

关于谁来行使集体所有权，本条的规定分为三种情况：

（1）属于村农民集体所有的，由村集体经济组织或者村民委员会代表集体行使所有权。这里的"村"，是指行政村，即设立村民委员会的村，而非自然村。该行政村农民集体所有的土地等集体财产，就由该行政村集体经济组织或者村民委员会来代表集体行使所有权。"村民委员会"就是指《村民委员会组织法》中所规定的村民委员会（村委会）。

（2）分别属于村内两个以上农民集体所有的，由村内各该集体经济组织或者村民小组代表集体行使所有权。这里"分别属于村内两个以上农民集体所有"，主要是指该农民集体所有的土地和其他财产在改革开放以前就分别属于两个以上的生产队，现在其土地和其他集体财产仍然分别属于相当于原生产队的村民小组的农民集体所有。这里的"村民小组"，是指行政村内的由村民组成的自治组织。根据《村民委员会组织法》的规定，村民委员会可以根据村民居住状况、集体土地所有权关系等分设若干个村民小组。《土地管理法》和《农村土地承包法》都赋予了村民小组对集体土地等财产经

营、管理的职能。根据上述规定,如果村内有集体经济组织的,就由村内的集体经济组织行使所有权;如果没有村内的集体经济组织,则由村民小组来行使。

(3)属于乡镇农民集体所有的,由乡镇集体经济组织代表集体行使所有权。这种情况包括:一是指改革开放以前,原来以人民公社为核算单位的土地,在公社改为乡镇以后仍然属于乡镇农民集体所有;二是在人民公社时期,公社一级掌握的集体所有的土地和其他财产仍然属于乡镇农民集体所有。上述两种情况下,由乡镇集体经济组织来行使所有权。

本条所指的“行使所有权”,应当注意理解以下内容:一是行使集体所有权的客体,既包括集体所有的土地和森林、山岭、草原、荒地、滩涂,也包括集体所有的建筑物、生产设施、农田水利设施;集体所有的教育、科学、文化、卫生、体育等设施;集体所有的其他不动产和动产。二是行使所有权的内容就是对集体所有的财产享有占有、使用、收益和处分的权利,例如,对集体所有的土地进行发包,分配宅基地等。三是农村集体经济组织、村民委员会和村民小组不是集体财产的所有人,只是依法代表集体行使所有权,并且向所属集体负责,接受其监督。

关联法规

《土地管理法》第11条;《农村土地承包法》第13条

第二百六十三条　【城镇集体所有的财产权利行使】城镇集体所有的不动产和动产,依照法律、行政法规的规定由本集体享有占有、使用、收益和处分的权利。

条文注释

为了更好地理解本条的含义,有以下几点需要说明:第一,本条规定的集体财产权行使的主体是本集体。集体所有、集体管理、集体经营是集体所有制的应有之义,因此,行使城镇集体财产权的只能是该集体,而不能由个别集体成员独断专行。第二,集体财产权的客体只能是属于该城镇集体所有的不动产和动产。如果城镇集体企业已经改制了，如成为有限责任公司或者股份有限公司、个人独资企业或者合伙企业的，就不适用本条，而分别适用《公司法》《个人独资企业法》《合伙企业法》的有关规定。第三，城镇集体财产权的内容，包括对本集体所有财产所享有的占有、使用、收益和处分的权利。

关联法规

《城镇集体所有制企业条例》

第二百六十四条　【集体成员对集体财产的知情权】农村集体经济组织或者村民委员会、村民小组应当依照法律、行政法规以及章程、村规民约向本集体成员公布集体财产的状况。集体成员有权查阅、复制相关资料。

条文注释

本条规范的主体是行使集体财产所有权的组织，既包括农村集体经济组织、城镇集体企业，也包括代表集体行使所有权的村民委员会、村民小组。公布的内容是本集体的财产状况，包括集体所有财产总量的变化（如集体财产的收支状况、债权债务状况），所有权变动的情况（如转让、抵押），集体财产使用情况（如农村集体土地承包），集体财产分配情况（征收补偿费的分配）等涉及集体成员利益的重大事项。

本条规定，向本集体成员公布集体财产状况，应当依照法律、行政法规、章程和村规民约。如根据《村民委员会组织法》第30条的规定，下列事项及其实施情况，村民委员会至少每季度向本村村民公布一次，集体财务往来较多的，财务收支情况应当每月公布一次，涉及村民利益的重大事项应当随时公布，接受村民的监督：村集体经济所得收益的使用；村集体经济项目的立项、承包方案及村公益事业的建设承包方案；宅基地的使用方案；征地补偿费的使用、分配方案等。

第二百六十五条　【集体所有财产保护】集体所有的财产受法律保护，禁止任何组织或者个人侵占、哄抢、私分、破坏。

农村集体经济组织、村民委员会或者其负责人作出的决定侵害集体成员合法权益的，受侵害的集体成员可以请求人民法院予以撤销。

条文注释

本条规定的集体所有的财产，从内容来讲，主要是指本法所规定的集体所有的不动产和动产，包括法律规定属于集体所有的土地和森林、山岭、草原、荒地、滩涂；集体所有的建筑物、生产设施、农田水利设施；集体所有的教育、科学、文化、卫生、体育等设施；集体所有的其他不动产和动产。从所有者来讲，既包括农民集体所有的财产，也包括城镇集体所有的财产。针对损害集体财产的主要行为，本条强调了禁止任何组织或者个人侵占、哄抢、私分、破坏集体财产。

本条第 2 款规定了集体成员的撤销权。主要有以下几项内容：一是每个农村集体经济组织成员都可以针对集体经济组织（或者村民委员会）及其负责人作出的损害其权益的决定，向人民法院请求撤销该决定。二是提起诉讼的事由，是农村集体经济组织、村民委员会及其负责人作出的决定，侵害了该集体成员的合法财产权益。三是行使撤销权的期间，本条没有规定，可参考本法第 152 条的规定。

第二百六十六条　【私有财产的范围】私人对其合法的收入、房屋、生活用品、生产工具、原材料等不动产和动产享有所有权。

条文注释

本条中的"私人"是与国家、集体相对应的物权主体，不但包括我国的公民，也包括在我国合法取得财产的外国人和无国籍人。不仅包括自然人，还包括个人独资企业、个人合伙等非公有制企业。

这里必须强调的是，私人只能对其合法获得的财产才能享有所有权，换句话说，物权编和其他法律只保护私人的合法财产权，对贪污、侵占、抢夺、诈骗、盗窃、走私等方式非法获取的财产，不但不能受到法律的保护，而且行为人要依法承担没收、返还原物、赔偿损失等法律责任，构成犯罪的，还要依法追究刑事责任。

第二百六十七条　【私有财产的保护】私人的合法财产受法律保护，禁止任何组织或者个人侵占、哄抢、破坏。

条文注释

本条中的私有财产，是指私人拥有所有权的财产，不但包括合法的收入、房屋、生活用品、生产工具、原材料等不动产和动产，也包括私人合法的储蓄、投资及其收益，以及上述财产的继承权。

私有财产受到法律保护的前提是这些财产是合法的财产，非法取得的财产不受法律保护。例如，通过侵占、贪污、盗窃国有、集体资产而取得财产，法律不但不予以保护，还要依法追缴。行为人构成犯罪的，还要承担刑事责任。

保护私有财产的重要内容是私人的合法财产所有权不受侵犯，如非经依照法律规定的权限和程序，不得征收个人的房屋和其他不动产，也不得非法查封、扣押、冻结、没收私人合法的财产。任何组织或者个人不得侵占、哄抢、破坏私人合法的财产。

第二百六十八条　【企业出资人权利】国家、集体和私人依法可以出资设立有限责任公司、股份有限公司或者其他企业。国家、集体和私人所有的不动产或者动产投到企业的，由出资人按照约定或者出资比例享有资产收益、重大决策以及选择经营管理者等权利并履行义务。

条文注释

所谓出资人，就是向企业投入资本的人。根据本条的规定，出资人可以是国家、集体，也可以是私人。国家作为出资人的，由国务院、地方人民政府依照法律、行政法规规定分别代表国家履行出资人的职责。国家、集体和私人出资设立企业的主要形式是公司。根据《公司法》的规定，公司是企业法人，包括有限责任公司和股份有限公司。有限责任公司，是指公司股东对公司以其认缴的出资额承担有限责任的公司；股份有限公司，是指公司的资本划分为等额股份，公司股东以其认购的股份为限承担有限责任的公司。由国家单独出资形成的国有独资公司也是一种有限责任公司。

出资人作为股东,按照《公司法》的规定,依法享有资产收益、参与重大决策和选择经营管理者等权利,本条也从出资人的角度作了同样的规定:(1)享有资产收益。这是指出资人有权通过企业盈余分配从中获得红利。(2)参与重大决策。出资人通过股东会或者股东大会等作出决议的方式决定企业的重大行为。企业的重大行为包括:企业资本的变化,如增加或者减少注册资本、利润分配和弥补亏损、公司的预算和决算事项;企业的融资行为,如发行公司债券;企业的对外投资,向他人提供担保、购置或者转让主要资产,变更主要业务等;企业的合并、分立、变更组织形式、解散、清算等;修改企业章程等。上述权利,由出资人按照章程或者法律规定的方式行使。(3)选择经营管理者。出资人有权通过股东会或者股东大会作出决议选举或者更换公司的董事或者监事,决定董事或者监事的薪酬,通过董事会来聘任或者解聘经理等企业高级管理人员。

除前述规定外,出资人还享有其他权利,如根据《公司法》的规定,有限责任公司的股东有权查阅本公司的章程、股东会会议记录、董事会会议决议、财务会计报告;董事、高级管理人员违反法律、行政法规或者章程的规定,损害股东利益的,股东可以向人民法院提起诉讼。

第二百六十九条　【法人财产权】营利法人对其不动产和动产依照法律、行政法规以及章程享有占有、使用、收益和处分的权利。

营利法人以外的法人,对其不动产和动产的权利,适用有关法律、行政法规以及章程的规定。

条文注释

法人以其全部财产独立承担民事责任。各种类型的法人中,以取得利润并分配给股东等出资人为目的成立的法人,为营利法人。营利法人包括有限责任公司、股份有限公司和其他企业法人等。营利法人区别于非营利法人的重要特征,不是“取得利润”,而是“利润分配给出资人”。是否从事经营活动并获取利润，与法人成立的目的没有直接关系，也不影响营利法人与非营利法人的分类。营利法人与非营利法人区分的关键在于利润的分配上，是否归属出资人。如果利润归属于法人，用于实现法人目的，则不是营利法人；如果利润分配给出资人，则属于营利法人。

《民法典》总则编规定，营利法人包括有限责任公司、股份有限公司和其他企业法人等。可见，营利法人基本上就是企业法人。此外，其他法律中规定的可以取得法人资格的企业，也属于营利法人。具备法人条件的企业成为营利法人后，取得法律上独立的民事主体资格，成为自主经营、自负盈亏的生产者和经营者。出资人将其不动产或者动产投到营利法人后，即构成了营利法人独立的财产，营利法人享有法人财产权，即依照法律、行政法规以及章程的规定对该财产享有占有、使用、收益和处分的权利，出资人个人不能直接对其投入的资产进行支配，这是营利法人实现自主经营、自负盈亏，独立承担民事责任的物质基础。《民法典》总则编规定，营利法人的出资人不得滥用法人独立地位和出资人有限责任损害法人的债权人利益。滥用法人独立地位和出资人有限责任，逃避债务，严重损害法人的债权人利益的，应当对法人债务承担连带责任。

本条第2款规定，营利法人以外的法人对其不动产和动产的权利，适用有关法律、行政法规以及章程的规定。依照《民法典》总则编的规定，营利法人之外的法人包括非营利法人和特别法人。为公益目的或者其他非营利目的成立，不向出资人、设立人或者会员分配所取得利润的法人，为非营利法人。非营利法人包括事业单位法人、社会团体法人和捐助法人。特别法人包括机关法人、农村集体经济组织法人、城镇农村的合作经济组织法人、基层群众性自治组织法人。

第二百七十条　【社会团体法人、捐助法人合法财产的保护】社会团体法人、捐助法人依法所有的不动产和动产，受法律保护。

第六章　业主的建筑物区分所有权

第二百七十一条　【建筑物区分所有权】业主对建筑物内的住宅、经营性用房等专有部分享有所有权,对专有部分以外的共有部分享有共有和共同管理的权利。

条文注释

建筑物区分所有权,一般是指数人区分一建筑物而各有其专有部分,并就共有部分按其专有部分享有共有的权利。业主,是指享有建筑物专有部分所有权的人。根据本条的规定,业主的建筑物区分所有权包括对其专有部分的所有权、对建筑区划内的共有部分享有的共有和共同管理的权利。

一是业主对专有部分的所有权。即本条规定的,业主对建筑物内的住宅、经营性用房等专有部分享有所有权,有权对专有部分占有、使用、收益和处分。

二是业主对建筑区划内的共有部分的共有的权利。即本条规定的,业主对专有部分以外的共有部分如电梯、过道、楼梯、水箱、外墙面、水电气的主管线等享有共有的权利。

三是业主对建筑区划内的共有部分的共同管理的权利。本法规定,业主可以自行管理建筑物及其附属设施,也可以委托物业服务企业或者其他管理人管理。

关联法规

《最高人民法院关于审理建筑物区分所有权纠纷案件具体应用法律若干问题的解释》第1、16条

第二百七十二条　【业主对专有部分的权利和义务】业主对其建筑物专有部分享有占有、使用、收益和处分的权利。业主行使权利不得危及建筑物的安全,不得损害其他业主的合法权益。

条文注释

本法第271条中规定，业主对建筑物内的住宅、经营性用房等专有部分享有所有权。根据本法规定，专有部分是指建筑物内的住宅、经营性用房等业主专有的部分。

业主对建筑物专有部分的权利是所有权的一种。本法第240条规定，所有权人对自己的不动产或者动产，依法享有占有、使用、收益和处分的权利。本条是对业主对建筑物专有部分享有所有权的具体权能的规定，即业主对其建筑物专有部分享有占有、使用、收益和处分的权利。按照这一规定，业主对建筑物内属于自己所有的住宅、经营性用房等专有部分可以直接占有、使用，实现居住或者营业的目的；也可以依法出租，获取收益；还可以出借，解决亲朋好友居住之难；或者在自己的专有部分上依法设定负担，例如，为保证债务的履行将属于自己所有的住宅或者经营性用房抵押给债权人，或者抵押给金融机构以取得贷款等；还可以将住宅、经营性用房等专有部分出售给他人，对专有部分予以处分。

同时，本条规定，业主行使专有部分所有权时，不得危及建筑物的安全，不得损害其他业主的合法权益：一是业主行使专有部分所有权时，不得危及建筑物的安全。例如，业主在对专有部分装修时，不得拆除房屋内的承重墙，不得在专有部分内储藏、存放易燃易爆危险等物品，危及整个建筑物的安全。二是业主行使专有部分所有权时，不得损害其他业主的合法权益。

关联法规

《民法典》第286、287条；《最高人民法院关于审理建筑物区分所有权纠纷案件具体应用法律若干问题的解释》第2条

第二百七十三条　【业主对共有部分的权利和义务】业主对建筑物专有部分以外的共有部分，享有权利，承担义务；不得以放弃权利为由不履行义务。

业主转让建筑物内的住宅、经营性用房，其对共有部分享有的共有和共同管理的权利一并转让。

条文注释

业主专有部分以外的共有部分,通常是指除建筑物内的住宅、经营性用房等专有部分以外的部分,既包括建筑物内的走廊、楼梯、过道、电梯、外墙面、水箱、水电气管线等部分,也包括建筑区划内,由业主共同使用的物业管理用房、绿地、道路、公用设施以及其他公共场所等,但法律另有规定的除外。

关于共有部分的界定,《最高人民法院关于审理建筑物区分所有权纠纷案件具体应用法律若干问题的解释》第3条规定,除法律、行政法规规定的共有部分外,建筑区划内的以下部分,也应当认定为《物权法》第6章所称的共有部分:(1)建筑物的基础、承重结构、外墙、屋顶等基本结构部分,通道、楼梯、大堂等公共通行部分,消防、公共照明等附属设施、设备,避难层、设备层或者设备间等结构部分;(2)其他不属于业主专有部分,也不属于市政公用部分或者其他权利人所有的场所及设施等。

业主对专有部分以外的共有部分的权利包括两部分内容,即共有和共同管理的权利。一是业主对专有部分以外的共有部分享有共有的权利,即每个业主在法律对所有权未作特殊规定的情形下,对专有部分以外的走廊、楼梯、过道、电梯、外墙面、水箱、水电气管线等共有部分,对物业管理用房、绿地、道路、公用设施以及其他公共场所等共有部分享有占有、使用、收益或者处分的权利。但是,如何行使占有、使用、收益或者处分的权利,还要依据本法及相关法律、法规和建筑区划管理规约的规定来进行。二是业主对专有部分以外的共有部分不仅享有共有的权利,还享有共同管理的权利,有权对共用部分与公用设备设施的使用、收益、维护等事项行使管理的权利,同时对共有部分的管理也负有相应的义务。《物业管理条例》对业主的权利和义务作了详细规定。

由于业主对专有部分以外的共有部分既享有权利,又负有义务,有的业主就可能以放弃权利为由,不履行义务。对此,本条明确规定,业主不得以放弃权利为由不履行义务。例如,除另有约定的外,业主不得以不使用电梯为由,不缴纳电梯维修费用。

业主的建筑物区分所有权是一个集合权，包括对专有部分享有的所有权、对建筑区划内的共有部分享有的共有和共同管理的权利，这些权利具有不可分离性。在这些权利中，业主对专有部分的所有权占主导地位，是业主对专有部分以外的共有部分享有共有和共同管理的权利的前提与基础。因此本条规定，业主转让建筑物内的住宅、经营性用房，其对共有部分享有的共有和共同管理的权利一并转让。

关联法规

《物业管理条例》第54条；《最高人民法院关于审理建筑物区分所有权纠纷案件具体应用法律若干问题的解释》第3、4条

第二百七十四条　【建筑区划内道路、绿地等的权利归属】建筑区划内的道路，属于业主共有，但是属于城镇公共道路的除外。建筑区划内的绿地，属于业主共有，但是属于城镇公共绿地或者明示属于个人的除外。建筑区划内的其他公共场所、公用设施和物业服务用房，属于业主共有。

条文注释

本条规定了如下内容：(1)建筑区划内的道路，属于业主共有，但是属于城镇公共道路的除外。(2)建筑区划内的绿地，属于业主共有，但是属于城镇公共绿地或者明示属于个人的除外。《最高人民法院关于审理建筑物区分所有权纠纷案件具体应用法律若干问题的解释》第3条第2款规定，建筑区划内的土地，依法由业主共同享有建设用地使用权，但属于业主专有的整栋建筑物的规划占地或者城镇公共道路、绿地占地除外。(3)建筑区划内的其他公共场所、公用设施和物业服务用房，属于业主共有。《物业管理条例》第37条也规定，物业管理用房的所有权依法属于业主。未经业主大会同意，物业服务企业不得改变物业管理用房的用途。

关联法规

《物业管理条例》第37条；《最高人民法院关于审理建筑物区分所有权纠纷案件具体应用法律若干问题的解释》第3条

第二百七十五条　【车位、车库的归属】建筑区划内，规划用于停放汽车的车位、车库的归属，由当事人通过出售、附赠或者出租等方式约定。

占用业主共有的道路或者其他场地用于停放汽车的车位，属于业主共有。

条文注释

车位，一般是指住宅小区内设置的以停放机动车为目的的开放式的场所。车库，是指住宅小区内设置的以停放机动车为目的具有一定封闭性的场所。本法区分不同的情况对车位、车库的归属作了如下规定：(1)建筑区划内，规划用于停放汽车的车位、车库的归属，由当事人通过出售、附赠或者出租等方式约定。建筑区划内，规划用于停放汽车的车位、车库，即开发商在开发项目前，经政府核发的建设工程规划许可证批准同意，规划用于停放汽车的车位、车库。此类车位、车库，在开发商开发后，通过出售、附赠或者出租等方式，与当事人约定车位、车库的归属和使用。(2)占用业主共有的道路或者其他场地用于停放汽车的车位，属于业主共有。规划外的占用业主共有的道路或者其他场地用于停放汽车的车位、车库，由于属于规划外，且是占用业主共有的道路或者其他场地建设的，较易形成属于业主共有的共识，属于业主共有。

关联法规

《最高人民法院关于审理建筑物区分所有权纠纷案件具体应用法律若干问题的解释》第6条

第二百七十六条　【车位、车库的首要用途】建筑区划内，规划用于停放汽车的车位、车库应当首先满足业主的需要。

条文注释

关于“首先满足业主的需要”的含义，可参考《最高人民法院关于审理建筑物区分所有权纠纷案件具体应用法律若干问题的解释》第5条第1款规定，建设单位按照配置比例将车位、车库，以出售、附赠或者出租等方式处分给业主的，应当认定其行为符合《物权法》第74条第1款有关“应当首先满足业主的需要”的规定。第2款规定，前款所称配置比例是指规划确定的建筑区划内规划用于停放汽车的车位、车库与房屋套数的比例。

关联法规

《最高人民法院关于审理建筑物区分所有权纠纷案件具体应用法律若干问题的解释》第5条

第二百七十七条 【业主自治管理组织的设立及指导和协助】业主可以设立业主大会，选举业主委员会。业主大会、业主委员会成立的具体条件和程序，依照法律、法规的规定。

地方人民政府有关部门、居民委员会应当对设立业主大会和选举业主委员会给予指导和协助。

条文注释

房屋的所有权人为业主，业主是建筑区划内的主人。业主大会是业主的自治组织，是基于业主的建筑物区分所有权的行使产生的，由全体业主组成，是建筑区划内建筑物及其附属设施的管理机构。因此，只要是建筑区划内的业主，就有权参加业主大会，行使专有部分以外共有部分的共有以及共同管理的权利，并对小区内的业主行使专有部分的所有权作出限制性规定，以维护建筑区划内全体业主的合法权益。故本条第1款规定，业主可以设立业主大会。

如果建筑区划内业主人数众多的，可以设立本建筑物或者建筑区划内所有建筑物的业主委员会，故本条第1款中规定，业主可以选举业主委员会。业主委员会是本建筑物或者建筑区划内所有建筑物的业主大会的执行机构，按照业主大会的决定履行管理的职责。

《物业管理条例》和一些地方性法规对业主大会、业主委员会成立的具体条件和程序作了规定。同时本条规定，居民委员会应当对设立业主大会和选举业主委员会给予指导和协助。

关联法规

《物业管理条例》第8~10、16条

第二百七十八条　【业主共同决定事项及表决】下列事项由业主共同决定：

（一）制定和修改业主大会议事规则；

（二）制定和修改管理规约；

（三）选举业主委员会或者更换业主委员会成员；

（四）选聘和解聘物业服务企业或者其他管理人；

（五）使用建筑物及其附属设施的维修资金；

（六）筹集建筑物及其附属设施的维修资金；

（七）改建、重建建筑物及其附属设施；

（八）改变共有部分的用途或者利用共有部分从事经营活动；

（九）有关共有和共同管理权利的其他重大事项。

业主共同决定事项，应当由专有部分面积占比三分之二以上的业主且人数占比三分之二以上的业主参与表决。决定前款第六项至第八项规定的事项，应当经参与表决专有部分面积四分之三以上的业主且参与表决人数四分之三以上的业主同意。决定前款其他事项，应当经参与表决专有部分面积过半数的业主且参与表决人数过半数的业主同意。

条文注释

本条在《物权法》第76条的基础上作了修改完善：一是将使用建筑物及其附属设施的维修资金单列一项，并降低通过这一事项的表决要求。二是增加规定“改变共有部分的用途或者利用共有部分从事经营活动”为业主共同决定的重大事项。三是适当降低业主作出决议的门槛。本条规定，下列事项由业主共同决定：

（1）制定和修改业主大会议事规则。业主大会议事规则是业主大会组织、运作的规程，是对业主大会宗旨、组织体制、活动方式、成员的权利义务等内容进行记载的业主自律性文件。业主大会通过业主大会议事规则建立大会的正常秩序，保证大会内业主集体意志和行为的统一。制定和修改业主大会议事规则属于有关共有和共同管理权利的重大事项，需要由业主共同决定。

(2)制定和修改管理规约。管理规约是业主自我管理、自我约束、自我规范的规则约定,规定建筑区划内有关建筑物及其附属设施的使用、维护、管理等事项,是业主对建筑物及其附属设施的一些重大事务的共同约定,涉及每个业主的切身利益,对全体业主具有约束力,属于有关共有和共同管理权利的重大事项,应当由业主共同制定和修改。

(3)选举业主委员会或者更换业主委员会成员。业主可以共同决定选举业主委员会或者更换业主委员会成员。业主委员会是业主大会的执行机构,具体执行业主大会决定的事项,并就建筑区划内的一般性日常事务作出决定。业主通过业主大会选举能够代表和维护自己利益的业主委员会委员,成立业主委员会。选举业主委员会或者更换业主委员会成员,属于有关共有和共同管理权利的重大事项,应当由业主共同决定。

(4)选聘和解聘物业服务企业或者其他管理人。本法第284条规定,业主可以自行管理建筑物及其附属设施,也可以委托物业服务企业或者其他管理人管理。对建设单位聘请的物业服务企业或者其他管理人,业主有权依法更换。

(5)使用建筑物及其附属设施的维修资金。业主可以共同决定使用建筑物及其附属设施的维修资金。

(6)筹集建筑物及其附属设施的维修资金。业主可以共同决定筹集建筑物及其附属设施的维修资金。筹集维修资金关系到业主的切身利益,是否筹集以及如何筹集,属于有关共有和共同管理权利的重大事项,应当由业主共同决定。

(7)改建、重建建筑物及其附属设施。业主可以共同决定改建、重建建筑物及其附属设施。建筑物及其附属设施的改建、重建,涉及业主建筑物区分所有权的行使,费用的负担,事关重大,属于有关共有和共同管理权利的重大事项,应当由业主共同决定。

(8)改变共有部分的用途或者利用共有部分从事经营活动。业主可以共同决定改变共有部分的用途或者利用共有部分从事经营活动,本项是《民法典》物权编编纂过程中增加的。

(9)有关共有和共同管理权利的其他重大事项。除上述所列事项外,对建筑区划内有关共有和共同管理权利的其他重大事项,也需要由业主共同决定。例如,如何对物业服务企业的工作予以监督,如何与居民委员会协作,维护好建筑区划内的社会治安等。

本条第2款规定的是业主共同决定重大事项的表决程序。

关联法规

《物业管理条例》第11～14条;《最高人民法院关于审理建筑物区分所有权纠纷案件具体应用法律若干问题的解释》第7～9条

第二百七十九条 【业主改变住宅用途的限制条件】业主不得违反法律、法规以及管理规约,将住宅改变为经营性用房。业主将住宅改变为经营性用房的,除遵守法律、法规以及管理规约外,应当经有利害关系的业主一致同意。

条文注释

业主将住宅改变为经营性用房的,除遵守法律、法规以及管理规约外,应当经有利害关系的业主一致同意。即如果业主确实因生活需要,如因下岗无收入来源,生活困难,将住宅改变为经营性用房,一是必须遵守法律、法规以及管理规约的规定。如应要办理相应的审批手续,要符合国家卫生、环境保护要求等。二是在遵守法律、法规以及管理规约的前提下,还必须征得有利害关系的业主的一致同意。这两个条件必须同时具备,才可以将住宅改变为经营性用房,二者缺一不可。

如何确定业主为有利害关系的业主,因改变住宅为经营性用房的用途不同,影响的范围、程度不同,要具体情况具体分析。总之,不论是否是相邻或者不相邻的业主,凡是因住宅改变为经营性用房受到影响的业主,均是本条所说的有利害关系的业主。

关联法规

《最高人民法院关于审理建筑物区分所有权纠纷案件具体应用法律若干问题的解释》第10、11条

第二百八十条　【业主大会、业主委员会决定的效力】业主大会或者业主委员会的决定，对业主具有法律约束力。

业主大会或者业主委员会作出的决定侵害业主合法权益的，受侵害的业主可以请求人民法院予以撤销。

条文注释

本条第1款规定，业主大会或者业主委员会的决定，对业主具有法律约束力。对业主具有约束力的业主大会或者业主委员会的决定，必须是依法设立的业主大会、业主委员会作出的，必须是业主大会、业主委员会依据法定程序作出的，必须是符合法律、法规及规章，不违背公序良俗，不损害国家、公共和他人利益的决定。

本条第2款进一步规定，业主大会或者业主委员会作出的决定侵害业主合法权益的，受侵害的业主可以请求人民法院予以撤销。这一规定，赋予了业主请求人民法院撤销业主大会或者业主委员会作出的不当决定的权利。业主在具体行使这一权利时，还要依据本法总则编、《民事诉讼法》等法律的规定。例如，撤销的请求，要向有管辖权的人民法院提出，要有明确的诉讼请求和事实、理由等。

关联法规

《物业管理条例》第12、19条；《最高人民法院关于审理建筑物区分所有权纠纷案件具体应用法律若干问题的解释》第12条

第二百八十一条　【建筑物及其附属设施维修资金的归属和处分】建筑物及其附属设施的维修资金，属于业主共有。经业主共同决定，可以用于电梯、屋顶、外墙、无障碍设施等共有部分的维修、更新和改造。建筑物及其附属设施的维修资金的筹集、使用情况应当定期公布。

紧急情况下需要维修建筑物及其附属设施的，业主大会或者业主委员会可以依法申请使用建筑物及其附属设施的维修资金。

条文注释

本条进一步规定，经业主共同决定，可以用于电梯、屋顶、外墙、

无障碍设施等共有部分的维修、更新和改造。建筑物及其附属设施的维修资金的筹集、使用情况应当定期公布。应注意如下几点：(1)建筑物及其附属设施的维修资金的使用需经业主共同决定。至于业主如何决定建筑物及其附属设施的维修资金的使用，要依据本法第278条作出决定。(2)关于建筑物及其附属设施的维修资金的用途，本条规定维修资金可以用于电梯、屋顶、外墙、无障碍设施等共有部分的维修、更新和改造。至于业主专有部分以外的哪些部分为共有部分，哪些设施为建筑物的附属设施，要根据每一栋建筑物、每一个建筑区划的不同情况具体分析。(3)为便于业主及时了解建筑物及其附属设施维修资金的筹集情况，依法监督维修资金的使用，本条还规定，建筑物及其附属设施的维修资金的筹集、使用情况应当予以公布。《住宅专项维修资金管理办法》第30条规定作了相应规定。

本条第2款规定是此次立法新增加的。根据该规定，紧急情况下需要维修建筑物及其附属设施的，业主大会或者业主委员会可以依法申请使用维修资金。此处对紧急情况下需要维修建筑物及其附属设施使用维修资金作了指引性规定，即需“依法申请”，此处的“依法”，既包括法律，也包括行政法规、部门规章和地方性法规等。

关联法规

《物业管理条例》第53、54、60条；《最高人民法院关于审理建筑物区分所有权纠纷案件具体应用法律若干问题的解释》第13条；《住宅专项维修资金管理办法》第3、9、30条

第二百八十二条　【共有部分的收入分配】建设单位、物业服务企业或者其他管理人等利用业主的共有部分产生的收入，在扣除合理成本之后，属于业主共有。

条文注释

本条是本次《民法典》新增加的条文。根据本条规定，建设单位、物业服务企业或者其他管理人等利用业主的共有部分产生的收入，在扣除合理成本之后，属于业主共有。《物业管理条例》第54条

规定,利用物业共用部位、共用设施设备进行经营的,应当在征得相关业主、业主大会、物业服务企业的同意后,按照规定办理有关手续。业主所得收益应当主要用于补充专项维修资金,也可以按照业主大会的决定使用。此外,本法第943条规定,物业服务人应当定期将服务的事项、负责人员、质量要求、收费项目、收费标准、履行情况,以及维修资金使用情况、业主共有部分的经营与收益情况等以合理方式向业主公开并向业主大会、业主委员会报告。

关联法规

《物业管理条例》第54、63条

第二百八十三条 【建筑物及其附属设施的费用分担和收益分配】建筑物及其附属设施的费用分摊、收益分配等事项,有约定的,按照约定;没有约定或者约定不明确的,按照业主专有部分面积所占比例确定。

条文注释

本条在《物权法》第80条的基础上作了修改完善,将"按照业主专有部分占建筑物总面积的比例确定"修改为"按照业主专有部分面积所占有比例确定"。

本条明确了以下两点:一是管理规约如果对建筑物及其附属设施的费用如何分摊有约定的,首先按照约定进行分摊。如果没有约定或者约定不明确的,则可以按照业主专有部分面积所占比例确定费用。例如,对业主共有的建筑物及其附属设施如公用设施和物业服务用房等进行维修,针对其费用问题,如果管理规约等有约定的,先按照约定,如果没有约定或者约定不明确的,按照业主专有部分面积所占比例确定。二是建筑物及其附属设施的收益分配,有约定的,按照约定;没有约定或者约定不明确的,按照业主专有部分面积所占比例确定。

第二百八十四条 【建筑物及其附属设施的管理主体】业主可以自行管理建筑物及其附属设施,也可以委托物业服务企业或者其他管理人管理。

对建设单位聘请的物业服务企业或者其他管理人，业主有权依法更换。

条文注释

根据本条第1款的规定：(1)业主可以委托物业服务企业或者其他管理人管理建筑物及其附属设施。物业服务企业，通常是指符合法律规定，依法向业主提供物业服务的民事主体(市场主体)，包括物业公司以及向业主提供服务的其他组织。物业公司，是指依法设立、具有独立法人资格，从事物业服务活动的企业。《物业管理条例》第39条规定，物业服务企业可以将物业管理区域内的专项服务业务委托给专业性服务企业，但不得将该区域内的全部物业管理一并委托给他人。(2)业主可以自行管理建筑物及其附属设施。对建筑物及其附属设施进行管理，并非必须委托物业服务企业或者其他管理人，除委托物业服务企业或者其他管理人外，也有业主自行管理的。

关联法规

《物业管理条例》第32～36条

第二百八十五条　【业主和物业服务企业或其他管理人的关系】 物业服务企业或者其他管理人根据业主的委托，依照本法第三编有关物业服务合同的规定管理建筑区划内的建筑物及其附属设施，接受业主的监督，并及时答复业主对物业服务情况提出的询问。

物业服务企业或者其他管理人应当执行政府依法实施的应急处置措施和其他管理措施，积极配合开展相关工作。

条文注释

本条在《物权法》第82条的基础上作了修改完善。理解本条第1款，需要注意以下几点：(1)业主与物业服务企业或者其他管理人之间是一种合同关系。在物业服务合同中，业主应当对自己委托物业服务企业或者其他管理人的权限范围、双方的权利义务、合同期限、违约责任等作出规定。(2)本次《民法典》编纂在合同编增加了“物业服务合同”一章,对物业服务合同的内容、权利义务等作出了明确规定,因此,在本条“管理建筑区划内的建筑物及其附属设施”前增加“依照本法第三编有关物业服务合同的规定”,对合同内容以及权利义务作出进一步的指引性规定。(3)业主对物业服务企业或者其他管理人的监督具体可以采取如下不同形式,如对物业服务企业履行合同的情况提出批评、建议,查询物业服务企业在履行合同中形成的有关物业管理的各种档案材料。查询物业服务企业的收费情况等。(4)针对我国物业管理现状中推诿拖延的状况,明确物业服务企业或者其他管理人应及时答复业主对物业服务情况提出的询问。

本条第2款源自新型冠状病毒肺炎疫情防控,广大物业服务企业依法执行政府防控措施,承担了大量具体工作,得到了社会普遍认可,还在有关地方立法中引发关注。因此,结合疫情防控工作,明确物业服务企业和业主的相关责任和义务,增加本条第2款的规定。

关联法规

《民法典》第937~950条;《最高人民法院关于审理物业服务纠纷案件具体应用法律若干问题的解释》

第二百八十六条　【业主的相关义务及责任】业主应当遵守法律、法规以及管理规约,相关行为应当符合节约资源、保护生态环境的要求。对于物业服务企业或者其他管理人执行政府依法实施的应急处置措施和其他管理措施,业主应当依法予以配合。

业主大会或者业主委员会,对任意弃置垃圾、排放污染物或者噪声、违反规定饲养动物、违章搭建、侵占通道、拒付物业费等损害他人合法权益的行为,有权依照法律、法规以及管理规约,请求行为人停止侵害、排除妨碍、消除危险、恢复原状、赔偿损失。

业主或者其他行为人拒不履行相关义务的,有关当事人可以向有关行政主管部门报告或者投诉,有关行政主管部门应当依法处理。

条文注释

本条第1款中规定,对于物业服务企业或者其他管理人执行政府依法实施的应急处置措施和其他管理措施,业主应当依法予以配合。

同时,对任意弃置垃圾、排放污染物或者噪声、违反规定饲养动物、违章搭建、侵占通道、拒付物业费等损害他人合法权益的行为如何处置,有以下几种办法:一是业主大会、业主委员会依照法律、法规以及管理规约的规定,要求其停止侵害、消除危险、排除妨碍、赔偿损失。二是受到侵害的业主个人依据《民事诉讼法》等法律的规定,向人民法院提起诉讼。三是共同受到侵害的业主,推选代表人,依据《民事诉讼法》等法律的规定,向人民法院提起诉讼。

关于"损害他人合法权益的行为"的界定,《最高人民法院关于审理建筑物区分所有权纠纷案件具体应用法律若干问题的解释》第15条规定,业主或者其他行为人违反法律、法规、国家相关强制性标准、管理规约,或者违反业主大会、业主委员会依法作出的决定,实施下列行为的,可以认定为《物权法》第83条第2款所称的其他"损害他人合法权益的行为":(1)损害房屋承重结构,损害或者违章使用电力、燃气、消防设施,在建筑物内放置危险、放射性物品等危及建筑物安全或者妨碍建筑物正常使用;(2)违反规定破坏、改变建筑物外墙面的形状、颜色等损害建筑物外观;(3)违反规定进行房屋装饰装修;(4)违章加建、改建,侵占、挖掘公共通道、道路、场地或者其他共有部分。

关联法规

《物业管理条例》第17、45、50条;《最高人民法院关于审理建筑物区分所有权纠纷案件具体应用法律若干问题的解释》第14、15条

第二百八十七条　【业主合法权益的保护】业主对建设单位、物业服务企业或者其他管理人以及其他业主侵害自己合法权益的行为,有权请求其承担民事责任。

条文注释

本条是在《物权法》第83条第2款中"业主对侵害自己合法权益的行为，可以依法向人民法院提起诉讼"的规定基础上进行了修改完善。

法律及行政法规等规定了一些业主的权利，根据本条规定，业主对建设单位、物业服务企业或者其他管理人以及其他业主侵害自己合法权益的行为，有权请求其承担民事责任。具体的民事责任，可以依据本法第179条的相关规定确定。

关联法规

《民法典》第274、275、280～282条；《物业管理条例》第6条

第七章 相邻关系

第二百八十八条 【处理相邻关系的原则】不动产的相邻权利人应当按照有利生产、方便生活、团结互助、公平合理的原则，正确处理相邻关系。

条文注释

相邻的不动产不仅指土地，还包括附着于土地的建筑物。相邻土地权利人之间的相邻关系的内容是非常丰富的，如通行、引水、排水，以及临时占用邻人土地修建建筑物等。不动产的相邻关系一般指相互毗邻的不动产权利人之间的关系，但也并不尽然。例如，河流上游的权利人排水需要流经下游的土地，当事人之间尽管土地并不相互毗邻，但行使权利是相互邻接的。相邻的不动产权利人，不仅包括不动产的所有人，而且包括不动产的用益物权人和占有人。

处理相邻关系的原则，不仅是人们在生产、生活中处理相邻关系应遵从的原则，还是法官审理相邻关系纠纷案件应遵从的原则。特别是在法律对相邻关系的某些类型缺乏明确规定的情况下，需要法官以处理相邻关系的一般原则来评判是非。

第二百八十九条　【处理相邻关系的依据】法律、法规对处理相邻关系有规定的，依照其规定；法律、法规没有规定的，可以按照当地习惯。

条文注释

我国有些法律、法规对处理相邻关系作出了规定。例如，《建筑法》对施工现场相邻建筑物的安全、地下管线的安全，以及周围环境的安全都提出了要求。

此外，处理民事关系，首先应当依照民事法律的规定。在民事法律未作规定的情况下，法官在处理民事纠纷时，依习惯作出判断。本法第10条规定，处理民事纠纷，应当依照法律；法律没有规定的，可以适用习惯，但是不得违背公序良俗。

作为审案依据的"习惯"必须是当地多年实施且为当地多数人所遵从和认可的习惯，这种习惯已经具有"习惯法"的作用，在当地具有类似于法律一样的约束力。同时，这种习惯以不违背公序良俗为限。因此，当邻里因为不动产的使用而发生纠纷时，如果没有相应的民事法律进行调整，在是否适用习惯作为审案的依据，以及适用何种习惯作为审案的依据问题上，法官具有自由裁量权。

关联法规

《民法典》第10条；《建筑法》第39～41条

第二百九十条　【用水、排水相邻关系】不动产权利人应当为相邻权利人用水、排水提供必要的便利。

对自然流水的利用，应当在不动产的相邻权利人之间合理分配。对自然流水的排放，应当尊重自然流向。

条文注释

《最高人民法院关于贯彻执行〈中华人民共和国民法通则〉若干问题的意见（试行）》从审判的角度对水的相邻关系作了规定，主要是：(1)关于自然流水的分配与使用。一方擅自堵截或者独占自然流水，影响他方正常生产、生活的，他方有权请求排除妨碍；造成他方损失的，受益人应负赔偿责任。(2)关于自然流水以及生产、生活用水的排放。相邻一方必须使用另一方的土地排水的，应当予以准许；但应在必要限度内使用并采取适当的保护措施排水，如仍造成损失的，由受益人合理补偿。相邻一方可以采取其他合理的措施排水而未采取，向他方土地排水毁损或者可能毁损他方财产，他方要求致害人停止侵害、消除危险、恢复原状、赔偿损失的，应当予以支持。(3)关于房屋滴水。处理相邻房屋滴水纠纷时，对有过错的一方造成他方损害的，应当责令其排除妨碍、赔偿损失。

关联法规

《最高人民法院关于贯彻执行〈中华人民共和国民法通则〉若干问题的意见（试行）》第98、99条

第二百九十一条　【通行相邻关系】不动产权利人对相邻权利人因通行等必须利用其土地的，应当提供必要的便利。

条文注释

不动产权利人原则上有权禁止他人进入其土地，但他人因通行等必须利用或进入其土地的，不动产权利人应当提供必要的便利。这些情形是：(1)他人有通行权的。《最高人民法院关于贯彻执行〈中华人民共和国民法通则〉若干问题的意见（试行）》从审判的角度对相邻关系中的通行权作了规定，主要是：①一方必须在相邻一方使用的土地上通行的，应当予以准许；因此造成损失的，应当给予适当补偿。②对于一方所有的或者使用的建筑物范围内历史形成的必经通道，所有权人或者使用权人不得堵塞。因堵塞影响他人生产、生活，他人要求排除妨碍或者恢复原状的，应当予以支持。但有条件另开通道的，可以另开通道。(2)依当地习惯，许可他人进入其未设围障的土地刈取杂草，采集枯枝、枯干，采集野生植物，或放牧牲畜等。(3)他人物品或者动物偶然失落于其土地时，应允许他人进入其土地取回。

关联法规

《最高人民法院关于贯彻执行〈中华人民共和国民法通则〉若干

问题的意见(试行)》第100、101条

第二百九十二条 【相邻土地的利用】不动产权利人因建造、修缮建筑物以及铺设电线、电缆、水管、暖气和燃气管线等必须利用相邻土地、建筑物的,该土地、建筑物的权利人应当提供必要的便利。

条文注释

本条规定的使用邻地包括两种情形:一是因建造、修缮建筑物而临时使用邻地,土地权利人因建造、修缮建筑物暂时而且有必要使用相邻的土地、建筑物的,相邻的土地、建筑物的权利人应当提供必要的便利。二是在邻地上安设管线。

关联法规

《最高人民法院关于贯彻执行〈中华人民共和国民法通则〉若干问题的意见(试行)》第97条

第二百九十三条 【相邻通风、采光和日照】建造建筑物,不得违反国家有关工程建设标准,不得妨碍相邻建筑物的通风、采光和日照。

条文注释

本条只是原则性规定,即建造建筑物,不得违反国家有关工程建设标准,妨碍相邻建筑物的通风、采光和日照。2012年住房和城乡建设部发布国家标准《建筑采光设计标准》,2018年住房和城乡建设部发布国家标准《城市居住区规划设计标准》。按照上述标准,旧区改造住宅日照标准按照大寒日的日照不低于1小时执行。

第二百九十四条 【相邻不动产之间不可量物侵害】不动产权利人不得违反国家规定弃置固体废物,排放大气污染物、水污染物、土壤污染物、噪声、光辐射、电磁辐射等有害物质。

条文注释

本条虽然没有明确规定相邻不动产权利人之间排放污染物的容忍义务,但按照本法第288条规定的处理相邻关系的"有利生产、方便生活、团结互助、公平合理"的原则,已经包含了相邻不动产权利人之间应当互负容忍义务。但互负容忍义务是有限度的,在国家规定的标准以内应当容忍,如果超过国家规定的标准,受害的不动产权利人有权要求侵害人停止侵害、消除危险、排除妨害以及赔偿损失。

第二百九十五条 【维护相邻不动产安全】不动产权利人挖掘土地、建造建筑物、铺设管线以及安装设备等,不得危及相邻不动产的安全。

条文注释

本条中的“不得危及相邻不动产的安全”主要包括以下几个方面:第一,在自己的土地上开挖地基时,要注意避免使相邻土地的地基发生动摇或有动摇之危险,致使相邻土地上的建筑物受到损害。第二,在相邻不动产的疆界线附近处埋设水管时,要预防土沙崩溃、水或污水渗漏到相邻不动产。第三,不动产权利人在自己的土地范围内种植的竹木根枝伸延,危及另一方建筑物的安全和正常使用时,应当消除危险,恢复原状。第四,不动产权利人在相邻土地上的建筑物有倒塌的危险从而可能危及自己土地及建筑物安全时,有权要求相邻不动产权利人消除危险。

第二百九十六条 【使用相邻不动产避免造成损害】不动产权利人因用水、排水、通行、铺设管线等利用相邻不动产的,应当尽量避免对相邻的不动产权利人造成损害。

条文注释

不动产权利人应当按照有利生产、方便生活、团结互助、公平合理的原则,为相邻不动产权利人因用水、排水、通行、铺设管线等而使用自己的不动产的行为负容忍义务,即提供必要的便利。但从使用一方来讲,在行使相邻权的同时,也要负尽量避免对被使用的相邻不动产的权利人造成损害的义务。

《物权法》第92条规定,不动产权利人因用水、排水、通行、铺设管线等利用相邻不动产的,应当尽量避免对相邻的不动产权利人造成损害;造成损害的,应当给予赔偿。根据该条规定,在无法避免造成损害的情况下,要给予赔偿,这也是公平合理原则的体现。《民法典》删除了"造成损害的,应当给予赔偿"的规定,删除此规定,并非造成损害无须赔偿,而是如果造成损害,可以依据《民法典》侵权责任编的规定请求损害赔偿。

关联法规

《最高人民法院关于贯彻执行〈中华人民共和国民法通则〉若干问题的意见(试行)》第102、103条

第八章　共　　有

第二百九十七条　【共有及其形式】不动产或者动产可以由两个以上组织、个人共有。共有包括按份共有和共同共有。

条文注释

财产的所有形式可分为单独所有和共有两种形式。单独所有是指财产所有权的主体是单一的,即一个人单独享有对某项财产的所有权。所谓共有,是指某项财产由两个或两个以上的权利主体共同享有所有权。换言之,是指多个权利主体对一物共同享有所有权。共有的主体称为共有人,客体称为共有财产或共有物。各共有人之间因财产共有形成的权利义务关系,称为共有关系。我国《民法典》物权编虽然把共有分为按份共有与共同共有,但哪些是按份共有,哪些是共同共有,并无明确规定。根据本条规定,共有包括按份共有和共同共有。按份共有和共同共有的区别在于,按份共有人对共有的不动产或者动产按照其份额享有所有权,共同共有人对共有的不动产或者动产共同享有所有权。

第二百九十八条　【按份共有】按份共有人对共有的不动产或者动产按照其份额享有所有权。

条文注释

按份共有,又称分别共有,是与共同共有相对应的一项制度,指数人按应有份额对共有物共同享有权利和分担义务的共有。在按份共有中,各共有人对共有物享有不同的份额。各共有人的份额,又称应有份,其具体数额一般是由共有人约定明确的。每个共有人对共有财产享有的权利和承担的义务,是依据其不同的份额所确定的。共有人的份额决定了其权利义务的范围。共有人对共有物持有多大的份额,就对共有物享有多大权利和承担多大义务,份额不同,共有人对共有财产的权利义务也不同。

按份共有与分别所有是不同的。在按份共有中,各个共有人的权利不是局限在共有财产的某一部分上,或就某一具体部分单独享有所有权,而是各共有人的权利均及于共有财产的全部。当然,在许多情况下,按份共有人的份额可以产生和单个所有权一样的效力,如共有人有权要求转让其份额,但是各个份额并不是一个完整的所有权,如果各共有人分别单独享有所有权,则共有也就不复存在了。

第二百九十九条　【共同共有】共同共有人对共有的不动产或者动产共同享有所有权。

条文注释

共同共有是指两个或两个以上的民事主体,根据某种共同关系而对某项财产不分份额地共同享有权利并承担义务。共同共有的特征是:第一,共同共有根据共同关系而产生,以共同关系的存在为前提,如夫妻关系、家庭关系。第二,在共同共有关系存续期间内,共有财产不分份额。这是共同共有与按份共有的主要区别。第三,在共同共有中,各共有人平等地对共有物享受权利和承担义务。关于共同共有的形式,主要包括夫妻共有、家庭共有和遗产分割前的共有。

第三百条　【对共有物的管理】共有人按照约定管理共有的不动产或者动产;没有约定或者约定不明确的,各共有人都有管理的权利和义务。

条文注释

本条规定的共有物的“管理”是一个外延宽泛的大概念。包括共有人对共有物的保存、使用方法和简易修缮。对共有物的处分和重大修缮则不属于对共有物管理的内容,在本章中另条规定。

(1)按份共有人对共有物的管理,主要体现在以下三个方面:一是按份共有人对共有物的保存。对共有物的保存是指以维持共有物的现状为目的,保持共有物的完好状态,通过相应的管理措施,避免共有物的毁损、灭失。有约定的按约定办理。没有约定或者约定不明确的,各共有人都有妥善保存的权利和义务。二是按份共有人对共有物的使用方法。按份共有人对共有物的使用与按份共有人决定对共有物的使用方法是两个性质不同的问题。按份共有人对共有物的使用及收益分配是本法第298条调整的内容,即各共有人按照其份额对共有物享有所有权。而按份共有人商定对共有物的使用方法则属于对共有物管理的内容。因为对共有物的使用方法决定着共有物的状态及使用寿命。例如,全体共有人可以约定以下几种对共有物的使用方法:其一,各共有人对共有物分部分或者分时间使用;其二,将共有物交个别共有人使用,由使用的共有人对不使用的共有人给予补偿;其三,将共有物出租,租金在共有人中按各自的份额分配。三是按份共有人对共有物的简易修缮。对共有物的简易修缮与对共有物的重大修缮不同。对共有物的简易修缮是出于对共有物的保存目的,即保持共有物现有的状态。对共有物的重大修缮,依照本法第301条的规定,需要在按份共有人中间实行多数决定通过。而对共有物的简易修缮,按本条规定,只需共有人按约定办理。如果没有约定或者约定不明确的,各共有人都有义务对共有物作简易修缮。

(2)共同共有人对共有物的管理。共同共有人对共有物享有共同的权利,承担共同的义务。在对共有物的管理上,也主要体现在以下三个方面:一是在对共有物的保存上,有约定的按约定办理。没有约定或者约定不明确的,各共有人都有妥善保存的权利和义务。所谓对共有物保存的约定,主要是对共有物保存方式的约定,使共有物处于良好状态，以至于共有物对全体共有人发挥更大的功效。二是在对共有物的使用方法上，也要遵循有约定的依约定，没有约定的，共有人在各自使用时，要尽合理的注意义务，以避免共有物毁损。三是在对共有物简易修缮问题上，共有人要商量确定。商量不通的，各共有人都有权利和义务进行修缮。

第三百零一条 【共有物的处分、重大修缮和性质、用途变更】处分共有的不动产或者动产以及对共有的不动产或者动产作重大修缮、变更性质或者用途的，应当经占份额三分之二以上的按份共有人或者全体共同共有人同意，但是共有人之间另有约定的除外。

条文注释

本条区分按份共有和共同共有，对共有物的处分或者重大修缮、变更性质或者用途问题作出了不同的规定：(1)根据本条规定，处分按份共有的不动产或者动产以及对共有的不动产或者动产重大修缮、变更性质或者用途的，应当经占份额2/3以上的按份共有人同意，但是共有人之间另有约定的除外。(2)根据本条规定，处分共同共有的不动产或者动产以及对共有的不动产或者动产重大修缮、变更性质或者用途的，应当经全体共同共有人同意，但是共有人之间另有约定的除外。

第三百零二条 【共有物管理费用分担】共有人对共有物的管理费用以及其他负担，有约定的，按照其约定；没有约定或者约定不明确的，按份共有人按照其份额负担，共同共有人共同负担。

条文注释

对共有物的管理费用主要包括以下几项：第一，对共有物的保存费用，即为保持共有物免于毁损、灭失，处于良好安全状态或使用状态而支付的费用。第二，对共有物作简易修缮或者重大修缮所支出的费用。第三，对共有物的其他费用负担，例如，因共有物对共有人以外的人造成损害，需向受害人支付的偿金。如共有的房屋倒塌造成他人损害，而向受害人赔偿的医疗费、误工损失费等。

在按份共有中,对共有物的管理费用以及其他负担,有约定的,按照约定;没有约定或者约定不明确的,按份共有人按照其份额负担。

在共同共有中,对共有物的管理费用以及其他费用负担,原则上由共同共有人共同负担,即以其他的共有财产,如共有的积蓄支付。但是共同共有人另有约定的,依照其约定。

第三百零三条　【共有财产分割原则】共有人约定不得分割共有的不动产或者动产,以维持共有关系的,应当按照约定,但是共有人有重大理由需要分割的,可以请求分割;没有约定或者约定不明确的,按份共有人可以随时请求分割,共同共有人在共有的基础丧失或者有重大理由需要分割时可以请求分割。因分割造成其他共有人损害的,应当给予赔偿。

条文注释

本条规定了三种分割共有财产的基本原则:

(1)依据共有人约定分割的原则。无论是按份共有,还是共同共有,共有人对共有财产的分割有约定的依其约定。共有人约定不得分割共有的不动产或者动产,以维持共有关系的,应当按照约定,但共有人有重大理由需要分割的,可以请求分割。

(2)依法分割的原则。共有人对共有财产是否可以分割,在什么情况下可以分割,没有约定,或者约定不明确的,应当依据本法的规定予以分割。即本条规定的,按份共有人可以随时请求分割,共同共有人在共有的基础丧失或者有重大理由需要分割时可以请求分割。一是按份共有人可以随时请求分割。按份共有是各共有人按照确定的份额对共有财产享有权利承担义务的共有。按份共有人对其应有份额享有相当于分别所有的权利。因此,按份共有关系存续期间,按份共有人有权请求从共有财产中分割出属于自己的份额。这种请求不需要征得其他共有人的同意,只要共有人提出请求,就会产生分割的后果。二是共同共有人在共有的基础丧失或者有重大理由需要分割时可以请求分割。本条规定共同共有人在共有的基础丧失或者有重大理由需要分割时可以请求分割共有财产。共同共有人共有的基础丧失，如夫妻财产的共同共有，因婚姻关系的解除而失去了共有的基础，在这种情况下，夫或者妻一方可以请求分割共有的财产。有重大理由需要分割，如在婚姻关系存续期间，夫妻二人约定由原来的夫妻共同财产制，改变为夫妻分别财产制，在这种情况下，夫或者妻一方也可以请求分割共有的财产。《民法典》第 1066 条规定了婚姻关系存续期间，夫妻一方可以向人民法院请求分割共同财产的情形。

（3）损害赔偿的原则。共有财产关系的客体为一项特定的统一的财产，如图书馆，其功能、作用、价值是确定的。因某些法定的特殊原因，共有人分割共有财产，会使共有财产的功能丧失或者削弱，降低它的价值，有可能给其他共有人造成损害。因此，本条规定，因分割对其他共有人造成损害的，应当给予赔偿。

第三百零四条 【共有物的分割方式】共有人可以协商确定分割方式。达不成协议，共有的不动产或者动产可以分割且不会因分割减损价值的，应当对实物予以分割；难以分割或者因分割会减损价值的，应当对折价或者拍卖、变卖取得的价款予以分割。

共有人分割所得的不动产或者动产有瑕疵的，其他共有人应当分担损失。

条文注释

分割共有的不动产或者动产，可以采取各共有人间协商确定的方式。协商的内容，由共有人自由决定，当然须得共有人全体同意。当无法达成协议时，共有人可提请法院进行裁判分割。裁判分割应遵循本条关于实物分割、变价分割或者折价赔偿的原则规定：（1）实物分割。在不影响共有物的使用价值和特定用途时，可以对共有物进行实物分割。（2）变价分割。如果共有物无法进行实物分割，实物分割将减损物的使用价值或者改变物的特定用途时，应当将共有物进行拍卖或者变卖，对所得价款进行分割。还有一种情形，也适用变价分割的方式，即各共有人都不愿接受共有物，这时也可采取将共有物出卖,分割价金的方式。(3)折价赔偿。折价赔偿的分割方式主要存在于以下情形,即对于不可分割的共有物或者分割将减损其价值的,如果共有人中的一人愿意取得共有物,可以由该共有人取得共有物,并由该共有人向其他共有人作价赔偿。

本条第2款规定,共有人分割所得的不动产或者动产有瑕疵的,其他共有人应当分担损失,即瑕疵担保责任,包括权利的瑕疵担保责任和物的瑕疵担保责任。前者指共有人应担保第三人就其他共有人分得之物不得主张任何权利;后者指共有人对其他共有人应担保其分得部分于分割前未隐含瑕疵。本款的规定是为了防止共有物分割后,共有人发现权利或者利益受到侵害而得不到赔偿的情况发生。此种瑕疵担保责任,应同于合同编中出卖人对买受人所负的瑕疵担保责任。

第三百零五条　【按份共有人的优先购买权】按份共有人可以转让其享有的共有的不动产或者动产份额。其他共有人在同等条件下享有优先购买的权利。

条文注释

本条第1句规定了在共有关系存续期间,按份共有人有权转让其享有的共有的不动产或者动产份额。共有人转让共有份额后,受让人可能继续与其他原共有人共有,或者分割共有份额。共有人请求分割共有物的行为是一种单方法律行为,一经作出即生效力。分割共有物的方法依据当事人约定,如果当事人没有约定或约定不明时,则按照以下方法加以分割:(1)如果共有物能够分割,则将共有物按照共有人各自的份额加以分配;(2)如果共有物不适合分割,如分割会减少共有物的价值,则可以将共有物拍卖或变卖而分割其价金,或者共有人之一取得共有物,向其他共有人按照各自的份额支付相应的对价。在一般情况下,按份共有人转让其享有的共有份额,无须得到其他共有人同意。但各共有人不得侵害其他共有人的利益,并受法律的限制。法律有特别规定的,共有人处分其份额应遵守法律的规定。

本条第2句规定了共有人转让其份额时其他共有人在同等条件下享有优先购买权。此处优先购买权是共有人相对于非共有人而言的，在共有人之间并无优先的问题。此种优先购买权仅具有债的效力，不得对抗善意第三人。而且共有人有相反的约定的，依其约定。根据本条规定，按份共有人行使优先购买权有以下条件：首先，行使优先购买权应是在“同等条件”下。其次，行使优先购买权需作出购买的民事法律行为。此处“同等条件下”是指其他共有人就购买该份额所给出的价格等条件与欲购买该份额的非共有人相同。即当其他共有人与此外的其他人出价相同时，其他共有人有优先购买的权利。《最高人民法院关于适用〈中华人民共和国物权法〉若干问题的解释（一）》对如何判断“同等条件”作了规定。该解释第10条规定，《物权法》第101条所称的“同等条件”，应当综合共有份额的转让价格、价款履行方式及期限等因素确定。

此外还应注意的是，本条仅规定按份共有人将其享有的共有的不动产或者动产份额转让给按份共有人之外的人时，其他共有人在同等条件下享有优先购买的权利，未规定按份共有人之间转让其享有的共有份额的，其他共有人是否也在同等条件下享有优先购买的权利。《最高人民法院关于适用〈中华人民共和国物权法〉若干问题的解释（一）》第13条规定，按份共有人之间转让共有份额，其他按份共有人主张根据《物权法》第101条规定优先购买的，不予支持，但按份共有人之间另有约定的除外。

关联法规

《最高人民法院关于适用〈中华人民共和国物权法〉若干问题的解释（一）》第9、10、12、13条

第三百零六条 【优先购买权的实现方式】按份共有人转让其享有的共有的不动产或者动产份额的，应当将转让条件及时通知其他共有人。其他共有人应当在合理期限内行使优先购买权。

两个以上其他共有人主张行使优先购买权的，协商确定各自的购买比例；协商不成的，按照转让时各自的共有份额比例行使优先购买权。

条文注释

1. 按份共有人优先购买权的行使

首先，按份共有人转让其享有的共有的不动产或者动产份额的，应当将转让条件及时通知其他共有人。按份共有人欲转让其享有的共有的不动产或者动产份额的，其他共有人决定是否行使同等条件下的优先购买权，前提是其知道欲转让份额的按份共有人的转让条件，这是按份共有人可以行使优先购买权的前提条件。因此，根据本条规定，按份共有人首先应当将转让条件及时通知其他共有人。

其次，其他共有人应当在合理期限内行使优先购买权。根据本条规定，其他共有人知道了转让条件后，应当在合理期限内行使优先购买权。因具体的行使期限情况比较复杂，本条未规定具体的期限，只规定了其他共有人应当在"合理期限"内行使优先购买权，实践中如何确定"合理期限"，可以参考司法解释的相关规定。

2. 两个以上共有人主张行使优先购买权

如果三人以上按份共有，其中一个按份共有人欲转让其享有的共有的不动产或者动产份额，其他两个以上共有人都主张行使优先购买权的，如何处理。根据本条第 2 款的规定，首先两个以上其他共有人主张行使优先购买权的，协商确定各自的购买比例。如果协商不成的，按照转让时各自的共有份额比例行使优先购买权。

关联法规

《最高人民法院关于适用〈中华人民共和国物权法〉若干问题的解释(一)》第 11～14 条

第三百零七条 【因共同财产产生的债权债务关系的对外、对内效力】因共有的不动产或者动产产生的债权债务，在对外关系上，共有人享有连带债权、承担连带债务，但是法律另有规定或者第三人知道共有人不具有连带债权债务关系的除外；在共有人内部关系上，除共有人另有约定外，按份共有人按照份额享有债权、承担债务，共同共有人共同享有债权、承担债务。偿还债务超过自己应当承担份额的按份共有人，有权向其他共有人追偿。

条文注释

本条第1句规定了因共有财产产生的债权债务关系的对外效力。按照本条规定，无论是按份共有还是共同共有，只要是因共有的不动产或者动产产生的债权债务，在对外关系上，共有人对债权债务享有连带债权、承担连带债务，但法律另有规定或者第三人知道共有人不具有连带债权债务关系的除外。连带的方法，是共有人享有连带债权时，任一共有人都可向第三人主张债权；共有人承担连带债务时，第三人可向任一共有人主张债权。本条对因共有财产产生的债权债务关系的对外效力不区分按份共有和共同共有，是为了保护善意第三人的权益。在第三人不知道共有人内部关系的情况下，法律规定共有人对其享有连带债权、承担连带债务，第三人即可向共有人中的任何一共有人主张其债权，保护了善意第三人的权利。但是，当法律另有规定或者第三人知道共有人不具有连带债权债务关系时，共有人不用承担连带责任而应当按照约定或者共有人享有的份额各自享有债权、承担债务。

本条第1句还规定了因共有财产产生的债权债务关系的对内效力。按照本条规定，因共有财产产生的债权债务关系，在共有人内部关系上，除共有人另有约定外，按份共有人按照份额享有债权、承担债务，共同共有人共同享有债权、承担债务。

同时本条还规定，偿还债务超过自己应当承担份额的按份共有人，有权向其他共有人追偿。

第三百零八条　【按份共有的推定】共有人对共有的不动产或者动产没有约定为按份共有或者共同共有,或者约定不明确的,除共有人具有家庭关系等外,视为按份共有。

条文注释

本条这样规定的原因在于:共同共有是指共有人对全部共有财产不分份额地享受权利和承担义务的共有。共同共有的共有人只有在共有关系消灭时才能协商确定各自的份额。当共有人对共有的不动产或动产没有约定为按份共有或者共同共有,或者约定不明确的,如果推定为共同共有,共有人对共有财产的份额还是不明确的。

第三百零九条　【按份共有人份额的确定】按份共有人对共有的不动产或者动产享有的份额,没有约定或者约定不明确的,按照出资额确定;不能确定出资额的,视为等额享有。

条文注释

按份共有,是指数人按照各自的份额,对共有财产分享权利,分担义务。按份共有的主体须为二人以上,称为共有人;客体须为物,称为共有物;共有人所享有的权利,为所有权。但此处的所有权不是数个,而是一个。即数个所有权人对一个物共同享有一个所有权。根据本条规定,按份共有依共有人意思而成立,共有人应有份额依共有人的约定而定;没有特别约定,但共有关系基于有偿行为而发生的,按其出资比例而确定。既然共有关系的成立是当事人意思自治的结果,那么各共有人应有份额也应贯彻同样原则,即由当事人约定,当事人没有约定应有份额时则依出资比例确定共有份额,在不能确定出资额的情况下,推定为等额享有。

第三百一十条　【用益物权、担保物权的准共有】两个以上组织、个人共同享有用益物权、担保物权的,参照适用本章的有关规定。

条文注释

本条对用益物权和担保物权的准共有作出了规定。所谓准共有,是指数人按份共有或者共同共有数人共同共有所有权以外的财产权。准共有具有以下特征:(1)准共有的标的物是所有权之外的财产权,包括用益物权、担保物权等。(2)准共有即准用共有的有关规定,各人就所有权之外的财产究竟是准用共同共有还是按份共有,应当视其共有关系而定。(3)准共有准用按份共有或共同共有的前提,是规范该财产权的法律没有特别规定。如果有,则应首先适用该特别规定。

两个以上的主体共同享有用益物权和担保物权的按份共有或共同共有,在性质上与对所有权的共有没有差别,所以本条规定两个以上单位、个人共同享有用益物权、担保物权的,参照本章规定。

第九章　所有权取得的特别规定

第三百一十一条　【善意取得】无处分权人将不动产或者动产转让给受让人的,所有权人有权追回;除法律另有规定外,符合下列情形的,受让人取得该不动产或者动产的所有权:

(一)受让人受让该不动产或者动产时是善意;

(二)以合理的价格转让;

(三)转让的不动产或者动产依照法律规定应当登记的已经登记,不需要登记的已经交付给受让人。

受让人依据前款规定取得不动产或者动产的所有权的,原所有权人有权向无处分权人请求损害赔偿。

当事人善意取得其他物权的,参照适用前两款规定。

条文注释

根据本条善意取得制度的规定,即使处分物的处分人为无处分权人,其将不动产或者动产转让的,所有权人有权追回该不动产或者动产，但是如果符合本条规定的条件，则除法律另有规定的外，由受让人取得该不动产或者动产的所有权。例如，甲将实际所有权是乙的房屋以合理的价格出卖给丙并办理了过户登记，丙如果对甲并非房屋所有人，没有房屋处分权的事不知情，此时，虽然甲无权处分该房屋，但是根据本条规定，丙可以善意取得本房屋的所有权。

善意取得，是指受让人以财产所有权转移为目的，善意、对价受让且占有该财产，即使出让人无转移所有权的权利，受让人仍取得其所有权。善意取得既适用于动产，又可适用于不动产。根据本条规定，产生善意取得的法律后果，需同时符合以下条件，三项条件必须同时具备，否则不构成善意取得。

(1)受让人受让该不动产或者动产时是善意。适用善意取得制度，首先受让人受让该不动产或者动产时须是善意的，即受让人受让该不动产或者动产时不知道出让人是无处分权人，否则不构成善意取得。

关于如何认定“善意”，《最高人民法院关于适用〈中华人民共和国物权法〉若干问题的解释(一)》第15条规定，受让人受让不动产或者动产时，不知道转让人无处分权，且无重大过失的，应当认定受让人为善意。真实权利人主张受让人不构成善意的，应当承担举证证明责任。第16条规定，具有下列情形之一的，应当认定不动产受让人知道转让人无处分权：①登记簿上存在有效的异议登记；②预告登记有效期内，未经预告登记的权利人同意；③登记簿上已经记载司法机关或者行政机关依法裁定、决定查封或者以其他形式限制不动产权利的有关事项；④受让人知道登记簿上记载的权利主体错误；⑤受让人知道他人已经依法享有不动产物权。真实权利人有证据证明不动产受让人应当知道转让人无处分权的，应当认定受让人具有重大过失。第17条规定，受让人受让动产时，交易的对象、场所或者时机等不符合交易习惯的，应当认定受让人具有重大过失。

关于如何认定“受让该不动产或者动产时”，《最高人民法院关于适用〈中华人民共和国物权法〉若干问题的解释(一)》第18条规定,《物权法》第106条第1款第1项所称的"受让人受让该不动产或者动产时",是指依法完成不动产物权转移登记或者动产交付之时。当事人以《物权法》第25条规定(受让人先行占有)的方式交付动产的,转让动产法律行为生效时为动产交付之时;当事人以《物权法》第26条规定(指示交付)的方式交付动产的,转让人与受让人之间有关转让返还原物请求权的协议生效时为动产交付之时。法律对不动产、动产物权的设立另有规定的,应当按照法律规定的时间认定权利人是否为善意。

(2)以合理的价格转让。适用善意取得制度,第二个条件是以合理的价格转让,即受让人是以合理的价格,以符合一般人认知的正常的市场价格受让该不动产或者动产。

关于如何认定"以合理的价格",《最高人民法院关于适用〈中华人民共和国物权法〉若干问题的解释(一)》第19条规定,《物权法》第106条第1款第2项所称"合理的价格",应当根据转让标的物的性质、数量以及付款方式等具体情况,参考转让时交易地市场价格以及交易习惯等因素综合认定。

(3)转让的不动产或者动产依照法律规定应当登记的已经登记,不需要登记的已经交付给受让人。适用善意取得制度,第三个条件是转让的不动产或者动产依照法律规定应当登记的已经登记,不需要登记的已经交付给受让人,即交易的不动产或者动产已经依法发生了物权变动的效力。此外,《最高人民法院关于适用〈中华人民共和国物权法〉若干问题的解释(一)》第20条对特殊动产如何适用善意取得作了规定,转让人将船舶、航空器和机动车等交付给受让人的,应当认定符合善意取得的交付条件。

此外,《最高人民法院关于适用〈中华人民共和国物权法〉若干问题的解释(一)》对善意取得制度适用的排除作了规定。该司法解释第21条规定,具有下列情形之一,受让人主张根据《物权法》第106条规定(善意取得制度)取得所有权的,不予支持:①转让合同因违反《合同法》第52条规定被认定无效;②转让合同因受让人存在欺诈、胁迫或者乘人之危等法定事由被撤销。

此外还需注意的是,善意取得与可追认的无处分权人处分财产行为有别。善意取得制度中的出让人与可追认的无处分权人处分财产行为中的出让人均是无处分权人,故善意取得是无处分权人处分财产行为的特别规定。善意取得中的受让人是善意第三人,善意取得行为自始有效,无须权利人追认。可追认的无处分权人处分财产行为中的受让人非善意第三人,其明知出让人无处分权仍受让财产,故该行为是可追认的行为。权利人追认的,让与行为自始有效;权利人不追认的,让与行为自始无效。

关联法规

《最高人民法院关于适用〈中华人民共和国物权法〉若干问题的解释(一)》第15~21条

第三百一十二条　【遗失物的善意取得】所有权人或者其他权利人有权追回遗失物。该遗失物通过转让被他人占有的,权利人有权向无处分权人请求损害赔偿,或者自知道或者应当知道受让人之日起二年内向受让人请求返还原物;但是,受让人通过拍卖或者向具有经营资格的经营者购得该遗失物的,权利人请求返还原物时应当支付受让人所付的费用。权利人向受让人支付所付费用后,有权向无处分权人追偿。

条文注释

遗失物的善意取得是善意取得的特殊问题,遗失物是动产的善意取得须受限制。出让人让与的动产若是货币或者无记名有价证券之外的遗失物,遗失人有权向善意取得人请求返还原物。善意取得人应当返还,善意取得人返还后可以向让与人追偿。倘若该遗失物是由善意取得人在拍卖市场、公共市场或者在贩卖与其同类之物的商人处购得的,遗失人需偿还其购买之价金,方能取回其物。遗失物若是货币或者无记名有价证券,遗失人无权向善意取得人请求返还原物,只能向出让人请求返还同种类物或者请求其他赔偿。

第三百一十三条 【善意取得的动产上原有权利的消灭】善意受让人取得动产后，该动产上的原有权利消灭。但是，善意受让人在受让时知道或者应当知道该权利的除外。

条文注释

本条是关于善意受让人取得动产后，该动产上的原有权利消灭的规定。善意受让人取得动产后，该动产上的原有权利消灭。例如，该动产上有抵押的权利，抵押权消灭。但是，善意受让人取得动产时，知道该动产已被抵押，抵押权不消灭。

第三百一十四条 【拾得遗失物的返还】拾得遗失物，应当返还权利人。拾得人应当及时通知权利人领取，或者送交公安等有关部门。

条文注释

遗失物是非故意抛弃而丢失的物品。遗失物与废弃物不同，废弃物是故意抛弃之物。丢失遗失物的人，称遗失物丢失人。拾得遗失物，是发现并占有遗失物。拾得遗失物的人，称拾得人。拾得人拾得遗失物，知道遗失物所有人的，应当在及时通知其领取，或者送交遗失物。拾得人拾得遗失物，不知道遗失物丢失人的，可以张贴招领告示，寻找遗失物丢失人。也可以将遗失物上缴公安机关或者有关单位。

第三百一十五条 【有关部门收到遗失物的处理】有关部门收到遗失物，知道权利人的，应当及时通知其领取；不知道的，应当及时发布招领公告。

条文注释

有关单位收到遗失物，应当查找遗失物丢失人，请其认领。无人认领的，上缴公安机关。公安机关收到遗失物，应当查找遗失物丢失人，请其认领。或者存放遗失物品招领处，待人认领。自公安机关收到遗失物发布招领公告之日起1年内无人认领的，遗失物归国家所有。公安机关可以拍卖、变卖遗失物，所得价金上缴国库。

第三百一十六条　【遗失物保管】拾得人在遗失物送交有关部门前，有关部门在遗失物被领取前，应当妥善保管遗失物。因故意或者重大过失致使遗失物毁损、灭失的，应当承担民事责任。

条文注释

拾得人拾得遗失物，在返还失主或者送交有关部门前，应当妥善保管遗失物。有关部门收到遗失物后在遗失物被领取前，也应当妥善保管遗失物。拾得人或者有关部门因故意或者重大过失致使遗失物损坏灭失的，应当承担民事责任。遗失物不易保管或者保管费用过高的，公安机关可以及时拍卖、变卖，保存价金。拾得人和有关单位不能自行拍卖、变卖遗失物。

关联法规

《最高人民法院关于贯彻执行〈中华人民共和国民法通则〉若干问题的意见(试行)》第94条

第三百一十七条　【权利人在领取遗失物时应尽义务】权利人领取遗失物时，应当向拾得人或者有关部门支付保管遗失物等支出的必要费用。

权利人悬赏寻找遗失物的，领取遗失物时应当按照承诺履行义务。

拾得人侵占遗失物的，无权请求保管遗失物等支出的费用，也无权请求权利人按照承诺履行义务。

条文注释

权利人领取遗失物时，应当向拾得人或者有关部门支付保管遗失物等支出的必要费用。拾得人因拾得遗失物、寻找遗失物丢失人、保管遗失物而实际支付的费用，可以按无因管理请求遗失物所有人偿还。无人认领的，由公安机关在上缴国库前支付。因此，本条第1款规定，权利人领取遗失物时，应当向拾得人或者有关部门支付保管遗失物等支出的必要费用。

本条第2款规定，权利人悬赏寻找遗失物的，领取遗失物时应当按照承诺履行义务。例如,甲丢失一贵重物品,登报承诺如果有人拾得该物并归还,其愿意支付人民币5000元作为报酬,此时,如有人拾得该物并归还,甲应当按照承诺履行支付人民币5000元的义务。本法第499条规定,悬赏人以公开方式声明对完成特定行为的人支付报酬的,完成该行为的人可以请求其支付。

本条第3款规定,拾得人侵占遗失物的,无权请求保管遗失物等支出的费用,也无权请求权利人按照承诺履行义务。拾得人隐匿遗失物据为己有的,构成侵犯所有权。遗失物所有人可以请拾得人偿还,公安机关可以责令拾得人交出。拾得人丧失报酬和费用请求权。拾得人将数额较大的遗失物占为己有,拒不交出的,构成犯罪,依刑法惩处。

第三百一十八条　【公告期满无人认领的遗失物归属】遗失物自发布招领公告之日起一年内无人认领的,归国家所有。

条文注释

本条在《物权法》第113条的基础上作了修改完善,将《物权法》第113条中规定的"六个月"修改为"一年"。公安机关收到遗失物,应当查找遗失物丢失人,请其认领。或者存放遗失物品招领处,待人认领。自公安机关收到遗失物发布招领公告之日起1年内无人认领的,遗失物归国家所有。公安机关可以拍卖、变卖遗失物,所得价金上缴国库。

第三百一十九条　【拾得漂流物、发现埋藏物或隐藏物】拾得漂流物、发现埋藏物或者隐藏物的,参照适用拾得遗失物的有关规定。法律另有规定的,依照其规定。

条文注释

(1)拾得漂流物,应当归还失主,因此支出的费用由失主偿还。拾得漂流物,可参照拾得遗失物的相关规定。漂流物是指漂流在水上的遗失物。

(2)发现埋藏物。埋藏物是指埋藏于地下的物品。埋藏物品的人,称埋藏人。发现埋藏物的人,称发现人。发现人发现埋藏物,可视情况分别处理:一是能够判定埋藏人,且埋藏物不易为他人发现,发现人可以不挖取埋藏物,并将埋藏物继续掩埋好,且将发现情况告知埋藏人。二是能够判定埋藏人,且埋藏物易为他人发现,发现人可依前种情形处理,也可以将埋藏物挖出,交还埋藏人。三是不能判定埋藏人,且埋藏物不易为他人发现,发现人可以不挖取埋藏物,并将埋藏物继续掩埋好。发现人可以将发现情况告知有关单位或者公安机关。四是不能判定埋藏人,且埋藏物易为他人发现,发现人可依前种情形处理,也可以挖取埋藏物,按拾得不知遗失物丢失人的遗失物的办法处理。发现人发现的埋藏物倘若是文物,应依《文物保护法》处理。

(3)发现隐藏物。隐藏物是隐藏于他物之中的物品,如隐藏于夹墙中的物品。隐藏物品的人,称隐藏人,发现隐藏物的人,称发现人。发现隐藏物适用发现埋藏物的相关规定。

(4)漂流物、埋藏物、隐藏物与《文物保护法》的适用。考虑到《文物保护法》中对构成文物的物(包括漂流物、埋藏物和隐藏物)的权属及处理程序作了详细规定,因此对文物的处理不宜笼统参照拾得遗失物的有关规定,所以本条规定了但书,"法律另有规定的,依照其规定"。此外,由于遗失物、漂流物、埋藏物和隐藏物的概念在外延上同"文物"的概念存在交叉,无论是遗失物、漂流物、埋藏物或者隐藏物,只要构成"文物",《文物保护法》的规定将优先适用。

第三百二十条　【从物随主物转让】主物转让的,从物随主物转让,但是当事人另有约定的除外。

条文注释

主物与从物的划分规则,是指在两个以上的物发生互相附着或者聚合而且在经济上发生密切的关联之后,当物上的权利发生变动时,为确定物的归属所适用的规则。物的主从关系的划分并非人为拟制,而是经济实践的反映。现实中的物常常是由许多单一物结合在一起组成的物。当物上的权利发生变动时,必须考虑各部分是否也随之发生权利的变动,因此制定主物与从物之间的关系规则非常必要。

要准确把握本条关于主物转让的,从物随主物转让的一般规则,需要首先对主物和从物的概念进行理解。主物、从物的概念不同于物的整体与其重要成分之间的关系。物的重要成分是物的组成部分,而主物和从物在聚合之前分别为独立的物,如自行车与车锁,在聚合之前为独立的物。在聚合之后,根据它们的作用可以决定主从关系,并决定权利的变动。但物的重要成分与物的整体本身就是一个物,如汽车与发动机,如果没有发动机的作用,汽车就不能称为汽车,也就无法发挥它的整体效用。因此法律上的规则是,不许可在物的整体上和该物的重要成分上分设两个独立的权利;而主物从物之间的关系却不同,在从物随主物转让的一般规则下,均承认当事人例外约定的效力。

关联法规

《民法典》第631条;《最高人民法院关于贯彻执行〈中华人民共和国民法通则〉若干问题的意见(试行)》第87条

第三百二十一条　【天然孳息和法定孳息的归属】天然孳息,由所有权人取得;既有所有权人又有用益物权人的,由用益物权人取得。当事人另有约定的,按照其约定。

法定孳息,当事人有约定的,按照约定取得;没有约定或者约定不明确的,按照交易习惯取得。

条文注释

孳息是与原物相对而言的,指由原物而产生的物,包括天然孳息与法定孳息:(1)天然孳息是指依物的自然属性所产生的物。本条明确规定了天然孳息的归属。当事人另有约定的,按照约定。(2)法定孳息是指依一定的法律关系由原物所生的物,是原物的所有权人进行租赁、投资等特定的民事法律活动而应当获得的合法收益。如房屋出租所得的租金,依股本金所得的股息等。法定孳息

(利息、租金等),按照一般的交易规则,利息应由债权人取得,租金应由出租人取得,但也不排除其他情形的存在。关于法定孳息的归属,原则上更为变通。本法规定,当事人有约定的,按照约定取得;没有约定或者约定不明确的,按照交易习惯取得。

第三百二十二条　【添附】因加工、附合、混合而产生的物的归属,有约定的,按照约定;没有约定或者约定不明确的,依照法律规定;法律没有规定的,按照充分发挥物的效用以及保护无过错当事人的原则确定。因一方当事人的过错或者确定物的归属造成另一方当事人损害的,应当给予赔偿或者补偿。

条文注释

加工、附合、混合统称添附,是指不同所有人的物被结合、混合在一起成为一个新物,或者利用别人之物加工成为新物的事实状态。其中附合、混合为物与物相结合,加工为劳力与他人之物相结合。添附的发生有的基于人的行为,也有的基于自然的偶然因素。添附包括三种情况:(1)加工。这是指将他人的物加工制造成新物。加工是一种事实行为,是劳动与动产的结合,包括劳力、知识技术与时间的投入。值得注意的是,本条中的加工是一种事实行为,加工他人材料制造成新物,不包括加工承揽合同的情况。(2)附合。这是指不同所有人的物密切结合在一起而成为一种新物。(3)混合。这是指不同所有人的物掺合、融合在一起而成为新物。混合和附合不同在于,混合后各所有人的原物已达不能凭视觉识别的程度。

根据本条规定,因加工、附合、混合而产生的物的归属,按照以下原则确定:(1)有约定的,按照约定。当事人之间如果就因添附产生的物的归属有约定的,确定因添附产生的物的归属时,先按照当事人的约定。(2)没有约定或者约定不明确的,依照法律规定。如果当事人未就因添附产生的物的归属事先作约定,或者事先约定了,但约定不明确的,依照法律规定确定物的归属。(3)当事人未就因添附产生的物的归属事先作出约定,也没有相应的法律规定的,按照两个原则确定物的归属:一是充分发挥物的效用原则。法律把添附作为取得所有权的一种根据，其原因就在于添附发生后，要回复各物之原状事实上已不可能，或者虽有可能但经济上很不合理，因此有必要使添附物归一方所有或各方共有。确定添附物的归属时，应以充分发挥物的效用为原则。一般情况下，加工他人的动产的，加工物的所有权属于材料的所有权人。但是，因加工致使其价值显著大于原材料价值的，可以由加工人取得该加工物的所有权。动产因附合而为不动产的重要成分，可以由不动产所有权人取得该动产的所有权。二是保护无过错当事人原则。在考虑充分发挥物的效用确定添附物的同时，还需考虑当事人是否有过错。如一般情况下，加工他人的动产的，加工物的所有权属于材料的所有权人。但是，因加工致使其价值显著大于原材料价值的，可以由加工人取得该加工物的所有权。如果加工人明知被加工的物是他人之物，故意对原材料进行加工，即使加工价值显著大于原材料价值，也可以综合考虑充分发挥物的效用和保护无过错当事人原则，将添附物判决由材料的所有权人所有。

同时根据本条规定，因一方当事人的过错或者确定物的归属造成另一方当事人损害的，应当给予赔偿或者补偿。即一方当事人有过错，造成另一方当事人损害的，应当给予赔偿；一方当事人无过错，因确定物的归属造成另一方当事人损害的，应当给予补偿。

第三分编　用益物权

第十章　一般规定

第三百二十三条　【用益物权人享有的基本权利】用益物权人对他人所有的不动产或者动产，依法享有占有、使用和收益的权利。

条文注释

用益物权是权利人对他人所有的不动产或者动产，依法享有占有、使用和收益的权利。依照本条规定,用益物权人对他人所有的不动产或者动产,依照法律规定享有占有、使用和收益的权利:(1)占有的权利。"占有"是对物的实际控制。用益物权作为以使用、收益为目的的物权,自当以权利人对物的实际占有为必要。利用他人之物为使用、收益,必然要对物予以实际支配。没有占有就不可能实现对物的直接利用。(2)使用、收益的权利。"使用"是依物的自然属性、法定用途或者约定的方式,对物进行实际上的利用。"收益"是通过对物的利用而获取经济上的收入或者其他利益。用益物权的设立目的是对物的使用和收益。比如,在他人的土地上自建房屋以供居住;在他人的土地上耕种、畜牧以供自用或出售而获得收益;在他人土地上建造楼宇用以出售、出租以取得收益等。

作为物权体系的重要组成部分,用益物权具备物权的一般特征,同时还具有自身的特性,除以对物的实际占有为前提、以使用、收益为目的以外,还有以下几个方面的特征:(1)用益物权是由所有权派生的物权。即用益物权是在他人所有的财产上设立的权利,即对他人的财产享有占有、使用和收益的权利。因此,用益物权又被作为"他物权",以相对于所有权的"自物权"。(2)用益物权是受限制的物权。其一,用益物权只具有所有权权能的一部分权能,其权利人享有的是对财产占有、使用和收益的权利。虽然权利人依法可以将其享有的用益物权予以转让、抵押等,但不具有对财产的所有权进行处分的权利。其二,用益物权具有期限性。虽然设定的期限往往较长,但不是永久期限,期限届满时,用益物权人应将占有、使用之物返还于所有权人。其三,用益物权人必须根据法律的规定及合同的约定正确行使权利。(3)用益物权是一项独立的物权。所有权对物的支配力受到约束,对物占有、使用和收益的权能由用益物权人行使,所有权人不得干涉。所有权人不得随意收回其财产,不得妨碍用益物权人依法行使权利。用益物权具有对物的直接支配性和排他性,可以对抗所有权人的干涉。同时,用益物权的义务人包括任何第三人,用益物权可以对抗所有第三人的侵害,包括干预、占有和使用客体物等。(4)用益物权一般以不动产为客体。用益物权多以不动产尤其是土地为使用收益的对象。而动产的特性决定了通常可以采用购买、租用等方式获得其所有权和使用权。

第三百二十四条 【国有和集体所有自然资源的用益物权】国家所有或者国家所有由集体使用以及法律规定属于集体所有的自然资源,组织、个人依法可以占有、使用和收益。

条文注释

《民法典》物权编根据我国的基本经济制度,以及建立和完善社会主义市场经济体制的要求,在"用益物权"分编中设专章分别规定了土地承包经营权、建设用地使用权、宅基地使用权等用益物权。

土地承包经营权是指权利人依法对农民集体所有和国家所有由农民集体使用的耕地、林地、草地等享有占有、使用和收益的权利,有权从事种植业、林业、畜牧业等农业生产。《民法典》物权编明确将农村土地承包经营权规定为用益物权,赋予了农民长期而有保障的土地使用权。本法对承包经营权人的基本权利、承包经营权的期限和期满后的继续承包、承包经营权的流转、承包地的调整和收回、承包地被征收的补偿等作了规定。

建设用地使用权是指权利人依法对国家所有的土地享有占有、使用和收益的权利,有权利用该土地建造建筑物、构筑物及其附属设施。建设用地使用权是用益物权中的一项重要权利。建设用地使用权人通过出让或者划拨的方式取得对国家所有的土地使用和收益的权利,有权利用该土地建造建筑物、构筑物及其附属设施。本法对建设用地使用权的取得方式、分层设立建设用地使用权、建设用地使用权的转让和出资或者抵押、建设用地使用权期满后的续期等作了规定。

宅基地使用权是指权利人依法对集体所有的土地享有占有和使用的权利,有权依法利用该土地建造住宅及其附属设施。本法对宅基地使用权的取得、行使和转让等作了原则性的规定。

第三百二十五条　【自然资源使用制度】国家实行自然资源有偿使用制度,但是法律另有规定的除外。

条文注释

我国的自然资源使用制度是建立在社会主义公有制基础上,适应社会主义市场经济发展的,按照《土地管理法》《矿产资源法》《水法》等法律以及国务院的有关规定,对自然资源实行有偿使用为原则、无偿利用为例外的制度。

自然资源有偿使用制度,是指国家以自然资源所有者和管理者的双重身份,为实现所有者权益,保障自然资源的可持续利用,向使用自然资源的组织和个人收取自然资源使用费的制度。目前,法律规定了土地资源、矿产资源、水资源等自然资源的有偿使用制度,但同时,《土地管理法》《水法》等法律规定了自然资源的无偿使用作为有偿使用基本原则的例外。

第三百二十六条　【用益物权人权利的行使】用益物权人行使权利,应当遵守法律有关保护和合理开发利用资源、保护生态环境的规定。所有权人不得干涉用益物权人行使权利。

条文注释

本条分别从用益物权人和所有权人的角度,规定了两个方面的内容:一是用益物权人行使权利,应当遵守法律有关保护和合理开发利用资源、保护生态环境的规定。二是所有权人不得干涉用益物权人行使权利。所有权人不得干涉用益物权人行使权利,是用益物权人正常行使权利的基本保障。当然,如果用益物权人在行使权利时存在违背法律规定、未合理利用和保护资源等损害所有权人权益的行为,所有权人有权依法制止,并要求其赔偿损失。

第三百二十七条　【用益物权人因征收、征用有权获得补偿】因不动产或者动产被征收、征用致使用益物权消灭或者影响用益物权行使的，用益物权人有权依据本法第二百四十三条、第二百四十五条的规定获得相应补偿。

条文注释

征收主要是针对不动产，而不动产中又以征收集体所有的土地最具代表性，因此，对征收集体土地，如何对所有权人即农民集体和用益物权人即承包经营权人给予补偿，就显得尤为重要。本法第243条第2款规定，征收集体所有的土地，应当依法及时足额支付土地补偿费、安置补助费以及农村村民住宅、其他地上附着物和青苗等的补偿费用，并安排被征地农民的社会保障费用，保障被征地农民的生活，维护被征地农民的合法权益。该款明确规定了要给予集体所有土地的用益物权人补偿。而具体补偿范围和标准，则要根据《土地管理法》的规定办理。

本法第245条规定，因抢险救灾、疫情防控等紧急需要，依照法律规定的权限和程序可以征用组织、个人的不动产或者动产。被征用的不动产或者动产使用后，应当返还被征用人。组织、个人的不动产或者动产被征用或者征用后毁损、灭失的，应当给予补偿。根据这一规定，组织、个人的不动产或者动产被征用或者征用后毁损、灭失，致使用益物权消灭，或者影响用益物权行使的，应当对用益物权人给予补偿。

第三百二十八条 【海域使用权的法律保护】依法取得的海域使用权受法律保护。

条文注释

海域使用权是指组织或者个人依法取得对国家所有的特定海域排他性使用权。组织和个人使用海域，必须依法取得海域使用权。海域使用权取得的方式主要有三种：一是组织和个人向海洋行政主管部门申请；二是招标；三是拍卖。有关组织和个人使用海域的申请被批准或者通过招标、拍卖方式取得海域使用权后，海域使用权人应当办理登记手续。依照法律规定属于国务院批准用海的，由国务院海洋行政主管部门登记造册,向海域使用权人颁发海域使用权证书;属于地方人民政府批准用海的,由地方人民政府登记造册,向海域使用权人颁发海域使用权证书。海域使用权作为一项重要的财产权利,可以依法转让、继承。

本条只是对海域使用权作了原则性的规定,确立了海域使用权用益物权的属性,任何组织和个人使用海域必须依法取得海域使用权,依法取得的海域使用权受法律保护。根据特别法优先于普通法的原则,海域使用权首先应当适用《海域使用管理法》的规定;《海域使用管理法》没有规定的,适用本法的有关规定。

关联法规

《海域使用管理法》第19~32条

第三百二十九条　【合法探矿权等权利的法律保护】依法取得的探矿权、采矿权、取水权和使用水域、滩涂从事养殖、捕捞的权利受法律保护。

条文注释

我国对自然资源实行有偿使用制度。《矿产资源法》《水法》《渔业法》分别对组织和个人利用自然资源的权利作出了规定。应当注意的是,根据特别法优于普通法适用的原则,探矿权、采矿权,取水权,利用水域、滩涂从事养殖、捕捞的权利,应当首先适用《矿产资源法》《水法》《渔业法》等法律的规定;《矿产资源法》《水法》《渔业法》等法律没有规定的,适用本法的有关规定。

第十一章　土地承包经营权

第三百三十条　【双层经营体制与土地承包经营制度】农村集体经济组织实行家庭承包经营为基础、统分结合的双层经营体制。

农民集体所有和国家所有由农民集体使用的耕地、林地、草地以及其他用于农业的土地，依法实行土地承包经营制度。

条文注释

长期稳定和不断完善以家庭承包经营为基础、统分结合的双层经营体制，是党在农村的基本政策。农村集体经济组织实行家庭承包经营为基础、统分结合的双层经营体制，是我国《宪法》确立的农村集体经济组织的经营体制。“双层经营”包含了两个经营层次：一是家庭分散经营层次。家庭分散经营是指农村集体经济组织的每一个农户家庭全体成员为一个生产经营单位，承包集体农村土地后，以家庭为单位进行的农业生产经营。二是集体统一经营层次。集体统一经营就是农村集体经济组织以村或者村民小组（或者乡镇）为生产经营单位，对集体所有的土地、房屋等集体资产享有、行使集体所有权，并组织本集体经济组织成员开展统一的生产经营。需要注意的是，双层经营的基础是家庭承包，但必须统分结合，不能因为家庭经营而忽略集体经营，特别是必须强调对农村土地的集体所有权，承包方享有的仅仅是对农村土地的用益物权。

本条第2款规定，农民集体所有和国家所有由农民集体使用的耕地、林地、草地以及其他用于农业的土地，依法实行土地承包经营制度。土地承包经营权作为一种用益物权，属于他物权，这种他物权是针对特定对象而设定的，即是农民集体所有和国家所有由农民集体使用的农村土地。农村土地是指农民集体所有和国家所有依法由农民集体使用的耕地、林地、草地，以及其他依法用于农业的土地。因此，能够设立土地承包经营权的土地仅仅是农村土地，排除了城市的国有建设用地。

根据《农村土地承包法》的规定，对不同的农村土地，应采取的承包方式是不同的。农村土地承包经营制度，包括两种承包方式，即家庭经营方式的承包和以招标、拍卖、公开协商等方式的承包。第一种是农村集体经济组织内部的家庭承包方式。所谓家庭承包方式，是指以农村集体经济组织的每一个农户家庭为一个生产经营单位，作为承包人承包农民集体的耕地、林地、草地等农业用地，对于承包地按照本集体经济组织成员是人人平等地享有一份的方式进行承包。第二种是其他方式的承包。即那些不宜采取家庭承包方式的农村土地，可以采取招标、拍卖、公开协商等方式承包。不论是采取哪种方式承包，都必须按照《农村土地承包法》规定的原则、程序和方式进行。

关联法规

《农村土地承包法》第3条；《土地管理法》第10条；《农业法》第10条

第三百三十一条　【土地承包经营权人享有的基本权利】土地承包经营权人依法对其承包经营的耕地、林地、草地等享有占有、使用和收益的权利，有权从事种植业、林业、畜牧业等农业生产。

条文注释

本条规定了承包人对承包地享有的占有、使用和收益这几项最基本、最重要的权利。这些权利都是法定权利，即使在承包合同中没有约定，承包人也依法享有这些权利，任何组织和个人不得剥夺和侵害：(1)依法享有对承包地占有的权利。占有的权利是土地承包经营权人对本集体所有的土地直接支配和排他的权利。(2)依法享有对承包地使用的权利。承包人在不改变土地的农业用途的前提下，有权对其承包的土地进行合理且有效的使用。至于从事农业生产的方式、种类等均由承包人自行决定，其他任何第三人都无权进行干涉。对承包土地的使用不仅仅表现为进行传统意义上的耕作、种植等，对于因进行农业生产而修建的必要的附属设施，如建造沟渠、修建水井等构筑物，也应是对承包土地的一种使用。所修建的附属设施的所有权应当归承包人享有。(3)依法获取承包地收益的权利。收益权是承包人获取承包地上产生的收益的权利，这种收益主要是从承包地上种植的农林作物以及畜牧中所获得的利益。

承包经营权人的上述权利，体现了作为用益物权的承包经营权的最基本的权利，有一些权利内容也体现了承包经营权的物权性质。这些权利有的是由物权编规定,有些则在《农村土地承包法》中有进一步的明确规定。主要包括以下内容:(1)承包期及承包期届满后的延期。(2)依法互换、转让土地承包经营权。中央文件明确指出,鼓励农民在自愿前提下采取互换并地方式解决承包地细碎化问题。(3)依法流转土地经营权。(4)承包期内,发包人不得收回承包地。(5)承包地被依法征收、征用、占用的,有权依法获得相应的补偿。(6)法律、行政法规规定的其他权利。此外,《农业法》《渔业法》《草原法》《森林法》等法律也对土地承包经营权人所享有的权利作了规定。

关联法规

《农村土地承包法》第5~10、17条

第三百三十二条 【土地承包期限】耕地的承包期为三十年。草地的承包期为三十年至五十年。林地的承包期为三十年至七十年。

前款规定的承包期限届满,由土地承包经营权人依照农村土地承包的法律规定继续承包。

条文注释

本条规定的是土地承包经营权的期限,即承包期限。承包期限是指农村土地承包经营权存续的期间,在此期间内,承包方享有土地承包经营权,依照法律的规定和合同的约定,行使权利,承担义务。我国对土地实行用途管理制度。《土地管理法》按照土地的用途,将土地划分为农用地、建设用地和未利用地,其中的农用地又包括耕地、林地、草地、农田水利用地和养殖水面等。本条第1款根据我国农村土地家庭承包的实际情况,对不同用途的土地的承包期限作出了规定。

本条第2款规定,承包期限届满,由土地承包经营权人依照农村土地承包的法律规定继续承包。所谓“依照农村土地承包的法律规定”所指的就是《农村土地承包法》的有关规定,继续承包就是承包期限的延长。根据《中共中央、国务院关于保持土地承包关系稳定并长久不变的意见》的规定,现有承包地在第二轮土地承包到期后由农户继续承包,承包期再延长30年,以各地第二轮土地承包到期为起点计算。以承包地确权登记颁证为基础,已颁发的土地承包权利证书,在新的承包期继续有效且不变不换,证书记载的承包期限届时作统一变更。对个别调地的,在合同、登记簿和证书上作相应变更处理。

关联法规

《土地管理法》第13条;《农村土地承包法》第21条

第三百三十三条　【土地承包经营权的设立和登记】土地承包经营权自土地承包经营权合同生效时设立。

登记机构应当向土地承包经营权人发放土地承包经营权证、林权证等证书,并登记造册,确认土地承包经营权。

条文注释

根据本条第1款的规定,土地承包经营权的设立,不以登记为生效的要件,土地经营权的设立以土地承包合同生效为准。因此,要确定取得土地承包经营权的时间,就必须根据承包合同的生效时间判断。合同的生效必须以合同的成立为基础。合同的成立是指订约当事人就合同的主要内容形成合意。对于合同的成立时间,《民法典》合同编对此有规定,一般而言,承诺生效时合同成立。合同编还对书面形式合同的成立作出了规定,即当事人采用合同书形式订立合同的,自双方当事人签名、盖章或者按印时成立。《农村土地承包法》明确规定土地承包合同应当采用书面形式。因此,承包合同成立的时间应当是当事人签名、盖章或者按印之时。

本条第2款的规定与《农村土地承包法》第24条第1款的规定相衔接。《农村土地承包法》第24条第1款规定,国家对耕地、林地和草地等实行统一登记,登记机构应当向承包方颁发土地承包经营权证或者林权证等证书,并登记造册,确认土地承包经营权。第2款明确规定,土地承包经营权证或者林权证等证书应当将具有土地承包经营权的全部家庭成员列入。

关联法规

《农村土地承包法》第23、24条

第三百三十四条 【土地承包经营权的互换、转让】土地承包经营权人依照法律规定,有权将土地承包经营权互换、转让。未经依法批准,不得将承包地用于非农建设。

条文注释

根据本条规定,土地承包经营权人有权将土地承包经营权互换、转让,但是必须依照法律规定,且不得将承包地用于非农建设。这里的依照法律规定,主要就是依照《农村土地承包法》的相关规定。《农村土地承包法》第33条和第34条对土地承包经营权的互换、转让作了明确规定。因此,理解物权编本条的规定,需要结合《农村土地承包法》的相关规定。

需要注意的是:第一,土地承包经营权互换只是土地承包经营权人改变,不是土地用途及承包义务的改变,互换后的土地承包经营权人仍然要按照发包时确定的该土地的用途使用土地,履行该地块原来负担的义务,比如,发包时确定某地块用于种植粮食作物,承包经营权互换后不能用于开挖鱼塘。第二,家庭承包的土地,不仅涉及不同集体经济组织的土地权属,而且关系农户的生存保障。因此,承包方只能与属于同一集体经济组织的农户互换土地承包经营权,不能与其他集体经济组织的农户互换土地承包经营权。

关联法规

《农村土地承包法》第9、10、33~47条;《农村土地承包经营权流转管理办法》;《农村土地承包经营权证管理办法》

第三百三十五条 【土地承包经营权互换、转让的登记】土地承包经营权互换、转让的,当事人可以向登记机构申请登记;未经登记,不得对抗善意第三人。

条文注释

对土地承包经营权的互换、转让进行登记,指互换、转让土地承包经营权的当事人,申请国家有关登记部门将土地承包经营权互换、转让的事项记载于不动产登记簿上。登记的主要目的在于将土地承包经营权变动的事实予以公示,使他人明确土地承包经营权的权利人。根据本条规定,土地承包经营权互换、转让的,当事人要求登记的,应当向登记机构申请办理登记。申请登记时,应当提交土地变更登记申请书及相关资料,内容包括转让人与受让人的姓名、住所,土地坐落、面积、用途,土地承包合同、土地承包经营权转让或者互换合同、土地承包经营权证书,以及登记部门要求提供的其他文件。登记部门收到变更登记的申请及上述文件后,经调查、审核,符合变更登记规定的,变更注册登记,更换或者更改土地承包经营权证书。

第三百三十六条　【承包地的调整】承包期内发包人不得调整承包地。

因自然灾害严重毁损承包地等特殊情形,需要适当调整承包的耕地和草地的,应当依照农村土地承包的法律规定办理。

条文注释

无论是《物权法》,还是《农村土地承包法》都明确规定,承包期内发包方不得调整承包地。2019 年 11 月,《中共中央、国务院关于保持土地承包关系稳定并长久不变的意见》再次明确要求,“农户承包地要保持稳定,发包方及其他经济组织和个人不得违法调整”。物权编保留了此款规定,再次明确承包期内发包方不得调整承包地。具体而言:一是发包方不得单方要求调整承包地。发包方一般不得以任何理由要求承包方调整承包地。当然,如果承包方自己有合理理由,请求发包方适当调整,只要符合有关规定,发包方是可以调整的。二是在承包期内,发包方不得调整。这里的承包期就包括二轮承包期,也包括根据法律规定延长后的承包期,都不得延长。三是发包方只有在符合法律规定的情形下,根据第 2 款的规定才可以适当调整承包地。

本条第 2 款则规定,因自然灾害严重毁损承包地等特殊情形,需要适当调整承包的耕地和草地的，应当依照农村土地承包的法律规定办理。《农村土地承包法》第28条第2款规定，承包期内，因自然灾害严重毁损承包地等特殊情形对个别农户之间承包的耕地和草地需要适当调整的，必须经本集体经济组织成员的村民会议2/3以上成员或者2/3以上村民代表的同意，并报乡（镇）人民政府和县级人民政府农业农村、林业和草原等主管部门批准。承包合同中约定不得调整的，按照其约定。

关联法规

《农村土地承包法》第28~31条；《最高人民法院关于审理涉及农村土地承包纠纷案件适用法律问题的解释》第6条

第三百三十七条　【承包地的收回】承包期内发包人不得收回承包地。法律另有规定的，依照其规定。

条文注释

本条首先规定："承包期内发包人不得收回承包地。"当然，承包地并非一律不得收回，根据有关规定，在符合法律规定的情形下，也是可以收回的。《中共中央、国务院关于保持土地承包关系稳定并长久不变的意见》明确：维护进城农户土地承包权益，现阶段不得以退出土地承包权作为农户进城落户的条件。对承包农户进城落户的，引导支持其按照自愿有偿原则依法在本集体经济组织内转让土地承包权或将承包地退还集体经济组织，也可鼓励其多种形式流转承包地经营权。对长期弃耕抛荒承包地的，发包方可以依法采取措施防止和纠正弃耕抛荒行为。《农村土地承包法》第27条第2~4款规定，国家保护进城农户的土地承包经营权。不得以退出土地承包经营权作为农户进城落户的条件。承包期内，承包农户进城落户的，引导支持其按照自愿有偿原则依法在本集体经济组织内转让土地承包经营权或者将承包地交回发包方，也可以鼓励其流转土地经营权。承包期内，承包方交回承包地或者发包方依法收回承包地时，承包方对其在承包地上投入而提高土地生产能力的，有权获得相应的补偿。

关联法规

《农村土地承包法》第27条

第三百三十八条　【承包地的征收补偿】承包地被征收的，土地承包经营权人有权依据本法第二百四十三条的规定获得相应补偿。

条文注释

我国《宪法》规定，国家为了公共利益的需要，可以依照法律规定对土地实行征收或者征用并给予补偿。本条明确规定，承包地被征收的，土地承包经营权人有权依据本法第243条的规定获得相应补偿。本法第243条第1款规定，为了公共利益的需要，依照法律规定的权限和程序可以征收集体所有的土地和组织、个人的房屋以及其他不动产。第2款规定，征收集体所有的土地，应当依法及时足额支付土地补偿费、安置补助费以及农村村民住宅、其他地上附着物和青苗等的补偿费用，并安排被征地农民的社会保障费用，保障被征地农民的生活，维护被征地农民的合法权益。关于补偿的标准，《土地管理法》有相应的规定。

关联法规

《土地管理法》第47、48条；《农村土地承包法》第17条；《最高人民法院关于审理涉及农村土地承包纠纷案件适用法律问题的解释》第22～24条

第三百三十九条　【土地经营权的流转】土地承包经营权人可以自主决定依法采取出租、入股或者其他方式向他人流转土地经营权。

条文注释

《关于全面深化农村改革加快推进农业现代化的若干意见》(2014年)提出，要在落实农村土地集体所有权的基础上，稳定农户承包权、放活土地经营权。2014年11月，《中共中央办公厅、国务院办公厅关于引导农村土地经营权有序流转发展农业适度规模经营的意见》提出，要坚持农村土地集体所有权，稳定农户承包权，放活土地经营权，以家庭承包经营为基础，推进家庭经营、集体经营、合作

经营、企业经营等多种经营方式共同发展。鼓励承包农户依法采取转包、出租、互换、转让及入股等方式流转承包地。抓紧研究探索集体所有权、农户承包权、土地经营权在土地流转中的相互权利关系和具体实现形式。2015 年 11 月,《深化农村改革综合性实施方案》提出,深化农村土地制度改革的基本方向是:落实集体所有权,稳定农户承包权,放活土地经营权。落实集体所有权,就是落实"农民集体所有的不动产和动产,属于本集体成员集体所有"的法律规定,明确界定农民的集体成员权,明晰集体土地产权归属,实现集体产权主体清晰。稳定农户承包权,就是要依法公正地将集体土地的承包经营权落实到本集体组织的每个农户。放活土地经营权,就是允许承包农户将土地经营权依法自愿配置给有经营意愿和经营能力的主体,发展多种形式的适度规模经营。2016 年 10 月,《中共中央办公厅、国务院办公厅关于完善农村土地所有权承包权经营权分置办法的意见》指出,改革开放之初,在农村实行家庭联产承包责任制,将土地所有权和承包经营权分设,所有权归集体,承包经营权归农户,极大地调动了亿万农民的积极性,有效解决了温饱问题,农村改革取得重大成果。现阶段深化农村土地制度改革,顺应农民保留土地承包权、流转土地经营权的意愿,将土地承包经营权分为承包权和经营权,实行所有权、承包权、经营权分置并行,着力推进农业现代化,是继家庭联产承包责任制后农村改革又一重大制度创新。

《中共中央、国务院关于实施乡村振兴战略的意见》(2018 年)提出,完善农村承包地"三权分置"制度,在依法保护集体土地所有权和农户承包权前提下,平等保护土地经营权。本次《农村土地承包法》修改的重要任务之一就是,要从法律制度上落实和确认"三权分置"改革要求,将"三权分置"的改革成果法治化,从法律上确认土地经营权的法律地位,进一步巩固和完善农村的基本经营制度,为实施乡村振兴战略提供法治保障。

"三权分置"改革的核心问题是家庭承包的承包户在经营方式上发生转变,即由农户自己经营,转变为将承包地流转给他人经营,实现土地承包经营权和土地经营权的分离。"三权分置"是农村土地经营方式在改革过程中两次“两权”分离的结果:第一次“两权”分离,农户通过家庭承包的方式,从集体土地所有权中分离出土地承包经营权,实现了集体统一经营向承包方家庭经营的转变;第二次“两权”分离,承包方通过出租(转包)、入股等方式,将承包地流转给他人经营,从土地承包经营权中分离出土地经营权,实现了从承包方直接经营到交由他人经营的转变。

(1)承包方享有土地承包经营权。第一次“两权”分离后,承包方从集体土地所有权中分离获得土地承包经营权。土地承包经营权是一种用益物权。承包方享有的土地承包经营权的具体权利包括:依法享有直接支配和排他占有承包地的权利;依法享有承包地使用、收益的权利,有权自主组织生产经营和处置产品;依法互换、转让土地承包经营权;依法流转土地经营权,等等。

(2)承包方自己经营。承包方取得土地承包经营权这种用益物权后,最直接的目的就是占有并使用承包地,开展农业生产经营,这是最直接的经营方式,也是法律赋予其土地承包经营权这一用益物权的根本价值和目的所在。自己经营就是承包户以家庭成员为主要劳动力,在自己所承包的农村土地上直接从事农业生产经营。这是农村土地的最主要的经营方式。

(3)承包方保留土地承包权,流转土地经营权。承包方除自己经营外,还可以通过与他人签订合同,将土地经营权流转给他人,由他人经营。土地经营权是从土地承包经营权中派生出来的新的权利。从法律性质上而言,土地承包经营权人流转土地经营权后,其所享有的土地承包经营权并未发生改变,正如在集体土地所有权上设定土地承包经营权后,集体土地所有权的性质并未发生改变一样。因此,在经营方通过流转取得土地经营权后,承包方享有的土地承包经营权的法律性质并未改变,只是承包方行使土地承包经营权的方式发生了改变而已,从直接行使转变为间接行使。需要特别说明的是,《物权法》规定的流转对象为土地承包经营权,流转的方式包括转包、出租、互换、转让和其他方式。在物权编起草过程中,根据《农村土地承包法》的修改,相应地对“流转”的法律性质进行了修改,流转的对象仅限于土地经营权,不再包括土地承包经营权;流转的方式限于转包(出租)、入股或者其他方式,而不再包括互换和转让。土地承包经营权仍可以在本集体经济组织内部互换或者转让。

(4)受让方享有土地经营权。承包方采取出租(转包)、入股或者其他方式流转土地经营权后,受让方即获得土地经营权。土地经营权人有权在合同约定的期限内占有农村土地,自主开展农业生产经营并取得收益。

土地经营权作为一种新的权利类型,不是凭空产生的,需要特定主体通过一定民事法律行为,依照法律规定的原则和方式,按照法律程序设立。

(1)土地经营权设立的主体。土地经营权流转有双方当事人,一方是作为出让方的土地承包经营权人,另一方是作为受让方的土地经营权人,就是通过流转获得土地经营权的个人或者组织。设立土地经营权的主体就是承包方和受让方,双方经过协商一致以合同方式设立土地经营权。

(2)土地经营权设立的客体。土地经营权的客体就是农村土地。根据《农村土地承包法》第2条的规定,农村土地是指农民集体所有和国家所有依法由农民集体使用的耕地、林地、草地,以及其他依法用于农业的土地。土地经营权的客体包括耕地、林地、草地,以及其他依法用于农业的土地,如养殖水面、荒山、荒丘、荒沟、荒滩等。农村的建设用地,如宅基地则不能成为土地经营权的客体。

(3)土地经营权设立的原则。土地承包经营权是设立土地经营权的前提和基础,设立土地经营权的原则就是应当由承包方自主决定、依法设立。所谓自主决定,是指承包方是否设立土地经营权应当由其自己决定,自愿参与土地经营权的流转。土地经营权设立的时间、对价及其给付方式、设立方式、期限长短等,都应当由承包方自主决定,与受让方协商一致后确定。集体经济组织、基层群众自治组织以及有关政府部门都不得干预。所谓依法设立,是指承包方设立土地经营权应当根据《农村土地承包法》和相关法律规定的程序、实体要求设立,不能违反法律的强制性要求。比如,土地经营权的设立应当确保土地的农业用途，未经依法批准不得用于非农建设；土地经营权的设立应当向发包方备案等。

(4)土地经营权流转的方式。根据本条规定，土地承包经营权人可以自主决定依法采取出租、入股或者其他方式向他人流转土地经营权。具体而言，土地经营权流转的方式主要有三种：第一种是出租。出租就是承包方以与非本集体经济组织成员的受让方签订租赁合同的方式设立土地经营权，由受让方在合同期限内占有、使用承包地，并按照约定向承包方支付租金。第二种是入股。入股就是承包方将土地经营权作为出资方式，投入到农民专业合作社、农业公司等，并按照出资协议约定取得分红。承包方以土地经营权入股后，即成为农民专业合作社的成员或者公司的股东，享有法律规定的合作社成员或公司股东的权利，可以参与合作社、公司的经营管理，与其他成员、股东一道共担风险、共享收益。为了促进和规范土地经营权入股行为，农业农村部等部门于2018年12月出台了《关于开展土地经营权入股发展农业产业化经营试点的指导意见》，对土地经营权入股的基本原则、入股的实现形式、运行机制、风险防范等作了详细规定。第三种是其他方式。其他方式就是出租、入股之外的方式，比如，根据《农村土地承包法》第47条中的规定，承包方可以用承包地的土地经营权向金融机构融资担保。这也是一种设立土地经营权的方式。在当事人以土地经营权设定担保物权时，一旦债务人未能偿还到期债务，担保物权人就有权就土地经营权优先受偿。

关联法规

《农村土地承包法》第36条

第三百四十条　【土地经营权人享有的基本权利】土地经营权人有权在合同约定的期限内占有农村土地，自主开展农业生产经营并取得收益。

条文注释

根据本条规定，土地经营权人有权在合同约定的期限内占有农村土地,自主开展农业生产经营并取得收益。根据物权编及《农村土地承包法》等相关法律规定,土地经营权人的权利具体包括以下几个方面的内容:

(1)占有权。土地经营权人取得土地经营权后,即有权占有承包方的承包地。

(2)使用权。土地经营权人对承包地享有使用权,就是利用承包地开展农业生产经营的权利。土地经营权人不得将农业用地转为非农用地,不得用来建设房屋、工场等。此外,需要注意的是,土地经营权人还必须严格按照农业用地种类性质使用承包地。对于土地经营权人的使用权,双方当事人应当在流转合同中依法约定土地的性质、种类和用途,确保土地经营权人依法按照合同约定使用承包地。

(3)收益权。土地经营权人占有、使用流转取得的承包地,最终目的就是取得农业生产经营的收益。

(4)改良土壤、建设附属设施的权利。《农村土地承包法》第43条规定,经承包方同意,受让方可以依法投资改良土壤,建设农业生产附属、配套设施,并按照合同约定对其投资部分获得合理补偿。因此,土地经营权人经承包方同意,可以对承包地进行改良。土地经营权人进行改良土壤、建设设施的,在土地经营权到期后,还可以根据合同约定获得合理补偿,承包方应当根据约定向其支付相应的补偿费。

(5)再流转的权利。《农村土地承包法》第46条规定,经承包方书面同意,并向本集体经济组织备案,受让方可以再流转土地经营权。根据此规定,土地经营权人可以再次流转其土地经营权。这种再流转受到几方面限制:一是在程序上,既要征得承包方的书面同意,还必须向发包方备案;二是再次流转的权利义务应当与承包方所签流转合同约定保持一致,不能超出原合同约定的权利范围;三是在流转期限上,再次流转的期限不得超过原流转期限的剩余期限。

(6)以土地经营权融资担保的权利。《农村土地承包法》第47

条第1款中规定,受让方通过流转取得的土地经营权,经承包方书面同意并向发包方备案,可以向金融机构融资担保。根据此规定,土地经营权人可以以土地经营权提供担保向金融机构融资。需要注意的是,土地经营权人以土地经营权设定担保同样要征得承包方的书面同意,并且向发包方备案。

(7)其他权利。土地经营权人还可以根据法律规定或者合同约定享有其他权利。比如,在流转合同有约定的情况下,承包地被依法征收或者征用时,土地经营权人可以获得相应补偿等。

关联法规

《农村土地承包法》第37条

第三百四十一条　【土地经营权的设立及登记】流转期限为五年以上的土地经营权,自流转合同生效时设立。当事人可以向登记机构申请土地经营权登记;未经登记,不得对抗善意第三人。

条文注释

本条规定,土地经营权流转期限为5年以上的,当事人可以向登记机构申请土地经营权登记,取得物权效力。同时规定,土地经营权未经登记不得对抗善意第三人。根据本条规定,土地经营权登记后,可以对抗任何人,包括善意第三人。所谓善意第三人,是指不知道也不应当知道承包地上设有土地经营权的人。对于土地经营权而言,受让方一旦在流转的承包地上申请土地经营权登记,其他人就不得再在同一地块上申请土地经营权登记,包括土地承包经营权人本人。登记后的土地经营权相对于债权而言同样具有优先效力。从权利保护的角度而言,申请土地经营权登记对于土地经营权人具有更强的保护力。当然,由于土地经营权登记必然会对承包方的土地承包经营权形成更大的限制,受让方登记土地经营权后,由于物权排他性,这就意味着承包方自己将不能在承包地设定其他的土地经营权,承包方也就无法以该承包地的土地经营权向金融机构融资担保。

还应当注意的是,流转期限5年以上的未登记的土地经营权能够对抗恶意第三人,即可以对抗知情第三人。

关联法规

《农村土地承包法》第 41 条

第三百四十二条　【其他方式承包的土地经营权流转】通过招标、拍卖、公开协商等方式承包农村土地,经依法登记取得权属证书的,可以依法采取出租、入股、抵押或者其他方式流转土地经营权。

条文注释

根据《农村土地承包法》的规定,我国的农村土地承包制度包括:农村集体经济组织内部的家庭承包方式及其他方式的承包。以家庭承包方式取得的承包地的承包方,可以自主决定依法采取出租、入股或者其他方式向他人流转土地经营权;以其他方式承包农村土地的,承包方取得土地经营权。这两种土地经营权存在诸多区别,该法在其流转的规定方面也有较大不同。根据《农村土地承包法》的规定,通过家庭承包方式的承包取得土地承包经营权后,登记机构应当向承包方颁发土地承包经营权证或者林权证等证书,并登记造册,确认土地承包经营权。承包方在此基础上,可以直接向他人流转土地经营权。但是,以招标、拍卖、公开协商等方式取得的土地经营权,承包方有的与发包人是债权关系,如承包菜地,约定承包期 3 年,其间是一种合同关系。而承包"四荒地",由于期限较长,投入又大,双方需要建立一种物权关系,以便更好地得到保护。因此,应当依法登记取得权属证书。在此前提下,土地经营权才具备流转的基础,承包方才可以依法向他人流转土地经营权。要注意的是,通过其他方式的承包所取得的土地经营权是通过市场化的行为并支付一定的对价获得的,其流转无须向发包人备案或经发包人同意。对受让方也没有特别限制,接受流转的一方可以是本集体经济组织以外的个人、农业公司等。

关联法规

《农村土地承包法》第 48～51、53 条;《最高人民法院关于审理涉及农村土地承包纠纷案件适用法律问题的解释》第 21 条

第三百四十三条　【国有农用地实行承包经营的法律适用】国家所有的农用地实行承包经营的,参照适用本编的有关规定。

条文注释

我国《宪法》和法律规定,矿藏、水流、森林、山岭、草原、荒地、滩涂等自然资源,属于国家所有,但法律规定属于集体所有的森林和山岭、草原、荒地、滩涂除外。法律规定属于国家所有的农村和城市郊区的土地,属于国家所有。《土地管理法》规定,国家所有依法用于农业的土地可以由单位或者个人承包经营,从事种植业、林业、畜牧业、渔业生产。本条规定,国家所有的农用地实行承包经营的,参照本编的有关规定。

关联法规

《土地管理法》第13条

第十二章　建设用地使用权

第三百四十四条　【建设用地使用权的概念】建设用地使用权人依法对国家所有的土地享有占有、使用和收益的权利,有权利用该土地建造建筑物、构筑物及其附属设施。

条文注释

建设用地使用权是用益物权中的一项重要权利。出让人通过设立建设用地使用权,使建设用地使用权人对国家所有的土地享有了占有、使用和收益的权利,建设用地使用权人可以利用该土地建造建筑物、构筑物及其附属设施。建设用地包括住宅用地、公共设施用地、工矿用地、交通水利设施用地、旅游用地、军事设施用地等。本条中的建筑物主要是指住宅、写字楼、厂房等。构筑物主要是指不具有居住或者生产经营功能的人工建造物,如道路、桥梁、隧道、水池、水塔、纪念碑等;附属设施主要是指附属于建筑物、构筑物的一些设施。本次《民法典》编纂沿用了《物权法》的规定，本章主要规定了当事人如何通过出让和划拨方式取得建设用地使用权，以及取得建设用地使用权后的权利和义务，同时也对集体土地作为建设用地的问题作出了原则性规定。

第三百四十五条 【建设用地使用权的分层设立】建设用地使用权可以在土地的地表、地上或者地下分别设立。

条文注释

我国城市的土地属于国家所有，农村的土地属于集体所有。土地的性质决定了土地上下空间的所有权属于国家和集体，当事人只能通过设定建设用地使用权等用益物权的方式取得对土地以及上下空间的使用。目前，集体土地需要征收为国家所有后才能出让，国家在出让建设用地使用权时，只要对建筑物的四至、高度、建筑面积和深度作出明确的规定，那么该建筑物占用的空间范围是可以确定的。根据本法第 348 条第 2 款第 3 项的规定，建设用地使用权出让时，应当在合同中明确规定建设物、构筑物及其附属设施占用的空间。这样建设用地使用权人对其取得的建设用地的范围就能界定清楚。本条规定，建设用地使用权可以在土地的地表、地上或者地下分别设立。

第三百四十六条 【建设用地使用权的设立原则】设立建设用地使用权，应当符合节约资源、保护生态环境的要求，遵守法律、行政法规关于土地用途的规定，不得损害已经设立的用益物权。

条文注释

本条是关于设立建设用地使用权的规定。本条在《物权法》第 136 条的基础上作了修改与完善，在“新设立的建设用地使用权，不得损害已设立的用益物权”的基础上，增加规定“设立建设用地使用权，应当符合节约资源、保护生态环境的要求，应当遵守法律、行政法规关于土地用途的规定”。

第三百四十七条　【建设用地使用权的设立方式】设立建设用地使用权，可以采取出让或者划拨等方式。

工业、商业、旅游、娱乐和商品住宅等经营性用地以及同一土地有两个以上意向用地者的，应当采取招标、拍卖等公开竞价的方式出让。

严格限制以划拨方式设立建设用地使用权。

条文注释

建设用地使用权出让的方式主要有两种：有偿出让和无偿划拨。有偿出让是建设用地使用权出让的主要方式，是指出让人将一定期限的建设用地使用权出让给建设用地使用权人使用，建设用地使用权人向出让人支付一定的出让金。有偿出让的方式主要包括拍卖、招标和协议等。划拨是无偿取得建设用地使用权的一种方式，是指县级以上人民政府依法批准，在建设用地使用权人缴纳补偿、安置等费用后将该幅土地交付其使用，或者将建设用地使用权无偿交付给建设用地使用权人使用的行为。划拨土地没有期限的规定。同时为了切实加强土地调控，制止违法违规用地行为，作为民事基本法律的物权编也对划拨建设用地的问题作出了明确规定："严格限制以划拨方式设立建设用地使用权。"

本条第2款规定，工业、商业、旅游、娱乐和商品住宅等经营性用地以及同一土地有两个以上意向用地者的，应当采取招标、拍卖等公开竞价的方式出让。

本条根据现行法律的规定，并结合现实中土地出让的新情况，进一步扩大了采取公开竞价出让建设用地的范围，从"豪华住宅"扩大到"商品住宅"，并把"工业用地"纳入公开竞价出让方式的范围，同时明确对于同一土地有两个以上意向用地者的，一律采取公开竞价的方式。

同时还应注意的是，我国土地制度正在改革阶段，今后可能还会出现一些新的公开竞价的出让方式。因此本法仅列举了现行法律中已作规定的拍卖和招标两种出让方式，没有对现实中存在的公开竞价方式一一列举，但这并不表明出让土地时不能采取挂牌或者其他公开竞价方式。

关联法规

《土地管理法》第54条;《城市房地产管理法》第13、23、24条

第三百四十八条　【建设用地使用权出让合同】通过招标、拍卖、协议等出让方式设立建设用地使用权的,当事人应当采用书面形式订立建设用地使用权出让合同。

建设用地使用权出让合同一般包括下列条款:

(一)当事人的名称和住所;

(二)土地界址、面积等;

(三)建筑物、构筑物及其附属设施占用的空间;

(四)土地用途、规划条件;

(五)建设用地使用权期限;

(六)出让金等费用及其支付方式;

(七)解决争议的方法。

条文注释

以出让方式设立建设用地使用权的,无论是采取拍卖、招标等公开竞价方式,还是采取协议的方式,双方当事人应当签订建设用地使用权出让合同,以明确双方当事人的权利和义务。建设用地使用权出让合同的内容主要包括:

(1)当事人的名称和住所。当事人的名称和住所是合同中最基本的要件。目前,一般是由市、县人民政府土地行政主管部门代表国家作为出让人。实践中,曾出现过经济开发区管理委员会作为出让人的情况,根据2005年《最高人民法院关于审理涉及国有土地使用权合同纠纷案件适用法律问题的解释》的规定,开发区管理委员会作为出让人与受让方订立的土地使用权出让合同,应当认定无效。

(2)土地界址、面积等。建设用地出让合同中应当明确标明出让建设用地的具体界址、面积等基本的用地状况。为了准确界定建设用地的基本数据,建设用地使用权合同一般会附"出让宗地界址图",标明建设用地的位置、四至范围等,该附件须经双方当事人

确认。

(3)建筑物、构筑物及其附属设施占用的空间。根据本法第345条的规定,建设用地使用权可以在土地的地表、地上或者地下分别设立。因此,在分层设立建设用地使用权的情况下,必须界定每一建设用地使用权具体占用的空间,即标明建设用地占用的面积和四至,建筑物、构筑物以及附属设施的高度和深度,使建设用地使用权人行使权利的范围得以确定。

(4)土地用途、规划条件。我国对建设用地实行用途管制,不同用途的建设用地的使用期限是不同的。为了保证建设用地使用权人按照约定的用途使用建设用地,在合同期限内,建设用地使用权人不得擅自改变建设用地的用途;需要改变建设用地使用权用途的,应当征得出让人的同意并经土地行政主管部门和城市规划行政主管部门批准,重新签订或者更改原有的建设用地使用权出让合同,调整土地出让金,并办理相应的登记。

(5)建设用地使用权期限。以出让方式设立的建设用地使用权都有期限的规定。比如,居住用地70年;工业用地50年;教育、科技、文化、卫生、体育用地50年;商业、旅游、娱乐用地40年;综合或者其他用地50年。建设用地使用权出让的期限自出让人向建设用地使用权人实际交付土地之日起算,原划拨土地使用权补办出让手续的,出让年限自合同签订之日起算。

(6)出让金等费用及其支付方式。以出让方式取得建设用地使用权是有偿的,建设用地使用权人应当按照约定支付出让金等费用。出让金等费用及其支付方式,《土地管理法》和《城市房地产管理法》对此都作了规定,明确规定应当按照国务院规定的标准和办法,缴纳土地使用权出让金等土地有偿使用费和其他费用后,方可使用土地。同时,也明确了合同双方当事人的违约责任。建设用地使用权人未按照出让合同约定支付出让金等费用的,出让人有权解除合同,并可以请求违约赔偿。建设用地使用权人按照出让合同约定支付出让金的,市、县人民政府土地行政主管部门必须按照出让合同约定,提供出让的土地;未按照出让合同约定提供出让的土地的，土地使用者有权解除合同，由土地行政主管部门返还出让金，土地使用者并可以请求违约赔偿。

(7)解决争议的方法。因履行建设用地使用权合同发生争议的，出让人和建设用地使用权人可以双方协商解决，协商不成的，提交双方当事人指定的仲裁委员会仲裁，或者依法向人民法院起诉。

关联法规

《城市房地产管理法》第15条；《城镇国有土地使用权出让和转让暂行条例》第11条

第三百四十九条　【建设用地使用权的登记】设立建设用地使用权的，应当向登记机构申请建设用地使用权登记。建设用地使用权自登记时设立。登记机构应当向建设用地使用权人发放权属证书。

条文注释

建设用地使用权登记是指县级以上人民政府将土地的权属、用途、面积等基本情况登记在登记簿上，并向建设用地使用权人颁发使用权证书。设立建设用地使用权，建设用地使用权人应当向登记机构申请建设用地使用权登记。登记机构应当向建设用地使用权人发放权属证书。建设用地使用权适用登记生效的原则，经登记生效。根据《土地管理法》的规定，我国目前的建设用地使用权是由县级以上人民政府登记造册，核发证书。

以划拨方式设立建设用地使用权的，根据目前的规定当事人不需要签订合同，而是通过"国有土地划拨决定书"的形式，将建设用地使用权交给建设用地使用权人使用。但是，划拨土地也应当按照以下规定办理登记手续：新开工的大中型建设项目使用划拨国有土地的，建设用地使用权人应当在接到县级以上人民政府发给的建设用地批准书之日起30日内，持建设用地批准书申请土地预告登记。建设项目竣工验收后，建设单位应当在该建设项目竣工验收之日起30日内，持建设项目竣工验收报告和其他有关文件申请建设用地使用权登记。其他项目使用划拨国有土地的，建设用地使用权人应当在接到县级以上人民政府批准用地文件之日起30日内，持批准用地文件申请建设用地使用权登记。

关联法规

《土地管理法》第12条;《城市房地产管理法》第60条

第三百五十条　【土地用途】建设用地使用权人应当合理利用土地,不得改变土地用途;需要改变土地用途的,应当依法经有关行政主管部门批准。

条文注释

我国法律对以划拨方式使用建设用地的用途有着明确的规定,建设用地使用权人应当严格依照其用途使用土地。以出让方式设立的建设用地使用权,不同的土地用途其出让金是不同的。建设用地使用权出让合同中对土地用途需要作出明确的规定,擅自改变约定的土地用途不仅是一种违约行为,而且是违法行为。

建设用地使用权人以无偿或者有偿方式取得建设用地使用权后,确需改变土地用途的,应当向土地行政主管部门提出申请。土地行政主管部门经过审查后,认为改变的土地用途仍符合规划,同意对土地用途作出调整的,根据目前的规定,还需要报市、县人民政府批准,然后出让人和建设用地使用权人应当重新签订建设用地使用权出让合同或者变更合同相应的条款,并按照规定补交不同用途和容积率的土地差价。如果是将以划拨方式取得的建设用地使用权改为有偿使用方式的,在改变土地用途后,建设用地使用权人还应当补缴出让金。以变更合同条款的形式改变土地用途的,要依法到登记机构办理变更登记,签订新的建设用地使用权合同的,应办理登记手续。

关联法规

《土地管理法》第4、56条;《城市房地产管理法》第18、44条

第三百五十一条　【建设用地使用权人支付出让金等费用的义务】建设用地使用权人应当依照法律规定以及合同约定支付出让金等费用。

条文注释

根据《土地管理法》《城市房地产管理法》等法律的规定，应当支付土地出让金等费用的情形主要包括：(1)在取得建设用地使用权时，采用出让等有偿使用方式的，应当支付出让金等费用。根据有关规定，划拨取得建设用地使用权的，在取得使用权时国家不收取出让金。(2)在建设用地使用权转让时，通过划拨取得的建设用地使用权应当补缴出让金。

法律、行政法规对不缴纳出让金等费用的行为规定了相应的法律责任。例如，《城市房地产管理法》第67条规定，违反城市房地产管理法第40条第1款的规定转让房地产的，由县级以上人民政府土地管理部门责令缴纳土地使用权出让金，没收违法所得，可以并处罚款。在有出让合同的情况下，不支付出让金的行为同时还是一种违约行为。因此，除了行政法上的责任，法律、行政法规还规定了相应的违约责任。例如，《城市房地产管理法》第16条规定，土地使用者必须按照出让合同约定，支付土地使用权出让金；未按照出让合同约定支付土地使用权出让金的，土地管理部门有权解除合同，并可以请求违约赔偿。《城镇国有土地使用权出让和转让暂行条例》第14条规定，土地使用者应当在签订土地使用权出让合同后60日内，支付全部土地使用权出让金。逾期未全部支付的，出让方有权解除合同，并可请求违约赔偿。

第三百五十二条　【建设用地使用权人建造的建筑物等设施的权属】建设用地使用权人建造的建筑物、构筑物及其附属设施的所有权属于建设用地使用权人，但是有相反证据证明的除外。

条文注释

建设用地使用权人依法取得国有土地的使用权后，就有权利用该土地建造建筑物、构筑物及其附属设施。根据本法第231条的规定，合法建造房屋的，自事实行为成就时取得建筑物的所有权。在多数情况下，建设用地使用权人建造的建筑物、构筑物及其附属设施的所有权属于建设用地使用权人。

建设用地使用权人建造的建筑物、构筑物及其附属设施由建设用地使用权人所有作为通常情况，但仍然存在以下例外：一部分市政公共设施，是通过开发商和有关部门约定，由开发商在房地产项目开发中配套建设的，但是所有权归国家。这部分设施，其性质属于市政公用，其归属就应当按照有充分证据证明的事先约定来确定，而不是当然地归建设用地使用权人。后续通过房地产交易成为建设用地使用权人的权利人也应当尊重这种权属划分。

掌握本条规定还应当注意，这里规定的建筑物、构筑物及其附属设施必须是合法建造产生的。对于非法占地、违规搭建，《土地管理法》第74条、第77条、第83条以及其他法律法规的有关规定都明确规定了制裁措施，这种违章建筑会被没收和强制拆除，更不会产生合法的所有权，因此并不在本条的调整范围内。

第三百五十三条 【建设用地使用权的流转方式】建设用地使用权人有权将建设用地使用权转让、互换、出资、赠与或者抵押，但是法律另有规定的除外。

条文注释

同支付出让金等费用一样，建设用地使用权的依法流转，也是我国土地有偿使用制度的重要内容。有关法律、行政法规对此已经有了明确的规定，根据这些法律、行政法规的规定，建设用地使用权可以依法转让、互换、出资、赠与或者抵押。

法律、行政法规还规定了对建设用地使用权流转的限制。本条规定的除外条款所指的就是如下这些限制性规定：(1)关于划拨取得的建设用地的流转。根据法律、行政法规的规定，对于划拨取得的建设用地，其流转要通过行政审批，并缴纳相应土地出让金或者土地收益。(2)关于以出让方式取得的建设用地使用权流转的限制。根据法律和行政法规的规定，即便是以出让方式取得的建设用地使用权，在有些情况下也是不能直接进入流转的。

关联法规

《城市房地产管理法》第39、40、48、51条

第三百五十四条 【处分建设用地使用权的合同形式和期限】建设用地使用权转让、互换、出资、赠与或者抵押的，当事人应当采用书面形式订立相应的合同。使用期限由当事人约定，但是不得超过建设用地使用权的剩余期限。

条文注释

《城市房地产管理法》第 15 条第 1 款规定，土地使用权出让，应当签订书面出让合同。根据《城市房地产管理法》第 15 条以及有关法律法规的规定，土地使用权出让应当采用书面合同。本条规定，建设用地使用权转让、互换、出资、赠与或者抵押的，当事人应当采用书面形式订立相应的合同。

同时，《城市房地产管理法》第 43 条也规定："以出让方式取得土地使用权的，转让房地产后，其土地使用权的使用年限为原土地使用权出让合同约定的使用年限减去原土地使用者已经使用年限后的剩余年限。"也就是说，在建设用地使用权期限确定的情况下，建设用地使用权的流转必须受到这一期限的限制。

关联法规

《城市房地产管理法》第 15、43 条；《城镇国有土地使用权出让和转让暂行条例》第 22 条

第三百五十五条 【建设用地使用权流转后变更登记】建设用地使用权转让、互换、出资或者赠与的，应当向登记机构申请变更登记。

条文注释

本法第 214 条规定，不动产物权的设立、变更、转让和消灭，依照法律规定应当登记的，自记载于不动产登记簿时发生效力。建设用地使用权作为重要的用益物权，不但其取得需要登记，其流转也需要及时变更登记，否则该流转行为就无法发生法律效力，权利人的利益就得不到充分保障。2014 年，国务院颁布《不动产登记暂行条例》，对不动产登记作出具体规定，进一步完善建设用地使用权流转后变更登记的规定。

第三百五十六条　【建筑物等设施随建设用地使用权的流转而一并处分】建设用地使用权转让、互换、出资或者赠与的，附着于该土地上的建筑物、构筑物及其附属设施一并处分。

条文注释

在我国，建筑物、其他附着物的归属虽然具有相对独立性，但在转让中必须实行"房地一致"原则。根据法律和行政法规的规定，建设用地使用权流转时，其地上建筑物和其他附着物同时流转。《城市房地产管理法》第32条规定，房地产转让、抵押时，房屋的所有权和该房屋占用范围内的土地使用权同时转让、抵押。《城镇国有土地使用权出让和转让暂行条例》第23条规定，土地使用权转让时，其地上建筑物、其他附着物所有权随之转让。第33条第1款规定，土地使用权抵押时，其地上建筑物、其他附着物随之抵押。

第三百五十七条　【建设用地使用权随建筑物等设施的流转而一并处分】建筑物、构筑物及其附属设施转让、互换、出资或者赠与的，该建筑物、构筑物及其附属设施占用范围内的建设用地使用权一并处分。

条文注释

根据法律和行政法规的规定，地上建筑物和其他附着物所有权流转时，其使用范围内的建设用地使用权随之流转。本条规定了实现"房地一致"的另一种方式"地随房走"，这也已被法律实践和社会生活普遍接受。在理解和适用本条规定时，要特别注意和第356条的衔接，这两条实际上作为一个整体，只要建设用地使用权和地上房屋有一个发生了转让，另外一个就要相应转让。从法律后果来说，不可能也不允许，把"房"和"地"分别转让给不同的主体。此外，本条中所讲的附属设施占用范围内的建设用地使用权可能是一宗单独的建设用地使用权，也有可能是共同享有的建设用地使用权中的份额，特别是在建筑物区分所有的情况下。转让占用范围内的建设用地使用权不可能也不应该导致对业主共同享有的建设用地使用权的分割。在这种情况下,除本条外,还要依据业主的建筑物区分所有权的有关规定,才能全面确定当事人的权利义务。

关联法规

《城市房地产管理法》第32条

第三百五十八条 【建设用地使用权提前收回及其补偿】建设用地使用权期限届满前,因公共利益需要提前收回该土地的,应当依据本法第二百四十三条的规定对该土地上的房屋以及其他不动产给予补偿,并退还相应的出让金。

条文注释

根据《土地管理法》第58条的规定,为了公共利益需要使用土地的,由有关人民政府自然资源主管部门报经原批准用地的人民政府或者有批准权的人民政府批准,可以收回国有土地使用权,并应当对土地使用权人给予适当补偿。在实践中,当事人一般也在建设用地使用权出让合同中对提前收回的情况作出约定。本条对提前收回的补偿标准作了更细化的规定:(1)对于建设用地上的房屋及其他不动产,应当依据征收的规定给予补偿。本法第243条第1款规定:"为了公共利益的需要,依照法律规定的权限和程序可以征收集体所有的土地和组织、个人的房屋以及其他不动产。"第3款规定:"征收组织、个人的房屋以及其他不动产,应当依法给予征收补偿,维护被征收人的合法权益;征收个人住宅的,还应当保障被征收人的居住条件。"因此,有关征收的规定是补偿的依据。(2)对于房屋所占用的建设用地,不适用征收的规定。征收是国家把集体所有的土地和单位、个人的不动产变为国有的财产,是一种改变所有权的法律行为。我国城市的土地属于国家所有,建设用地使用权人取得的是对土地使用的权利,国家收回本来就属于自己的建设用地,不适用有关征收的规定。但是,为了公共利益的需要,国家可以提前收回建设用地使用权。由于建设用地使用权人是按照建设用地的使用期限缴纳出让金的,所以,提前收回建设用地使用权的,出让人还应当向建设用地使用权人退还相应的出让金。

第三百五十九条 【建设用地使用权的续期】住宅建设用地使用权期限届满的,自动续期。续期费用的缴纳或者减免,依照法律、行政法规的规定办理。

非住宅建设用地使用权期限届满后的续期,依照法律规定办理。该土地上的房屋以及其他不动产的归属,有约定的,按照约定;没有约定或者约定不明确的,依照法律、行政法规的规定办理。

条文注释

本条是建设用地使用权续期与土地上的房屋及其他不动产归属的规定。

国家通过出让的方式,使建设用地使用权人获得一定期限内利用土地的权利。根据《城镇国有土地使用权出让和转让暂行条例》的规定,土地使用权出让的最高年限为:居住用地70年;工业用地50年;教育、科技、文化、卫生、体育用地50年;商业、旅游、娱乐用地40年、综合或者其他用50年。因此,建设用地使用权期限届满后,面临建设用地使用权如何续期的问题。《城市房地产管理法》第22条第1款规定,土地使用权出让合同约定的使用年限届满,土地使用者需要继续使用土地的,应当至迟于届满前一年申请续期,除根据社会公共利益需要收回该幅土地的,应当予以批准。经批准准予续期的,应当重新签订土地使用权出让合同,依照规定支付土地使用权出让金。

2016年11月,《中共中央、国务院关于完善产权保护制度依法保护产权的意见》提出,要研究住宅建设用地等土地使用权到期后续期的法律安排,推动形成全社会对公民财产长久受保护的良好和稳定预期。本条根据《物权法》第149条、《城市房地产管理法》第22条的规定,对此作出一个原则性规定,即住宅建设用地使用权期限届满的,自动续期。续期费用的缴纳或者减免,依照法律、行政法规的规定办理。

第三百六十条 【建设用地使用权注销登记】建设用地使用权消灭的，出让人应当及时办理注销登记。登记机构应当收回权属证书。

条文注释

建设用地使用权消灭的情况主要包括建设用地使用权期限届满、建设用地使用权提前收回以及因自然灾害等原因造成建设用地使用权灭失等情形。建设用地使用权消灭后，出让人应当及时办理注销登记。考虑到出让人全面掌握建设用地使用权消灭的情形，所以，本条规定，注销登记由出让人及时办理。建设用地使用权注销后，登记机构应当收回权属证书。

第三百六十一条 【集体所有土地作为建设用地的法律适用】集体所有的土地作为建设用地的，应当依照土地管理的法律规定办理。

关联法规②

《土地管理法》第23、63、66、82条

第十三章 宅基地使用权

第三百六十二条 【宅基地使用权的内容】宅基地使用权人依法对集体所有的土地享有占有和使用的权利，有权依法利用该土地建造住宅及其附属设施。

条文注释

宅基地归集体所有，这是宅基地使用权能够成为用益物权的前提。因此，农民使用宅基地是对集体所有的土地的使用。

根据《土地管理法》和国家的有关规定，土地的利用必须符合国家对土地的用途管制。我国人多地少，只有严格管制土地用途，控制建设用地总量，保护耕地，才能有效地保护资源，实现优化配置。因此，农民取得宅基地，必须依法办理有关手续，不得超量多占，也不得

违反有关规划，改变土地用途。对于有的地方存在的多占宅基地，造成土地浪费的情况应当予以纠正。

第三百六十三条　【宅基地使用权取得、行使和转让的法律适用】 宅基地使用权的取得、行使和转让，适用土地管理的法律和国家有关规定。

条文注释

《土地管理法》对宅基地使用权作了规定。根据《土地管理法》第62条的规定，农村村民一户只能拥有一处宅基地，其宅基地的面积不得超过省、自治区、直辖市规定的标准。人均土地少、不能保障一户拥有一处宅基地的地区，县级人民政府在充分尊重农村村民意愿的基础上，可以采取措施，按照省、自治区、直辖市规定的标准保障农村村民实现户有所居。农村村民建住宅，应当符合乡（镇）土地利用总体规划、村庄规划，不得占用永久基本农田，并尽量使用原有的宅基地和村内空闲地。编制乡（镇）土地利用总体规划、村庄规划应当统筹并合理安排宅基地用地，改善农村村民居住环境和条件。农村村民住宅用地，由乡（镇）人民政府审核批准；其中，涉及占用农用地的，依照《土地管理法》第44条的规定办理审批手续。农村村民出卖、出租、赠与住宅后，再申请宅基地的，不予批准。国家允许进城落户的农村村民依法自愿有偿退出宅基地，鼓励农村集体经济组织及其成员盘活利用闲置宅基地和闲置住宅。国务院农业农村主管部门负责全国农村宅基地改革和管理有关工作。此外，中共中央、国务院通过有关文件，多次强调农村居民建住宅要严格按照所在的省、自治区、直辖市规定的标准，依法取得宅基地。农村居民每户只能有一处不超过标准的宅基地，多出的宅基地，要依法收归集体所有。同时，禁止城镇居民在农村购置宅基地。

关联法规

《土地管理法》第62条

第三百六十四条 【宅基地的灭失和重新分配】宅基地因自然灾害等原因灭失的,宅基地使用权消灭。对失去宅基地的村民,应当依法重新分配宅基地。

条文注释

理解和把握本条规定需要注意以下几个方面:(1)重新分配宅基地的客观原因是自然灾害导致宅基地的灭失。虽然从物理属性上讲,土地是不可能消灭的,但是从用途角度上说,自然灾害等原因可能使土地不再适用于某种用途。例如,由于河流改道,原来的住宅和宅基地有可能完全被淹没;又如,由于山体滑坡,原来住宅所在的土地不能再建房居住。在发生这类自然灾害,原有宅基地不可能再用于建设住宅的情况下,就必须对丧失居住条件的集体的成员提供新的宅基地以维持生计。(2)可以享受重新分配宅基地的权利人应当是因此而丧失宅基地的集体的成员。因自然灾害等原因重新分配宅基地时,应当按照规定的标准分配给仍然属于本集体且丧失基本居住条件的村民。对于多占的宅基地的情况,要予以纠正,不应当把多占宅基地的人员也纳入重新分配宅基地的村民中。(3)重新分配宅基地应当按照国家有关规定,注意节约利用和保护耕地。根据《土地管理法》第62条和国家的有关规定,宅基地应当符合乡(镇)土地利用总体规划,尽可能利用原有的宅基地和村内空闲地。尽量珍惜每一寸土地,特别是要严格限制对耕地的占用。在重新分配宅基地的情况下,也要按照国家规定的原则,统筹安排,厉行节约,尽可能保证将适宜耕作的土地用于农业生产,严格遵守国家关于土地用途管制和耕地保护的规定。

第三百六十五条 【宅基地使用权变更和注销登记】已经登记的宅基地使用权转让或者消灭的,应当及时办理变更登记或者注销登记。

条文注释

本条考虑到我国广大农村的实际情况以及登记制度的现状,虽然没有明确要求所有宅基地使用权一旦发生变更一律登记，但是对于已经登记的宅基地使用权转让或者消灭的，则明确规定了应当及时办理变更或者注销登记。

第十四章　居　住　权

第三百六十六条　【居住权的概念】居住权人有权按照合同约定，对他人的住宅享有占有、使用的用益物权，以满足生活居住的需要。

条文注释

居住权，是指居住权人对他人住宅的全部或者部分及其附属设施，享有占有、使用的权利。本条规定，居住权人有权按照合同约定，对他人的住宅享有占有、使用的用益物权，以满足生活居住的需要。根据本条规定，居住权有以下法律特征：

(1)居住权是在他人住宅上设立的物权。居住权是居住权人在他人所有的住宅上设立的物权。设立居住权是住宅所有权人处分自己财产的一种方式，住宅所有权人根据自己的意思自由在自己所有的住宅的全部或者部分为他人设立居住权。此外，根据本条规定，居住权只能在他人所有的住宅上设立，不能在其他类型的房屋上设立居住权。

(2)居住权是一种用益物权。用益物权是以支配标的物的使用价值为内容的物权。我国的用益物权主要包括土地承包经营权、建设用地使用权、宅基地使用权、居住权和地役权等。根据本法的规定，居住权是一种用益物权，是指居住权人对他人所有的住宅的全部或者部分及其附属设施享有占有、使用的权利，以满足生活居住的需要。特别应注意的是，并非所有居住他人住宅的权利均是本条规定的居住权。如果当事人之间存在抚养、扶养、赡养、租赁、借用等关系，也同样可能享有居住他人住宅的权利。但由此而享有的权利不具有物权的排他效力，不是本条所规定的居住权，不能适用本章的规定。

(3)居住权是为特定自然人设定的。居住权是住宅所有人为特定自然人的利益在自己所有的住宅上设定的权利,法人或其他组织不能享有居住权。享有居住权的主体范围具有有限性,居住权人以外的人一般不能享有居住权。

(4)居住权是为特定自然人生活居住的需要而设定的权利。居住权人只能将享有居住权的住宅用于满足其生活居住的需要,一般情况下,居住权人不能将其享有居住权的住宅出租,但是当事人另有约定的除外。根据本法第369条的规定,居住权不得转让、继承。

(5)居住权人按照合同约定对他人的住宅享有占有、使用的权利。一般情况下,当事人通过订立居住权合同并对居住权进行登记后设立居住权。居住权人对他人的住宅享有的占有、使用等具体权利义务,根据所有权人和居住权人之间订立的居住权合同确定。居住权人为充分地使用其居住的住宅,对住宅的各种附属设施亦有使用权。

第三百六十七条　【居住权合同】设立居住权,当事人应当采用书面形式订立居住权合同。

居住权合同一般包括下列条款:

(一)当事人的姓名或者名称和住所;

(二)住宅的位置;

(三)居住的条件和要求;

(四)居住权期限;

(五)解决争议的方法。

条文注释

根据本法的规定,居住权既可以基于当事人的约定设立,也可以基于被继承人的遗嘱设立。本条是对居住权合同的合同形式和内容的规定。根据本条第1款的规定,设立居住权,当事人应当采用书面形式订立居住权合同。住宅所有权人为满足他人生活居住的需要想在自己所有的住宅上为他人设立居住权的,途径之一就是与他人订立居住权合同,再按照订立的居住权合同向登记机构申请居住权登记。因设立居住权需明确一些具体的权利义务,本条规定,设立居住权的,当事人应当采用书面形式订立居住权合同。

根据本条第2款的规定,居住权合同一般包括下列条款:

(1)当事人的姓名或者名称和住所。当事人的姓名或者名称和住所,是合同中最基本的要件。如果不写明当事人,合同由谁履行就不明确,当事人的权利和义务更无从谈起。居住权合同的当事人一般为住宅的所有权人和居住权人。

(2)住宅的位置。居住权合同中应当明确住宅的具体位置,以确定当事人设立居住权的住宅。一般情况下,合同中明确的住宅的位置应与住宅房屋产权证上的位置一致。

(3)居住的条件和要求。居住权合同中可以约定居住的条件和要求,主要包括当事人的权利义务。在权利方面,当事人可以协商约定居住权人占有使用的具体权利,如是否可以与其家属共同居住,是否可以让其所雇用的保姆等为其生活所需的服务、护理人员居住。在义务方面,当事人可以协商约定双方的义务,如不得改变房屋的结构、用途,保管房屋,承担房屋的日常负担及返还房屋等义务。

(4)居住权期限。为保障当事人设立居住权的意思自由,扩大居住权制度的适用性,根据本法的规定,当事人可以就居住权的存续期限作出约定。当事人可以根据不同情况、不同需求在居住权合同中约定居住权的期限。例如,给未成年人设立居住权的,可以约定居住权期限存续至未成年人成年之时。如果当事人未对居住权期限作出约定,根据本法的规定,居住权人死亡的,居住权消灭。

(5)解决争议的方法。居住权合同可以就合同履行发生争议的解决方法作出约定。因履行居住权合同发生争议的,所有权人和居住权人可以双方协商解决,协商不成的,提交双方当事人指定的仲裁委员会仲裁,或者依法向人民法院起诉。

需要注意的是,本条第2款所规定的内容并非全部都是居住权合同必须约定的内容。当事人应当对“当事人的姓名或者名称和住所”“住宅的位置”作出明确约定,如果欠缺这两项内容将导致居住权的主体和客体不明，不可能设立居住权。其他各项均非合同必须约定的内容，如果当事人未作约定，不影响居住权的设立。

第三百六十八条 【居住权的设立】居住权无偿设立，但是当事人另有约定的除外。设立居住权的，应当向登记机构申请居住权登记。居住权自登记时设立。

条文注释

按照本条的规定，居住权无偿设立，即居住权人无须向房屋的所有人支付对价。同时，居住权以无偿设立为原则，但当事人可以就是否无偿设立作出约定。

我国物权制度有“登记生效”与“登记对抗”两种物权变动模式。对于居住权的设立，采用登记生效的物权变动模式。不动产登记簿是确定居住权的根本依据。居住权的设立登记是指将设立居住权的事实依法记载于不动产登记簿的行为。本条规定，设立居住权的，应当向登记机构申请居住权登记。居住权自登记时设立。根据本条的规定，当事人签订居住权合同后，居住权并未设立，当事人须持居住权合同到不动产登记机构申请居住权登记。不动产登记机构将设立居住权的情况登记在不动产登记簿上，居住权自登记时设立。如果仅就住宅的部分设立居住权应当在此居住权合同中予以明确，并在不动产登记簿上予以明确。

第三百六十九条 【居住权的限制】居住权不得转让、继承。设立居住权的住宅不得出租，但是当事人另有约定的除外。

条文注释

居住权一般为满足特定自然人生活居住的需要设立，通常只具有占有、使用的权能，一般情况下居住权人不得利用房屋进行收益。居住权不得转让、继承，设立居住权的住宅不能出租是居住权的权利特征之一。因此，本条规定，居住权不得转让、继承。

本条关于居住权的限制主要有以下几点：一是居住权不得转让。居住权人对他人的住宅享有占有、使用的权利，但只能由居住权人本人享有，居住权人不得将其享有的居住权转让。二是居住权不得继承。居住权人死亡的，居住权消灭，居住权人的继承人不能继承居住权人对住宅享有的居住权。三是设立居住权的住宅不得出租。居住权是占有、使用他人住宅的权利，其目的是满足权利人生活居住的需要。因此，一般情况下，居住权人对设立居住权的住宅不享有收益权。本条规定，设立居住权的住宅不得出租，但是当事人另有约定的除外。一般情形下，居住权人不能将住宅出租给他人以收取租金，但如果当事人根据需要达成协议，也可以将设立居住权的住宅出租。

第三百七十条　【居住权的消灭】居住权期限届满或者居住权人死亡的，居住权消灭。居住权消灭的，应当及时办理注销登记。

条文注释

根据本条规定，居住权消灭主要包括两种情形：一是居住权期限届满。当事人可以根据自己的意思自由在居住权合同中约定居住权期限，居住权期限届满的，居住权消灭。例如，住宅所有权人给未成年人设立居住权的，可以约定居住权至居住权人成年时消灭，作出如此约定的，居住权人成年时，居住权即消灭。又如，当事人可以约定自合同签订之日起20年后，居住权消灭，作出如此约定的，约定期限届满的或者居住权人死亡的，居住权消灭。居住权因期限届满消灭的，居住权人有返还房屋的义务。二是居住权人死亡。当事人可以根据意思自由约定居住权期限，如果没有约定，居住权一般至居住权人死亡时消灭。

同时根据本条的规定，居住权消灭的，当事人应当及时到不动产登记机构办理注销登记，将登记于不动产登记簿的居住权信息注销。

第三百七十一条　【以遗嘱方式设立居住权的参照适用】以遗嘱方式设立居住权的，参照适用本章的有关规定。

条文注释

根据本法的规定,设立居住权,有以下几种方式,不同的设立方式,居住权设立的时间不同:一是合同。当事人订立居住权合同是设立居住权最主要的形式。通过订立居住权合同设立居住权的,必须到登记机构申请居住权登记,居住权自登记时设立。二是遗嘱。住宅所有权人可以以遗嘱的方式为他人设立居住权,即住宅所有权人在自己的遗嘱里明确为他人设立居住权。三是法院判决。除本章规定的以合同和遗嘱方式设立居住权外,居住权还可以通过法院判决的形式设立。

本法第366~370条对居住权的概念、居住权合同的内容、居住权的设立、居住权的限制、居住权的消灭作了规定。当事人以遗嘱方式设立居住权的,本章的相关规定如居住权的限制和消灭等都参照适用。

第十五章　地　役　权

第三百七十二条　【地役权的概念】地役权人有权按照合同约定,利用他人的不动产,以提高自己的不动产的效益。

前款所称他人的不动产为供役地,自己的不动产为需役地。

条文注释

地役权是传统民法用益物权中的一项重要权利,是按照合同约定利用他人的不动产,以提高自己不动产效益的权利。地役权具有以下特点:(1)地役权的主体为不动产的权利人。既可以是不动产的所有权人,如集体土地所有权人、建筑物的所有权人,也可以是不动产的使用权人,如土地承包经营权人、建设用地使用权人、宅基地使用权人。(2)地役权是按照合同设立的。地役权合同是地役权人和供役地权利人之间达成的以设立地役权为目的和内容的合同。设立地役权,当事人应当采取书面形式订立地役权合同。(3)地役权是利用他人的不动产。在地役权关系中,需役地和供役地属于不同的土地所有权人或者土地使用权人。利用他人的不动产来提高自己不动产的效益,是地役权设立的主要目的。所谓利用他人的不动产,并不以实际占有他人不动产为要件,而是对他人的不动产设置一定的负担。这种负担主要表现在:一是容忍义务。如允许他人通行于自己的土地,以使自己行使土地的权利受到某种限制。二是不妨害地役权人行使权利的义务。在某些情况下,地役权人为了使用供役地便利,需要在供役地上修建必要的附属设施,如为实现排水地役权,而要在供役地建筑一个水泵。这时,供役地权利人就不得妨害地役权人行使其权利。(4)地役权是为了提高自己不动产的效益。地役权的设立,必须是以增加需役地的利用价值和提高其效益为前提。此种"效益"既包括生活上得到的便利,也包括经营上获得的效益,如为需役地的便利而在供役地上排水、通行、铺设管线等,还包括非财产的利益,即精神上或者感情上获得的效益,如为需役地上的视野宽广而设定的眺望地役权等。(5)地役权具有从属性。这种从属性主要体现在地役权的存续以需役地的存在为前提,与需役地的所有权或者其他物权相伴相随。

第三百七十三条　【地役权合同】设立地役权,当事人应当采用书面形式订立地役权合同。

地役权合同一般包括下列条款:

(一)当事人的姓名或者名称和住所;

(二)供役地和需役地的位置;

(三)利用目的和方法;

(四)地役权期限;

(五)费用及其支付方式;

(六)解决争议的方法。

条文注释

根据合同编的规定,设立地役权可以采用合同书或者数据电文等形式。考虑到设立地役权事关不动产权利的行使,关系重大,为避免因权利义务内容不明确而生纠纷,法律规定地役权应当以书面合同的形式设立。

根据第2款的规定,地役权合同一般包括以下条款:

(1)当事人的姓名或者名称和住所。按照我国的土地制度,地役权合同的双方当事人可以是土地所有人、建设用地使用权人、宅基地使用权人和土地承包经营权人等权利人。在订立地役权合同时,要尽量写清楚双方当事人的有关信息。自然人应当写明自然人的姓名、住址、身份证号码,法人应当写明法人的名称和住所,以及法定代表人的姓名等。当然,关于合同主体,还可以补充更为详尽的信息,如双方的联系方式,法人的联络人等。

(2)供役地和需役地的位置。合同标的物应当明确,地役权合同所指向的标的物都是不动产,即供役地和需役地。签订地役权合同,应当标明供役地和需役地具体位置,包括地块名称、地块编码、面积、东南西北四至等内容。地块位置可以按照不动产权属证书所记载的内容写明,在条件具备的情况下,也可以用现代定位技术明确所涉地块的精确位置,并附上测绘图纸,这样就能更准确地表明地役权合同的标的物所在。

(3)利用目的和方法。地役权的内容表现为对供役地设定一定的负担。这种负担可以是积极的,即地役权人可以在供役地上为一定的行为,如通行、取水、排水、铺设管线等。这种负担也可以是消极的,即供役人在供役地上不得为一定的行为,如不得在自己的地块上盖建高楼影响需役地的采光、眺望等。地役权合同当事人应当在合同中约定所设立地役权的目的为何。除在合同中明确设立地役权的目的外,达到此目的的具体方法也应当明确,因为不同的方法对供役地的影响是不同的。

(4)地役权期限。地役权作为一种他物权,属于有期限物权。因此,有必要明确地役权的存续期限,即利用供役地的具体起止时间。地役权的期限是地役权存续的依据,应有明确的约定。在地役权合同中,应当将地役权期限尽量明确,如从某年某月某日至某年某月某日。当然,这种期限也可以是不确定的,比如,为通行设立的地役权,双方约定地役权期限至需役地上所建大厦竣工之日;为铺设管线设立的地役权,可以约定地役权期限至管线报废之日。地役权合同如果没有约定或者约定不明确的,地役权人可以随时终止合同。

(5)费用及其支付方式。地役权设立可以是有偿的,也可以是无偿的,均由双方当事人约定。对于有偿设立的地役权,地役权人与供役地权利人在合同中,应当明确约定费用及其支付方式。具体而言,应当约定地役权费用的金额、币种,是分期支付还是一次性支付;如果分期支付,应当明确各期费用金额,支付的具体时间或者期限。支付方式是以现金支付,是通过银行转账支付,还是通过支票或者其他方式支付。通过转账支付的,还应当明确收款方的账户名称、账号。代收费用的,应当明确代收人的名称或者姓名、账户等内容。

(6)解决争议的方法。在签订地役权合同时,当事人双方应当选择一种双方都接受的争议解决方法。需要注意的是,根据我国相关法律规定,仲裁和诉讼只能选择其中的一种方式,不能同时选择。如果当事人选择仲裁方式,应当明确所选择的仲裁机构,并按照仲裁机构的要求拟定仲裁条款。如果选择诉讼方式,应当明确管辖法院。

地役权是由双方当事人通过约定设立的。对于地役权的内容法律不作严格限制,只要双方约定的内容不违反法律的强制性规定,就尊重当事人的约定。但地役权也是受限制的,如果地役权人滥用自己的权利,那么,供役地权利人有权解除地役权。对此,物权编还规定,地役权人违反法律规定或者合同约定,滥用地役权的,以及有偿利用供役地,约定的付款期限届满后在合理期限内经两次催告未支付费用的,供役地权利人有权解除地役权合同,地役权消灭。

第三百七十四条　【地役权的设立与登记】地役权自地役权合同生效时设立。当事人要求登记的,可以向登记机构申请地役权登记;未经登记,不得对抗善意第三人。

条文注释

根据前条规定，设立地役权必须签订书面地役权合同。根据本条规定，地役权自地役权合同生效时设立。

一般而言，地役权合同的成立以双方当事人均签字、盖章或者按指印之时为准，如果一方先签字另一方后签字的，应以后签字的时间为成立之时。通常而言，合同成立之时即为生效之时。但是合同成立后要生效，还得具备合同生效的要件，且应排除合同无效事由的存在。因此，一般而言，地役权合同成立之时就生效，地役权即告设立。当然，当事人可以在地役权合同中附生效条件或者附生效期限。比如，双方约定，地役权合同自需役地一方当事人支付价款后方生效。在当事人有约定生效时间或者生效条件时，只有到了约定的时间或者满足了生效的条件时，地役权合同方能生效。这就是本条规定的当事人另有约定的情形。

《民法典》物权编对地役权实行登记对抗主义。所谓登记对抗主义，主要指不登记不得对抗不知道也不应知道土地设有地役权，而受让了该土地使用权的第三人。需要注意的是，地役权不登记，并非意味着地役权就不能对抗第三人，未登记的地役权，仅仅是不得对抗善意第三人。未登记的地役权可以对抗恶意第三人，所谓恶意第三人包括以不公正手段获得地役权登记的人，或者明知该地役权已经存在的第三人。

第三百七十五条　【供役地权利人的义务】供役地权利人应当按照合同约定，允许地役权人利用其不动产，不得妨害地役权人行使权利。

条文注释

本条规定的是供役地权利人的两方面的主要义务：

(1)利用其土地。供役地权利人承担的首要义务就是允许地役权人利用其土地。地役权人利用供役地时，通常都会给供役地权利人带来不便。对于供役地权利人来说，必须按照合同的约定，向地役权人提供所涉土地，并要容忍供役地上的负担。在供役地上设定的负担可能有不同的类型:一是允许他人利用自己的土地。二是对自己行使土地的权利进行的某种限制。三是放弃部分使用自己土地的权利。四是容忍对供役地造成某种程度上的损害。只要地役权人按照合同约定的目的和方法行使地役权,即便在一定程度上对供役地造成损害,供役地权利人也得允许。

(2)不得妨害地役权人行使权利。供役地权利人一方面得容忍地役权人使用其土地,另一方面在地役权人利用其土地时,也不得妨害。妨害地役权人行使地役权有不同的表现形式。既可能是妨害地役权人行使主要权利,也可能是妨碍附属性的权利。地役权人为利用供役地,实现地役权的内容,在权利行使的必要范围内,有权在供役地上修建必要的附属设施或者从事某项必要的附属行为。这时,供役地权利人就不得妨害地役权人行使这些权利。这种妨碍可能是以积极作为的方式进行,也可能是以消极不作为的方式进行。

还需要说明的是如果供役地权利人未按照合同约定履行自己的义务,妨害地役权人行使地役权的问题。根据《民法典》总则编第186条规定,因当事人一方的违约行为,损害对方人身权益、财产权益的,受损害方有权选择请求其承担违约责任或者侵权责任。因此,在供役地权利人违反合同约定,阻挠、妨害地役权人行使地役权时,其行为形成违约责任与侵权责任的竞合,地役权人既可以选择根据合同请求供役地权利人承担违约责任,作为用益物权人也可以选择要求对方对侵害地役权的行为承担侵权责任。

第三百七十六条　【地役权人的权利义务】地役权人应当按照合同约定的利用目的和方法利用供役地,尽量减少对供役地权利人物权的限制。

条文注释

本条概括规定了地役权人行使地役权的权利和义务,主要有以下内容:

(1)按照合同约定的利用目的和方法利用供役地。地役权人的主要权利就是利用供役地,以提高自己土地的效益。地役权人利用供役地的目的和方法都必须按照合同约定。一般而言,地役权的利用目的和方法有以下几类:一是通行目的。地役权人在行使地役权时,应当根据合同所约定的方法通行。二是通过目的。通过的方法也是由双方合同约定,可以是在地表安置管道,可以是在地下铺设管线,也可以是在空中架设管网。三是排水目的。达到排水目的的方法也有多种多样,比如,可以埋设排水管道,可以开挖排水沟,可以加设水泵管道,可以修建涵洞等。设立以排水为目的的地役权,需要与相邻关系的排水便利加以区别。四是通风目的。需役地权利人要求供役地权利人在一定范围,不得修建建筑物或其他障碍物,以达到需役地权利人的土地或建筑物顺畅通风的目的。五是采光目的。需役地权利人为了确保自己土地光照充足,要求供役地人限制供役地的利用。六是取水目的。取水的方法,可以是地役权人在需要时,每次到供役地的水源汲取;也可以是地役权人通过渠道、水管引水。双方当事人还应当在合同中明确约定取水的时间和取水量、取水顺序等事项。地役权人在实现取水目的时,必须按照合同约定的方法、数量和顺序取水。七是眺望目的。需役地权利人为了保持自己所有土地的开阔视野,要求供役地权利人不得在一定范围内修建建筑物或其他障碍物。

应注意的是,地役权人在行使地役权的时候,必须按照合同约定的目的和方法行使,不得超越合同约定的范围。当然,地役权人除行使合同约定的主要权利外,还可以实施必要的附随行为。

(2)尽量减少对供役地权利人物权的限制。地役权的实现,是供役地权利人为了需役地的便利而承受的负担。因此,地役权人按照合同约定的利用目的和方法利用供役地时,应当采取对供役地损害最小的方法,在利用供役地的同时,不要过分损害其利益。在某些情况下,为了达到地役权设定的目的,地役权人在供役地上需要修筑一些必要的附属设施。地役权人从事这些行为必须是必要的、不得已的,不修建附属设施,地役权就不能有效实现。尽管必要,但也要求地役权人要采取适当的方法,尽量选择对供役地损害最小的方法,尽可能减少对供役地权利人物权的限制。

第三百七十七条　【地役权期限】地役权期限由当事人约定；但是，不得超过土地承包经营权、建设用地使用权等用益物权的剩余期限。

条文注释

本条首先规定，地役权期限由当事人约定。因此，双方当事人应当在签订地役权合同时协商确定地役权的期限。本法第373条第2款第4项也明确规定，地役权合同的一般条款包括地役权期限条款。当事人协商确定的地役权期限，应当写入书面合同。根据本条规定，当事人只要协商一致，即可以设定地役权的期限。

本条同时规定，地役权期限不得超过土地承包经营权、建设用地使用权等用益物权的剩余期限。这是对涉及特殊类型用益物权的地役权期限作出的特别规定。由于用益物权属于他物权，属于有期限物权。地役权具有从属性，地役权必须依附于所涉不动产权利。比如，供役地属于用益物权，所设定的地役权不能脱离该用益物权，供役地的用益物权消灭的，在其上所设的地役权自然消灭。同样，需役地权利人对土地所享有的如果并非所有权，那么需役地权利人所享有的权利到期终止后，为该权利所设立的地役权也就失去意义，自然应当终止。

第三百七十八条　【地役权的承继】土地所有权人享有地役权或者负担地役权的，设立土地承包经营权、宅基地使用权等用益物权时，该用益物权人继续享有或者负担已经设立的地役权。

条文注释

根据我国《宪法》和有关法律的规定，我国农村的土地属于农民集体所有。在农村，由于实行农村土地承包经营制度和宅基地制度，从集体所有的农业用地上可以派生出土地承包经营权这一用益物权，从集体所有的建设用地上可以派生出宅基地使用权这一用益物权。因此，由于集体所有的土地可能会依法提供给集体成员使用，此时，对涉及集体所有土地的地役权如何处理，需要立法予以明确。本条专门针对这种情况作出了规定，土地所有权人享有地役权或者负担地役权的，设立土地承包经营权、宅基地使用权等用益物权时，该用益物权人继续享有或者负担已设立的地役权。

第三百七十九条 【在先用益物权对地役权的限制】土地上已经设立土地承包经营权、建设用地使用权、宅基地使用权等用益物权的，未经用益物权人同意，土地所有权人不得设立地役权。

条文注释

根据本条规定，用益物权具有一定的优先效力，这种效力还可以对抗所有权人的所有权。第一，用益物权设立在先。土地所有人此前已经为他人设立了用益物权。比如，国有建设用地已经出让给他人，或者集体所有的农业用地已经发包给村民，或者集体所有的建设用地已经划定给村民作为宅基地使用，此时，他人在先取得用益物权，用益物权人对所涉土地即享有占有、使用、收益的权利。这种占有是排他性的占有，包括排除所有权人。第二，未经在先用益物权人同意，所有权人不得设立地役权。根据本条规定，如果用益物权在先设立，土地所有权人应当尊重用益物权人的权利。如果所有权人想以所涉地块为供役地为他人设立地役权，必须征得用益物权人的同意。不论所有人想设立哪种地役权、这种地役权对在先用益物权影响或大或小，都必须取得用益物权人的同意。

第三百八十条 【地役权的转让】地役权不得单独转让。土地承包经营权、建设用地使用权等转让的，地役权一并转让，但是合同另有约定的除外。

条文注释

由于地役权的成立必须有需役地与供役地同时存在，在法律属性上地役权与其他物权不同。地役权虽然是一种独立的用益物权，但仍然应当与需役地的所有权或者使用权共命运，必须与需役地所有权或者使用权一同移转，不得与需役地分离而单独让与，这就是地役权的从属性，主要表现在以下三种情形：第一，地役权人不得自己保留需役地的所有权或者用益物权,单独将地役权转让。第二,地役权人不得自己保留地役权,而单独将需役地的使用权转让。第三,地役权人也不得将需役地的使用权与地役权分别让与不同的人。这也是地役权从属性的表现之一。

本条同时规定,土地承包经营权、建设用地使用权等转让的,地役权一并转让,但是合同另有约定的除外。首先,当设立了地役权的土地承包经营权、建设用地使用权转让时,以该等土地承包经营权、建设用地使用权的土地为需役地的地役权须一并转让。其次,当事人在合同中有不同约定的,地役权并不必然一并转让。如果当事人在设立地役权合同时,明确约定地役权仅为特定权利主体设立,则需役地的所有权或者使用权转移的,地役权消灭。法律尊重当事人的意思自治。此时,如果需役地的所有权或者使用权转移,并不会导致地役权的转移。

第三百八十一条　【地役权的抵押】地役权不得单独抵押。土地经营权、建设用地使用权等抵押的,在实现抵押权时,地役权一并转让。

条文注释

地役权是为了提高土地利用的便利设立的,不能与土地经营权、建设用地使用权等用益物权分离而单独存在。对于受让地役权的主体来说,没有取得土地经营权和建设用地使用权,地役权也就无从发挥作用。地役权作为土地使用权的物上权利或者物上负担,与土地使用权紧紧联系在一起,因此应一并转让,否则设定抵押的土地价值就会降低或者丧失。

本条还规定,土地经营权、建设用地使用权等抵押的,在实现抵押权时,地役权一并转让。可以从两个方面来理解此规定:第一,需役地的相关权利抵押时,不需单独再就地役权设定抵押权。例如,对A地块享有国有土地使用权的甲公司与乙公司签订了地役权合同,约定甲公司可以在乙公司享有国有土地使用权的B地块上铺设燃气管道。甲公司因为融资需要将A地块的国有土地使用权抵押给丙银行,故甲公司与丙银行签订国有土地使用权抵押合同。双方在抵押合同中无须就甲公司对B地块享有的地役权作出特别约定。第二,抵押权实现时,地役权一并转让。上述案例中,如果甲公司到期未能偿还丙银行的债务,需要处置其抵押的A地块的国有土地使用权。丙银行遂申请法院拍卖A地块的国有土地使用权,丁公司取得了该地块的国有土地使用权。此时,根据本条的规定,甲公司对B地块享有的地役权应当一并转让给丁公司。

第三百八十二条 【地役权对需役地及其上权利的不可分性】需役地以及需役地上的土地承包经营权、建设用地使用权等部分转让时,转让部分涉及地役权的,受让人同时享有地役权。

条文注释

理解本条规定,需要注意以下几个方面:

一是部分转让的标的。本条规定的部分转让包括两种情况:第一种是需役地部分转让。所谓需役地部分转让,就是需役地的所有权部分转让。第二种是需役地上的土地承包经营权、建设用地使用权等的部分转让。这种情况主要是在国有土地上设定了建设用地使用权,或者在集体土地上设定了土地承包经营权、宅基地使用权、土地经营权等用益物权。这些需役地上的用益物权部分转让时也涉及地役权的效力问题。

二是转让部分需涉及地役权。无论是土地所有权的转让,还是用益物权的转让,只有在转让部分涉及地役权时,才涉及地役权的效力问题。如果所转让的部分不涉及地役权,则不得享有地役权。

三是受让人的权利。根据本条规定,受让人同时享有地役权。所谓同时,即只要受让人所受让的土地使用权、用益物权与地役权有关,即可以享有该地役权。受让人享有地役权是基于法律的规定享有的,并不需要当事人就此另行签订协议。

第三百八十三条　【地役权对供役地及其上权利的不可分性】供役地以及供役地上的土地承包经营权、建设用地使用权等部分转让时，转让部分涉及地役权的，地役权对受让人具有法律约束力。

条文注释

本条规定，供役地以及供役地上的土地承包经营权、建设用地使用权等部分转让时，转让部分涉及地役权的，地役权对受让人具有法律约束力。同需役地部分转让时地役权可以由受让方享有一样，供役地部分转让的，地役权的约束力对受让方也有约束力。理解本条需要注意如下三个方面的内容：(1)供役地的所有权部分转让时，转让部分涉及地役权的，地役权对受让人具有法律约束力。(2)供役地上的土地承包经营权、国有土地使用权等部分转让时，地役权对受让人有约束力。供役地上的建设用地使用权等用益物权部分转让时，如果所转让部分涉及地役权的，因地役权的不可分性，受让人仍需要负担地役权的义务。(3)供役地以及供役地上的用益物权部分转让时，转让部分不涉及地役权的，地役权对受让人不再具有约束力。

第三百八十四条　【地役权消灭】地役权人有下列情形之一的，供役地权利人有权解除地役权合同，地役权消灭：

（一）违反法律规定或者合同约定，滥用地役权；

（二）有偿利用供役地，约定的付款期限届满后在合理期限内经两次催告未支付费用。

条文注释

根据本条规定，供役地权利人行使单方解除权的法定事由包括：

(1)地役权人违反法律规定或者合同约定，滥用地役权。认定地役权人是否滥用地役权，可以从两个方面判断：一是根据合同约定判断。一般而言，地役权合同会就供役地和需役地的位置、地役权的利用目的和方法等作出约定。如果地役权人违反合同约定的目的、方法等行使地役权,即可以认定为构成滥用地役权,此时供役地权利人可以单方解除地役权合同。二是根据法律规定判断。根据法律判断地役权人是否滥用地役权,所依据的法律既包括《民法典》的规定,也包括其他与行使地役权相关的法律。

(2)有偿利用供役地的,地役权人在约定的付款期限届满后在合理期限内经两次催告仍未支付费用。地役权合同是否有偿,由地役权人和供役地权利人约定。如果地役权为有偿,那么,地役权人必须按照合同的约定履行付款义务。如果地役权人无正当理由,在合同约定的履行期限届满后,仍没有按照合同约定支付供役地权利人费用的,而且在一个合理期限内经两次催告,地役权人仍不履行付款义务的,表明地役权人没有履行合同的诚意,或者根本不可能再履行合同,供役地权利人可以解除地役权合同。

本条规定的地役权消灭的两项法定事由,是专门为供役地权利人设立的权利。当然,供役地权利人除可以根据本条规定的法定解除事由解除地役权合同之外,还可以基于当事人的约定行使解除权。约定解除事由既可以是在订立合同时双方约定的解除事由,也可以在地役权合同履行过程中,双方协商一致解除。

地役权除了因当事人行使法定解除权或者约定解除权,解除地役权合同导致消灭外,还存在其他消灭事由:一是地役权合同消灭。比如,地役权合同存在无效、可撤销事由的,地役权合同被撤销或者宣告无效后,地役权即应告消灭。二是地役权期限届满。当事人双方在地役权合同中约定的地役权期限届满时,地役权存在的基础没有了,当然应归于消灭。三是地役权合同中所附地役权终止期限到来。当事人可以在地役权合同中附终止期限,约定的终止期限到来时,地役权亦告消灭。四是地役权合同中所附终止条件成就。如果地役权合同约定为附条件终止,则所附条件成就时,根据合同约定,此时地役权合同终止,地役权亦应告消灭。五是混同。如果供役地的权利人与需役地权利人同为一人时,地役权会因混同而消灭。

第三百八十五条　【地役权变动后登记】已经登记的地役权变更、转让或者消灭的,应当及时办理变更登记或者注销登记。

条文注释

本条规定,已经登记的地役权变更、转让或者消灭的,应当及时办理变更登记或者注销登记。可以从以下几个方面理解本条:(1)需要办理变动登记的地役权范围。并非所有的地役权都会办理登记,没有办理登记的地役权,即使变更、消灭之后,也不可能再去办理变更、注销登记。只有当事人自己申请办理了登记的地役权,为了确保地役权的公示公信力,便于第三人知晓物权状态,才有必要办理变更、注销登记。(2)变动登记的类型。本条规定,两种情况需要办理地役权变动登记:一是变更登记。地役权变更、转让的,应当办理变更登记。地役权的内容变更。二是注销登记。地役权消灭的,应当办理注销登记。(3)办理地役权变动登记的主体。办理地役权变动登记,应当由地役权合同的双方当事人共同办理。办理地役权登记的机构负责地役权变更和注销登记。(4)办理地役权变动登记的程序。主要依据《不动产登记暂行条例实施细则》规定的相关程序要求办理申请地役权变更登记、转移登记、注销登记。(5)地役权变动登记的法律效果。地役权登记具有对抗善意第三人的效力。因此,如果地役权变更、转让未办理变更登记,地役权消灭未办理注销登记的,当事人不得对抗善意第三人。

第四分编　担 保 物 权

第十六章　一 般 规 定

第三百八十六条　【担保物权的概念】担保物权人在债务人不履行到期债务或者发生当事人约定的实现担保物权的情形,依法享有就担保财产优先受偿的权利,但是法律另有规定的除外。

条文注释

担保物权是以直接支配特定财产的交换价值为内容,以确保债权实现为目的而设定的物权。担保物权具有以下特征:(1)担保物权以确保债权人的债权得到完全清偿为目的。这是担保物权与其他物权的最大区别。(2)担保物权具有优先受偿的效力。担保物权的优先受偿性主要体现在两个方面:一是优先于其他不享有担保物权的普通债权;二是有可能优先于其他物权,如后顺位的担保物权。但需要注意的是,担保物权的优先受偿性并不是绝对的,如果本法或者其他法律有特别的规定,担保物权的优先受偿效力会受到影响。(3)担保物权是在债务人或者第三人的财产成立的权利。债务人既可以自己的财产,也可以第三人的财产为债权设立担保物权。(4)担保物权具有物上代位性。债权人设立担保物权并不以使用担保财产为目的,而是以取得该财产的交换价值为目的,因此,担保财产即使灭失、毁损,但代替该财产的交换价值还存在,担保物权的效力仍存在,但此时担保物权的效力转移到了该代替物上。这就是担保物权的物上代位性。

第三百八十七条　【担保物权的适用范围和反担保】债权人在借贷、买卖等民事活动中,为保障实现其债权,需要担保的,可以依照本法和其他法律的规定设立担保物权。

第三人为债务人向债权人提供担保的,可以要求债务人提供反担保。反担保适用本法和其他法律的规定。

条文注释

本条第1款明确了担保物权的适用范围。本款将担保物权的适用范围限定在借贷、买卖等民事活动中发生的债权债务关系。正确理解本条第1款对适用范围的规定,应当注意以下几点:第一,担保物权适用于民事活动,不适用因国家行政行为(如税款)、司法行为(如扣押产生的费用)等而产生的不平等主体之间的关系。第二,本法列举了借贷、买卖两种典型的可以设定担保物权的民事活动,但可以设定担保物权的民事活动很广泛,并不仅限于这两种民事活动。在其他民事活动中,如货物运输、加工承揽、无因管理、补偿贸易等都可以设定担保物权。第三,因侵权行为产生的债权不能用事先设定担保物权的方式加以保障,但是因侵权行为已经产生的债权,属于普通债权的范围,可以用设定担保物权的方式确保该债权的实现。第四,本条第1款规定,可以依照本法和其他法律的规定设立担保物权。这里的"其他法律"主要指对船舶抵押、航空器抵押、土地经营权抵押等作了规定的法律,如《海商法》《民用航空法》《农村土地承包法》等。因此,设立担保物权还应当依据这些特别法。

本条第2款对反担保作了规定。反担保是指替债务人提供担保的第三人,无论该第三人是提供人的担保还是物的担保,为了保证自己的追偿权得到实现,可以要求债务人为自己追偿权的实现提供担保。反担保的法律性质、具体规则适用等方面与设立担保物权一样,因此,本款规定,反担保适用本法和其他法律的规定。

关联法规

《最高人民法院关于适用〈中华人民共和国担保法〉若干问题的解释》第2条

第三百八十八条　【担保合同】设立担保物权,应当依照本法和其他法律的规定订立担保合同。担保合同包括抵押合同、质押合同和其他具有担保功能的合同。担保合同是主债权债务合同的从合同。主债权债务合同无效的,担保合同无效,但是法律另有规定的除外。

担保合同被确认无效后,债务人、担保人、债权人有过错的,应当根据其过错各自承担相应的民事责任。

条文注释

我国现行立法和司法实务中,对于抵押权和质权这两类意定担保物权的设立均要求采用书面形式订立合同。因此本条规定,设立担保物权,应当依照本法和其他法律的规定订立担保合同。担保合同除包括本法规定的抵押合同、质押合同以外,还包括其他具有担保功能的合同,如融资租赁、保理、所有权保留等非典型担保合同。担保合同的成立和生效等问题应当依照合同编的有关规定。

在主债权债务合同无效导致担保合同无效的情形下,虽然不存在履行担保义务的问题,但债务人、担保人或者债权人并非不承担任何法律后果。根据《民法典》总则编第157条的规定,民事法律行为无效、被撤销或者确定不发生效力后,行为人因该行为取得的财产,应当予以返还;不能返还或者没有必要返还的,应当折价补偿。有过错的一方应当赔偿对方由此所受到的损失;各方都有过错的,应当各自承担相应的责任。法律另有规定的,依照其规定。同样的道理,在主债权债务合同无效,担保合同被确认无效的情况下,如果债务人、担保人或者债权人对合同的无效有过错的,应当根据其过错各自承担相应的民事责任。这里的"相应的民事责任"指当事人只承担与其过错程度相当的民事责任。

需要特别强调的是,导致担保合同无效的原因很多,主债权债务合同无效导致担保合同无效只是原因之一。在主债权债务合同有效的情况下,担保合同也有可能无效。例如,担保合同因违反法律、行政法规的强制性规定而无效,担保合同因担保人为无民事行为能力人而无效,等等。也就是说,判断担保合同是否有效,不能仅以主债权债务合同是否有效为标准，还要看担保合同本身是否有《民法典》总则编第6章“民事法律行为”以及合同编规定的合同无效情形。在主债权债务合同有效，担保合同无效的情形下，债务人、担保人或者债权人对担保合同无效有过错的，也应当各自承担相应的民事责任。在这种情况下，如果是债务人为担保人的，主债权债务合同仍然有效，只是主债权失去担保，其对担保合同无效有过错的，应当对债权人承担过错责任；如果第三人为担保人的，担保人不再承担责任，但是担保人对担保合同无效有过错的，其对债务未能履行的部分，承担相应的过错责任。

关联法规

《最高人民法院关于适用〈中华人民共和国担保法〉若干问题的解释》第5～10条

第三百八十九条　【担保物权的担保范围】担保物权的担保范围包括主债权及其利息、违约金、损害赔偿金、保管担保财产和实现担保物权的费用。当事人另有约定的，按照其约定。

条文注释

担保物权的担保范围是指担保人所承担的担保责任范围。根据本条规定，担保物权的担保范围包括：(1)主债权。主债权指债权人与债务人之间因债的法律关系所发生的原本债权。主债权是相对于利息和其他附随债权而言，不包括利息以及其他因主债权而产生的附随债权。(2)利息。利息是指实现担保物权时主债权所应产生的一切收益。(3)违约金。违约金是指按照当事人的约定，一方当事人违约时，应当根据违约情况向另一方支付的一定数额的金钱。(4)损害赔偿金。损害赔偿金是指一方当事人因违反合同或者因其他行为给债权人造成的财产、人身损失而给付的赔偿额。(5)保管担保财产的费用。保管担保财产的费用是指债权人在占有担保财产期间因履行善良保管义务而支付的各种费用。(6)实现担保物权的费用。实现担保物权的费用是指担保物权人在实现担保物权过程中所花费的各种实际费用，如对担保财产的评估费用、拍卖或者变卖担保财产的费用、向人民法院申请强制变卖或者拍卖的费用等。

还应注意的是，对担保物权所担保的债权范围，当事人可以依照自己的意思进行约定。本条规定的“担保物权的担保范围包括主债权及其利息、违约金、损害赔偿金、保管担保财产和实现担保物权的费用”属于担保物权的法定担保范围，当事人约定的效力优先于本条关于担保物权的法定担保范围的规定，也就是说，当事人约定的担保物权的担保范围可以与第1款规定的范围不同。

第三百九十条　【担保物权的物上代位性】担保期间，担保财产毁损、灭失或者被征收等，担保物权人可以就获得的保险金、赔偿金或者补偿金等优先受偿。被担保债权的履行期限未届满的，也可以提存该保险金、赔偿金或者补偿金等。

条文注释

担保物权的物上代位性指担保物权的效力及于担保财产因毁损、灭失所得的赔偿金等代位物上，是担保物权的重要特征。根据本条的规定，担保财产的代位物包括：(1)赔偿金。担保财产因第三人的侵权行为或者其他原因毁损、灭失时，担保人所获得的损害赔偿金可以作为担保财产的代位物。(2)保险金。担保人为担保财产投保的，因保险事故发生而致使担保财产毁损、灭失时，担保人可以请求保险人支付保险金。该保险金可以作为代位物。(3)补偿金。这里的补偿金主要指担保财产被国家征收时，担保人从国家得到的补偿金。

担保期间，担保财产毁损、灭失或者被征收的，如果担保债权已到期，担保物权人可以就担保人所得的损害赔偿金、保险金或者补偿金等优先受偿，并且担保物权的受偿顺位不受影响，各担保物权人依照其对担保财产的受偿顺位对代位物行使权利；如果未到期，担保物权人可以请求第三人或担保人向提存机构提存该保险金、赔偿金或者补偿金等。

关联法规

《最高人民法院关于适用〈中华人民共和国担保法〉若干问题的解释》第80条

第三百九十一条　【未经担保人同意转移债务的法律后果】第三人提供担保，未经其书面同意，债权人允许债务人转移全部或者部分债务的，担保人不再承担相应的担保责任。

条文注释

本条对债权人的权利行使进行了限制，这种限制不但是对担保人利益的保护，也是对债权人利益的保护。正确理解本条应当注意以下几点：(1)本条只适用于第三人提供担保财产的情况；(2)债权人允许债务人转移债务必须要经提供担保的第三人的书面同意；(3)本条规定的债务转移不但包括债务人将债务全部转移给他人，也包括将部分债务转移给他人；(4)未经担保人书面同意，债权人许可债务人转移全部债务的，可以免除担保人全部担保责任；债权人许可债务人转移部分债务的，可以免除担保人部分的担保责任，担保人不得要求免除全部担保责任，其还是要对债务人未转移的债务承担担保责任。这是本条中“不再承担相应的担保责任”的内涵。

第三百九十二条　【人保和物保并存时担保权的实行规则】被担保的债权既有物的担保又有人的担保的，债务人不履行到期债务或者发生当事人约定的实现担保物权的情形，债权人应当按照约定实现债权；没有约定或者约定不明确，债务人自己提供物的担保的，债权人应当先就该物的担保实现债权；第三人提供物的担保的，债权人可以就物的担保实现债权，也可以请求保证人承担保证责任。提供担保的第三人承担担保责任后，有权向债务人追偿。

条文注释

物的担保是以物担保债务的履行，包括本编规定的抵押权、质权和留置权；人的担保是以人的信誉担保债务的履行，指本法合同编规定的保证。《物权法》第176条区分三种情况对物的担保与人的担保的关系作了规定,本条沿用了该规定:(1)在当事人对物的担保和人的担保的关系有约定的情况下,应当尊重当事人的意思,按约定实现,这充分尊重了当事人的意思自治;(2)在没有约定或者约定不明确,债务人自己提供物的担保的情况下,应当先就物的担保实现担保物权;(3)在没有约定或者约定不明确,第三人提供物的担保,又有人的担保的情况下,应当允许当事人进行选择。

关联法规

《最高人民法院关于适用〈中华人民共和国担保法〉若干问题的解释》第38条

第三百九十三条　【担保物权消灭原因】有下列情形之一的,担保物权消灭:

(一)主债权消灭;

(二)担保物权实现;

(三)债权人放弃担保物权;

(四)法律规定担保物权消灭的其他情形。

条文注释

根据本条,在下列情形下担保物权消灭:

第一,因主债权的消灭而消灭。担保物权是从属于主债权的权利,主债权消灭的,担保物权也随之消灭。这里的“主债权消灭”是指主债权的全部消灭,根据担保物权的不可分性,主债权部分消灭,担保物权仍然存在,担保财产仍然担保剩余的债权,直到债务人履行全部债务时为止。此外,这里的“主债权消灭”指客观效果,与因谁的清偿而导致“主债权消灭”无关。也就是说,债务人自己清偿债务的,担保物权消灭;第三人代债务人清偿债务导致主债权消灭的,担保物权也消灭。

第二,担保物权实现导致担保物权消灭。“担保物权实现”是指债务人到期不履行债务时,债权人与担保人约定以担保财产折价实现自己的债权或者拍卖、变卖担保财产,以拍卖、变卖担保财产所得的价款优先受偿。担保物权是为担保债权而设定的,担保物权实现就意味着担保物权人权利的实现,担保物权自然就归于消灭。但是需要强调的是,担保物权一旦实现,无论其所担保的债权是否全部清偿,担保物权都消灭。根据本法第413条、第438条、第455条的规定,担保物权实现后,未受清偿的债权部分可以要求债务人清偿,但是这部分债权已无担保物权的保障,变为普通债权。

第三,债权人放弃担保物权导致担保物权消灭。这里的"放弃"是指债权人的明示放弃,明示放弃主要包括两种情形:一是债权人用书面的形式明确表示放弃担保物权,如债权人与债务人或者提供担保的第三人以签订协议的方式同意放弃担保物权;二是债权人以行为放弃,如因债权人自己的行为导致担保财产毁损、灭失的,视为债权人放弃了担保物权。

第四,法律规定的其他导致担保物权消灭的情形。这是一个兜底性条款,主要是指《民法典》的其他条款或者其他法律规定的担保物权消灭的特殊情形或者专属于某一类担保物权的消灭原因。例如,本法第457条规定,留置权人对留置财产丧失占有或者留置权人接受债务人另行提供担保的,留置权消灭。这就是留置权消灭的特殊原因。

第十七章　抵　押　权

第一节　一般抵押权

第三百九十四条　【抵押权的概念】为担保债务的履行,债务人或者第三人不转移财产的占有,将该财产抵押给债权人的,债务人不履行到期债务或者发生当事人约定的实现抵押权的情形,债权人有权就该财产优先受偿。

前款规定的债务人或者第三人为抵押人,债权人为抵押权人,提供担保的财产为抵押财产。

条文注释

抵押权具有以下几个特征:(1)抵押权是担保物权。抵押权以抵押财产作为债权的担保,抵押权人对抵押财产享有的权利,可以对抗物的所有人以及第三人。这主要体现在抵押权人对抵押财产有追及、支配的权利。(2)抵押权是债务人或者第三人以其所有的或者有权处分的特定的财产设定的物权。(3)抵押权是不转移标的物占有的物权。抵押权设定后,抵押人不必将抵押财产转移于抵押权人占有,抵押人仍享有对抵押财产的占有、使用、收益和处分的权利,这是抵押权区别于质权、留置权的特征。(4)抵押权人有权就抵押财产优先受偿。

实现抵押权必须符合法律规定的条件。实现抵押权应当具备以下条件之一:一是债务清偿期限届满,债务人不履行义务。清偿期限未届满,抵押权人无权就抵押财产优先受偿。二是发生当事人约定的实现抵押权的情形。当双方约定的实现抵押权的条件成就,即使债务清偿期限没有届满,抵押权人也有权就拍卖、变卖抵押财产的价款优先受偿。

第三百九十五条 【抵押财产的范围】债务人或者第三人有权处分的下列财产可以抵押:

(一)建筑物和其他土地附着物;

(二)建设用地使用权;

(三)海域使用权;

(四)生产设备、原材料、半成品、产品;

(五)正在建造的建筑物、船舶、航空器;

(六)交通运输工具;

(七)法律、行政法规未禁止抵押的其他财产。

抵押人可以将前款所列财产一并抵押。

条文注释

根据本条规定,财产抵押必须符合两个条件:(1)债务人或者第三人对抵押财产有处分权;(2)是本条规定的可以抵押的财产。

债务人或者第三人对抵押财产有处分权包括:(1)债务人或者第三人是抵押财产的所有权人。(2)债务人或者第三人对抵押财产享有用益物权,法律规定该用益物权可以抵押。(3)债务人或者第三人根据法律、行政法规的规定,或者经过政府主管部门批准,可以将其占有、使用的财产抵押。

本条第2款规定,抵押人可以将前款所列财产一并抵押。这是关于企业财产集合抵押的规定。根据该款规定,企业可以将企业的动产、不动产及其某些权利作为一个整体进行担保,如将厂房、机器设备、库存产成品、工业产权等财产作为总资产向银行抵押贷款。但是,企业将财产一并抵押时,各项财产的名称、数量等情况应当是明确的。

关联法规

《城市房地产管理法》第32、48条;《农村土地承包法》第53条;《海商法》第13条;《民用航空法》第16条

第三百九十六条　【浮动抵押】企业、个体工商户、农业生产经营者可以将现有的以及将有的生产设备、原材料、半成品、产品抵押,债务人不履行到期债务或者发生当事人约定的实现抵押权的情形,债权人有权就抵押财产确定时的动产优先受偿。

条文注释

浮动抵押指权利人以现有的和将有的全部财产或者部分财产为其债务提供抵押担保。债务人不履行到期债务或者发生当事人约定的实现抵押权的情形时,债权人有权就抵押财产确定时的动产优先受偿。浮动抵押具有不同于固定抵押的两个特征:第一,浮动抵押设定后,抵押的财产不断发生变化,直到约定或者法定的事由发生,抵押财产才确定。第二,浮动抵押期间,抵押人处分抵押财产的,抵押权人对抵押财产无追及的权利,只能就约定或者法定事由发生后确定的财产优先受偿。

按照本条以及相关规定,设立浮动抵押应当符合下列条件:第一,设立浮动抵押的主体限于企业、个体工商户、农业生产经营者。

第二，设立浮动抵押的财产限于生产设备、原材料、半成品、产品。对除此以外的动产不得设立浮动抵押，对不动产也不得设立浮动抵押。第三，实现抵押权的条件是不履行到期债务或者发生当事人约定的实现抵押权的事由。第四，浮动抵押优先受偿的效力范围为抵押财产确定时的动产。本条这一规定表达了三层意思：其一，抵押期间，抵押财产处于不确定状态。其二，实现抵押权时确定的抵押财产与设立抵押权时的财产不必相同，通常也不会相同。其三，抵押财产如何确定，可以根据本法第 411 条的规定来确定。

需要注意的是，设立浮动抵押仍要用书面形式订立抵押合同，该合同一般包括担保债权的种类和数额、债务履行期间、抵押财产的范围、实现抵押权的条件等。这里所说的抵押财产的范围并不要求详细列明，比如，以全部财产抵押的，可以写"以现有的或者将有的全部动产抵押"；以部分财产抵押的，可以写"以现有的和将有的鱼产品、蔬菜、水果抵押"。本法不承认以口头形式订立的浮动抵押合同。此外，动产浮动抵押是特殊的动产抵押，尽管与一般的动产抵押相比具有抵押财产在确定前具有浮动性、浮动抵押期间处分的财产不受追及等特征，但是在其他方面也适用动产抵押的一般规则，如在抵押财产的范围、抵押合同、抵押权的设立与对抗效力、抵押权的优先受偿顺位等方面都适用动产抵押的一般规则。

关联法规

《民法典》第 411 条

第三百九十七条 【建筑物与建设用地使用权同时抵押规则】以建筑物抵押的，该建筑物占用范围内的建设用地使用权一并抵押。以建设用地使用权抵押的，该土地上的建筑物一并抵押。

抵押人未依据前款规定一并抵押的，未抵押的财产视为一并抵押。

条文注释

由于房地的不可分性，我国在处理房地关系时的一个重要原则就是"地随房走或者房随地走"的房地一体原则。所谓"地随房走"，就是转让房屋的所有权时，建设用地使用权同时转让。所谓“房随地走”，就是转让建设用地使用权时，该土地上的房屋所有权也应一并转让。这一原则也同样适用于抵押，在设定抵押权时，房屋的所有权和建设用地使用权应当一并抵押，只有这样，才能保证实现抵押权时，房屋所有权和建设用地使用权同时转让。

同时，根据第2款的规定，即使抵押人只办理了房屋所有权抵押登记，没有办理建设用地使用权抵押登记，实现房屋抵押权时，建设用地使用权也一并作为抵押财产。同样，只办理了建设用地使用权抵押登记，没有办理房屋所有权抵押登记的，实现建设用地使用权的抵押权时，房屋所有权也一并作为抵押财产。如果将房屋所有权和建设用地使用权分别抵押给不同的债权人，根据本条规定，前者的抵押效力将及于建设用地使用权，后者的抵押效力将及于房屋所有权，债权人在实现抵押权时，要以抵押登记的先后顺序确定优先受偿顺序。

关联法规

《城市房地产管理法》第32、48条

第三百九十八条 【乡镇、村企业的建设用地使用权抵押限制】乡镇、村企业的建设用地使用权不得单独抵押。以乡镇、村企业的厂房等建筑物抵押的，其占用范围内的建设用地使用权一并抵押。

条文注释

乡镇、村企业的建设用地使用权为集体所有的土地上设立的土地使用权，本法第361条规定，集体所有的土地作为建设用地的，应当依照土地管理的法律规定办理。2019年《土地管理法》修改时，在集体经营性建设用地方面，创新性地改变了过去农村的土地必须征为国有土地才能进入市场的问题，允许土地利用总体规划、城乡规划确定为工业、商业等经营性用途并经依法登记的集体经营性建设用地，通过出让、出租等方式交由单位或者个人使用、建设。集体经营性建设用地出让、出租等，应当经本集体经济组织成员的村民会议2/3以上成员或者2/3以上村民代表的同意。除法律另有规定或者当事人另有约定外，通过出让等方式取得的集体经营性建设用地使用权可以转让、互换、出资、赠与或者抵押，集体经营性建设用地使用权的出租、出让及其转让、互换、出资、赠与、抵押的，参照同类用途的国有建设用地执行。集体建设用地的使用者应当严格按照土地利用总体规划、城乡规划确定的用途使用土地。

乡镇、村企业的建设用地与入市的集体经营性建设用地在使用主体、审批程序等方面有所不同。将乡镇、村企业的建设用地使用权抵押的，抵押权的实现可能会带来建设用地使用权出让的效果，即入市的效果。由于集体经营性建设用地入市有严格的要求，如必须符合规划、符合用途管制、经依法登记确权、通过集体的决议程序等，如果对乡镇、村企业的建设用地使用权抵押不作任何限制，可能出现规避法律，即以抵押为名，使不符合入市要求的集体所有的土地流入市场。为此本条规定，"乡镇、村企业的建设用地使用权不得单独抵押。以乡镇、村企业的厂房等建筑物抵押的，其占用范围内的建设用地使用权一并抵押"。也就是说，乡镇、村企业不能仅以集体所有的建设用地使用权抵押，但可以将乡镇、村企业的厂房等建筑物抵押，以厂房等建筑物抵押的，根据本法第 397 条"地随房走"的原则，其占用范围内的建设用地使用权一并抵押。法律虽然允许乡镇、村企业的建设用地使用权随厂房等建筑物一并抵押，但对实现抵押权后土地的性质和用途作了限制性规定。本法第 418 条规定，以集体所有土地的使用权依法抵押的，实现抵押权后，未经法定程序，不得改变土地所有权的性质和土地用途。也就是说，即使乡镇、村企业的建设用地使用权随其厂房等建筑物被拍卖、变卖了，受让的土地仍然属于农村集体所有，如果该土地原为工业用途，买受人应当严格按照该用途使用土地，未经有关部门批准，买受人不能将该土地用于商业、旅游和住宅建设。

第三百九十九条　【禁止抵押的财产范围】下列财产不得抵押：

（一）土地所有权；

（二）宅基地、自留地、自留山等集体所有土地的使用权，但是法律规定可以抵押的除外；

（三）学校、幼儿园、医疗机构等为公益目的成立的非营利法人的教育设施、医疗卫生设施和其他公益设施；

（四）所有权、使用权不明或者有争议的财产；

（五）依法被查封、扣押、监管的财产；

（六）法律、行政法规规定不得抵押的其他财产。

条文注释

根据本条规定，下列财产不得抵押：(1)土地所有权。土地所有权既包括国有土地的所有权，也包括集体所有土地的所有权。目前，我国法律没有规定国有和集体所有的土地所有权可以抵押。(2)宅基地、自留地、自留山等集体所有土地的使用权。同时还应注意，虽然宅基地、自留地、自留山等集体所有土地的使用权不得抵押，但是也有一些集体所有的土地的使用权依法可以抵押，如本法以及《农村土地承包法》规定的以家庭承包方式取得的承包地的土地经营权、以招标、拍卖、公开协商等方式承包农村土地的土地经营权，《土地管理法》规定的通过出让等方式取得的集体经营性建设用地使用权等，为此本条第2项规定“但是法律规定可以抵押的除外”。(3)学校、幼儿园、医疗机构等为公益目的成立的非营利法人的教育设施、医疗卫生设施和其他公益设施。需要说明的是，本条禁止抵押的，只是学校等非营利法人的教育设施和医疗卫生设施，如教学楼、实验室、教学用计算机、实验设备，医疗机构的门诊大楼、住院部、X光机、CT机、化验仪器等。而对于属于营利法人的民办学校、民办医疗机构等，其教育设施、医疗卫生设施等可以依法抵押。还应注意，除学校、幼儿园、医疗机构以外，其他以公益为目的成立的非营利法人的社会公益设施也不得抵押，如不得将公共图书馆、科学技术馆、博物馆、国家美术馆、少年宫、工人文化宫、敬老院、残疾人福利基金会等用于社会公益目的的设施抵押。(4)所有权、使用权不明或者有争议的财产。(5)依法被查封、扣押、监管的财产。依法查封、扣押财产，指人民法院或者行政机关采取强制措施将财产就地贴上封条或者运到另外的处所，不准任何人占有、使用或者处分。依法监管的财产，指行政机关依照法律规定监督、管理的财产。(6)法律、行政法规规定不得抵押的其他财产。这是一项兜底性规定。除本条前五项所列不得抵押的财产外，在设定抵押权时，还要看其他法律、行政法规有无禁止抵押的规定。

关联法规

《最高人民法院关于适用〈中华人民共和国担保法〉若干问题的解释》第48、52～55条

第四百条 【抵押合同】设立抵押权，当事人应当采用书面形式订立抵押合同。

抵押合同一般包括下列条款：

(一)被担保债权的种类和数额；

(二)债务人履行债务的期限；

(三)抵押财产的名称、数量等情况；

(四)担保的范围。

条文注释

本条要求采用书面形式订立抵押合同。根据本条规定，抵押合同一般包括以下内容：(1)被担保债权的种类和数额。被担保债权的种类，主要指主债权是财物之债，还是劳务之债。(2)债务人履行债务的期限。履行债务的期限，是指债务人履行债务的最终日期。履行债务的期限是抵押权人可以实现抵押权的起算点，因此，抵押合同对此应有明确规定。(3)抵押财产的名称、数量等情况。抵押财产的名称，是指抵押的是何种标的物，如是房屋、建设用地使用权还是机器设备。数量，是指抵押财产有多少。应注意的是，《民法典》物权编简化了抵押合同的一般条款，将《物权法》规定的抵押合同包括“抵押财产的名称、数量、质量、状况、所在地、所有权归属或者使用权归属”修改为“抵押财产的名称、数量等情况”，允许当事人对担保财产进行一般性或者概况性描述。(4)担保的范围。抵押财

产担保的范围包括主债权及其利息、违约金、损害赔偿金和实现抵押权的费用。

设立抵押权是双方民事法律行为，抵押合同除包括上述四项内容以外，当事人之间可能还有其他认为需要约定的事项，如抵押财产的保险责任由谁承担，抵押人如果提前偿还债权向谁提存，发生纠纷后是否申请仲裁等，这些内容也可以在协商一致的情况下在抵押合同中进行约定。

关联法规

《城市房地产管理法》第50条；《最高人民法院关于适用〈中华人民共和国担保法〉若干问题的解释》第56条

第四百零一条　【流押】抵押权人在债务履行期限届满前，与抵押人约定债务人不履行到期债务时抵押财产归债权人所有的，只能依法就抵押财产优先受偿。

条文注释

流押条款，指债权人在订立抵押合同时与抵押人约定，债务人不履行债务时抵押财产归债权人所有。《民法典》物权编对原物权法的规定进行了修改，明确了流押条款的效力，规定：抵押权人在债务履行期限届满前，与抵押人约定债务人不履行到期债务时抵押财产归债权人所有的，只能依法就抵押财产优先受偿。这表明当事人订立流押条款的，发生实现抵押权的情形时，抵押财产不能直接归债权人所有，而是应当根据本法第410条和第413条规定的实现抵押权的方式就抵押财产优先受偿。需要注意的是，当事人之间订有流押条款的，债权人依法就抵押财产优先受偿，需要满足抵押权设立的前提条件，即不动产抵押权经登记设立；动产抵押权经抵押合同生效设立，未登记的不得对抗善意第三人。

第四百零二条　【不动产抵押登记】以本法第三百九十五条第一款第一项至第三项规定的财产或者第五项规定的正在建造的建筑物抵押的，应当办理抵押登记。抵押权自登记时设立。

条文注释

财产抵押是重要的民事法律行为，法律除要求设立抵押权要订立书面合同以外，还要求对某些财产办理抵押登记，不经抵押登记，抵押权不发生法律效力。根据本条规定，需要进行抵押登记的财产为：(1)建筑物和其他土地附着物；(2)建设用地使用权；(3)海域使用权；(4)正在建造的建筑物。

对于抵押登记的效力，《担保法》第41条规定："当事人以本法第四十二条规定的财产抵押的，应当办理抵押物登记，抵押合同自登记之日起生效。"《物权法》第187条将《担保法》上述条文中的"抵押合同自登记之日起生效"修改为"抵押权自登记时设立"，主要考虑到抵押合同的订立是发生物权变动的原因行为，属于债权关系范畴，其成立、生效应当依据《合同法》确定。抵押权的效力，除要求抵押合同合法有效这一要件以外，还必须符合《物权法》的公示原则。因此，《物权法》区分了抵押合同效力和物权变动效力。《民法典》物权编延续了《物权法》第187条的规定，对于以本条规定的不动产设立抵押的，应当办理抵押登记，抵押权自登记时设立。

关联法规

《城市房地产管理法》第62条；《最高人民法院关于适用〈中华人民共和国担保法〉若干问题的解释》第58～61条

第四百零三条　【动产抵押的效力】以动产抵押的，抵押权自抵押合同生效时设立；未经登记，不得对抗善意第三人。

条文注释

本条对以动产抵押的没有采用登记生效制度，当事人以这些动产抵押的，可以办理抵押登记，也可以不办理抵押登记，抵押权不以登记为生效条件，而是自抵押合同生效时设立。合同生效后，即使当事人没有办理登记，债务人不履行债务时，抵押权人仍然可以就实现抵押权的价款优先受偿。但是，办理与不办理抵押登记的法律后果是不同的，未办理抵押登记的，不得对抗善意第三人。所谓"不得对抗善意第三人"，包括两方面含义：一是合同签订后，如果抵押人将抵押财产转让,对于善意取得该财产的第三人,抵押权人无权追偿,抵押权人将失去在该财产上的抵押权,只能要求抵押人重新提供新的担保,或者要求债务人及时偿还债务。二是抵押合同签订后,如果抵押人以该财产再次设定抵押或者质押,而后位抵押权人进行了抵押登记或者后位质权人因交付取得了对该动产的实际占有,那么,实现抵押权时,后位抵押权人以及后位质权人可以优先于前位未进行抵押登记的抵押权人受偿。办理抵押登记的,抵押权具有对抗第三人的法律效力。也就是说,抵押财产登记后,不论抵押财产转移到谁手中,只要债务履行期限届满债务人没有履行债务,抵押权就具有追及效力,抵押权人可以就该抵押财产实现抵押权。同时在受偿顺序上,已登记的抵押权优先于未登记的抵押权、后设立的抵押权以及质权受偿。

第四百零四条　【动产抵押权对抗效力的限制】以动产抵押的,不得对抗正常经营活动中已经支付合理价款并取得抵押财产的买受人。

条文注释

按照本条规定,受到保护的买受人必须符合以下条件:第一,买受人是在正常经营活动中买受了抵押财产,即出卖人出卖抵押财产是其正常的经营活动,而买受人既可以是在存货融资中,买受出卖人在正常经营过程中出售的已设定担保的存货的人,也可以是市场交易中的消费者。买受人取得的标的物应当是出卖人通常销售的动产,而出卖人也一般以销售该类动产为业。第二,买受人必须已经支付合理价款。在判断买受人支付价款是否合理时,应当根据转让标的物的性质、数量以及付款方式等具体情况,参考转让时交易地市场价格以及交易习惯等因素综合认定。第三,买受人已取得抵押财产,即抵押财产的所有权已通过交付转让给买受人。具备这三个条件,无论该动产抵押是否登记,抵押财产的买受人可以对抗抵押权人,即买受人可以取得买受的抵押财产的所有权并且不受抵押权人的追及。

第四百零五条　【抵押权与租赁权的关系】抵押权设立前，抵押财产已经出租并转移占有的，原租赁关系不受该抵押权的影响。

条文注释

《民法典》物权编将《物权法》中的"订立抵押合同前"修改为"抵押权设立前"，将"抵押财产已出租的"修改为"抵押财产已出租并转移占有的"。即在判断租赁关系受不受抵押权的影响时，要看在抵押权设立前抵押财产是否已出租并转移占有。

《物权法》第190条规定，抵押权设立后抵押财产出租的，该租赁关系不得对抗已登记的抵押权。《民法典》物权编删除了《物权法》的该规定。对于抵押权设立后抵押财产出租的，已登记的可以对抗其后设立的租赁关系，未登记的按照不得对抗善意第三人的规则来判断抵押权与租赁权的效力。

关联法规

《城市房地产抵押管理办法》第21条；《最高人民法院关于适用〈中华人民共和国担保法〉若干问题的解释》第65、66条

第四百零六条　【抵押财产的转让】抵押期间，抵押人可以转让抵押财产。当事人另有约定的，按照其约定。抵押财产转让的，抵押权不受影响。

抵押人转让抵押财产的，应当及时通知抵押权人。抵押权人能够证明抵押财产转让可能损害抵押权的，可以请求抵押人将转让所得的价款向抵押权人提前清偿债务或者提存。转让的价款超过债权数额的部分归抵押人所有，不足部分由债务人清偿。

条文注释

根据本条规定，抵押人对其所有的抵押财产享有占有、使用、收益、处分的权利，抵押期间抵押人可以转让抵押财产，而不需要经过其他人的同意。如果抵押权人与抵押人在设立抵押权时约定抵押人在抵押期间不得转让抵押财产，那么抵押人不能转让抵押财产，但是该约定不得对抗善意受让人。抵押财产转让的，抵押权不受影

响，即无论抵押财产转让到哪里，也无论抵押财产的受让人是谁，抵押权人对该抵押财产享有抵押权，在实现抵押权的条件成就时，可以追及该抵押财产并就抵押财产进行变价和优先受偿。“抵押财产转让的，抵押权不受影响”的规定存在一些例外，例如，抵押权的设立是登记对抗主义模式的，如果抵押权未进行登记，则不能对抗抵押财产的善意买受人；在动产抵押的情形中，即使抵押权进行了登记，也不得对抗正常经营活动中已支付合理价款并取得抵押财产的买受人。在上述情况下，买受人取得没有权利负担的财产，抵押权人不能追及该抵押财产。

由于抵押权人并不占有、控制抵押财产，对于抵押财产的状态和权属状况不可能随时知悉，因此本条对抵押人规定了在转让抵押财产时及时通知抵押权人的义务。抵押人如果在转让抵押财产时未及时通知抵押权人，虽然不影响抵押权的效力，但是，如果因未及时通知造成抵押权人损害的，应当承担赔偿责任。同时本条规定，抵押权人能够证明抵押财产转让可能损害抵押权的，可以请求抵押人将转让所得价款提前清偿债务或者提存。一般说来，抵押人转让抵押财产的所得的价款不可能完全与其担保的债权数额一致，当抵押财产价款超过债权数额时，超过的部分，应当归抵押人所有；不足的部分由债务人清偿。也就是说，如果抵押人为债务人以外的第三人时，抵押人不再承担责任，剩余未清偿的债权由债务人偿还。

第四百零七条　【抵押权处分的从属性】抵押权不得与债权分离而单独转让或者作为其他债权的担保。债权转让的，担保该债权的抵押权一并转让，但是法律另有规定或者当事人另有约定的除外。

条文注释

根据担保物权的从属性，抵押权的转让或者以抵押权为其他债权设定担保，应当与抵押权所担保的债权一同进行。抵押权人转让抵押权的，抵押权应当与其所担保的债权一同转让；抵押权人以抵押权向他人提供担保的，抵押权应当与其所担保的债权一同向他人提供担保。单独转让抵押权或者单独以抵押权作为其他债权的担保的行为无效。

此外,由于抵押权具有附随性,被担保的债权转让的,抵押权应当随被担保债权的转让而移转于受让人,因此本条还规定,债权转让的,担保该债权的抵押权一并转让。需要注意的是,关于这一规定,本条还有一项但书规定,“但是法律另有规定或者当事人另有约定的除外”。“法律另有规定”是指法律规定在一些情况下,债权转让的,抵押权不一并转让,如本法第421条规定,最高额抵押担保的债权确定前,部分债权转让的,最高额抵押权不得转让,但是当事人另有约定的除外。“当事人另有约定”,既可以是抵押权人在转让债权时,与受让人约定,只转让债权而不转让担保该债权的抵押权,这种情形大多发生在债权的部分转让时;也可以是第三人专为特定的债权人设定抵押的,该第三人与债权人约定,被担保债权的转让未经其同意的,抵押权因债权的转让而消灭。在上述情形下,债权转让的,担保该债权的抵押权不一并转让。

第四百零八条 【抵押权的保护】抵押人的行为足以使抵押财产价值减少的,抵押权人有权请求抵押人停止其行为;抵押财产价值减少的,抵押权人有权请求恢复抵押财产的价值,或者提供与减少的价值相应的担保。抵押人不恢复抵押财产的价值,也不提供担保的,抵押权人有权请求债务人提前清偿债务。

条文注释

抵押人使抵押财产价值减少的行为主要包括两个方面:一方面是抵押人采取积极的行为致使抵押财产价值减少,如砍伐抵押的林木、拆除抵押的房屋、因不当驾驶造成抵押的车辆损坏等;另一方面是抵押人消极的不作为致使抵押财产价值减少,如对抵押的危旧房屋不做修缮、对抵押的机动车不进行定期的维修保养、有库房却任由抵押的机器设备在室外风吹雨淋等。

需要注意的是,本条规定的抵押财产价值减少,均是由于抵押人的行为造成的,即只有在抵押人对抵押财产价值减少有过错的,才按照本条的规定处理。对于抵押人对抵押财产价值减少无过错时如何处理的问题,本条没有作出规定。那么,在抵押人无过错的情况下,如因地震、水灾等自然灾害,因失火、被窃等第三人的原因致使抵押财产价值减少的,如何保护抵押权人的利益呢?对于这一问题在"担保物权"分编的"一般规定"一章第390条作了规定。

关联法规

《最高人民法院关于适用〈中华人民共和国担保法〉若干问题的解释》第70条

第四百零九条　【抵押权及其顺位的处分】抵押权人可以放弃抵押权或者抵押权的顺位。抵押权人与抵押人可以协议变更抵押权顺位以及被担保的债权数额等内容。但是,抵押权的变更未经其他抵押权人书面同意的,不得对其他抵押权人产生不利影响。

债务人以自己的财产设定抵押,抵押权人放弃该抵押权、抵押权顺位或者变更抵押权的,其他担保人在抵押权人丧失优先受偿权益的范围内免除担保责任,但是其他担保人承诺仍然提供担保的除外。

条文注释

抵押权人不行使抵押权或者怠于行使抵押权的,不得推定抵押权人放弃抵押权。抵押权人放弃抵押权,不必经过抵押人的同意。抵押权人放弃抵押权的,抵押权消灭。

抵押权的顺位是抵押权人优先受偿的顺序,本法第414条对确定抵押权优先受偿顺序的原则作了规定。抵押权的顺位作为抵押权人享有的一项利益,抵押权人可以放弃其顺位,即放弃优先受偿的次序利益。抵押权人放弃抵押权顺位的,该抵押权人将处于最后顺位,所有后顺位抵押权人的顺位依次递进。但是在抵押权人放弃抵押权顺位之后新设定的抵押权不受该放弃的影响,其顺位仍应在该抵押权人的抵押权顺位之后。

本条规定,抵押权人与抵押人可以协议变更抵押权的顺位以及被担保的债权数额等内容。所谓抵押权顺位的变更,是指将同一抵押财产上的数个抵押权的清偿顺序调换。抵押权的顺位变更后,各抵押权人只能在其变更后的顺位上行使优先受偿权。对抵押权顺位以及被担保的债权数额等内容的变更，如果在同一抵押财产上还有其他抵押权人的，可能对这些抵押权人产生不利的影响。例如，当事人协议将第三顺位的抵押权变更为第一顺位，那么就会影响原第一顺位与第二顺位抵押权的实现，甚至使他们完全得不到清偿；又如，抵押权人与抵押人协议增加被担保的债权数额的，这就会影响到后顺位的抵押权人以抵押财产的交换价值获得清偿的数额。为了保护同一财产上其他抵押权人的合法利益，本条特别规定："抵押权的变更，未经其他抵押权人书面同意的，不得对其他抵押权人产生不利影响。"未经其他抵押权人书面同意变更抵押权，对其他抵押权人产生不利影响的，变更无效。如果抵押权的变更，对其他抵押权人不会产生不利影响。例如，第一顺位的抵押权人与第二顺位的抵押权人经与抵押人协商互换了清偿顺位，或者第一顺位的抵押权人与抵押人协议减少被担保的债权数额，不会对后顺位的抵押权人造成不利影响的，那么即使未经后顺位的抵押权人的书面同意，该变更有效。

此外，本条第2款的规定是针对被担保的债权既有以债务人自己的财产作抵押的抵押担保又有其他担保的情形而作出的特别规定。这里的"其他担保人"既包括为债务人担保的保证人，也包括提供抵押、质押担保的第三人。

第四百一十条　【抵押权的实现】债务人不履行到期债务或者发生当事人约定的实现抵押权的情形，抵押权人可以与抵押人协议以抵押财产折价或者以拍卖、变卖该抵押财产所得的价款优先受偿。协议损害其他债权人利益的，其他债权人可以请求人民法院撤销该协议。

抵押权人与抵押人未就抵押权实现方式达成协议的，抵押权人可以请求人民法院拍卖、变卖抵押财产。

抵押财产折价或者变卖的，应当参照市场价格。

条文注释

本条第1款对抵押权人实现抵押权的条件作出了规定：一是债务履行期限届满，债务人不履行债务；二是发生了当事人约定的实现抵押权的情形。满足上述任一条件，抵押权人就可以依照本条规定的方式和程序处理抵押财产以实现其债权。

债务人不履行到期债务或者发生当事人约定的实现抵押权的情形的，抵押权人可以与抵押人就如何处理抵押财产进行协商，如果双方达成协议，就可以按照协议的方式实现抵押权。本条提供了三种抵押财产的处理方式供抵押权人与抵押人协议时选择：(1)折价方式。折价的方式也就是抵押权人与抵押人协议，参照市场价格确定一定的价款将抵押财产的所有权转移给抵押权人，以实现债权。(2)拍卖方式。拍卖也称为竞卖，是指以公开竞争的方法将标的物卖给出价最高的买者。抵押权人与抵押人协议以抵押财产拍卖来实现债权的方式属于自愿拍卖，双方达成一致意见，即可选择拍卖机构进行拍卖。(3)变卖方式。除前述两种方式外，本条规定双方还可以协议以变卖的方式实现抵押权。采用变卖的方式就是以拍卖以外的生活中一般的买卖形式出让抵押财产，以变卖抵押财产的价款来实现债权的方式。为了保障变卖的价格公允，变卖抵押财产应当参照市场价格。

关联法规

《最高人民法院关于适用〈中华人民共和国担保法〉若干问题的解释》第73、74条

第四百一十一条　【浮动抵押财产的确定】依据本法第三百九十六条规定设定抵押的，抵押财产自下列情形之一发生时确定：

(一)债务履行期限届满，债权未实现；

(二)抵押人被宣告破产或者解散；

(三)当事人约定的实现抵押权的情形；

(四)严重影响债权实现的其他情形。

条文注释

依照本条规定，浮动抵押财产确定的情形有以下四种：

第一种，债务履行期限届满，债权未实现的，抵押财产确定。这种情况下，无论抵押权人是否向抵押人提出实现抵押权的要求，抵

押财产均应确定,自债务履行期限届满之日起,抵押人不得再处分抵押财产。

第二种,抵押人被宣告破产或者解散的,抵押财产确定。这一规定主要适用于抵押人为法人或者非法人组织的情形。抵押人被宣告破产或者被解散,即意味着抵押人停止营业,进入清算程序,最终终止。抵押权人在终止之前,相关权利义务关系应当确定下来并予以处理,抵押人的财产将不再发生变动,抵押财产随之确定,抵押权人对确定下来的抵押财产享有优先受偿的权利。

第三种,发生当事人约定的实现抵押权的情形的,抵押财产确定。抵押权人为保障自己的债权得到清偿,可以与抵押人约定提前实现抵押权的情形。当事人约定了实现抵押权的情形的,一旦发生了该情形,抵押财产即被确定,抵押权人可以要求实现抵押权。

第四种,发生严重影响债权实现的其他情形的,抵押财产确定。严重影响债权实现的情形,范围比较广泛,既可以是因经营不善导致抵押人经营状况恶化或者严重亏损;也可以是因抵押人放弃其债权、无偿转让财产、以明显不合理的低价转让财产或者以明显不合理的高价受让他人财产等,致使其设立浮动抵押的财产价值明显减少;还可以是抵押人为逃避债务而隐匿、转移财产。

本条规定的四种情形为抵押财产确定的法定情形,发生其中任一情形的,自该情形发生时浮动抵押即转化为固定抵押,抵押财产确定,抵押人不得再处分抵押财产,抵押权人可以依照本法第 410 条、第 413 条的规定实现抵押权。

第四百一十二条 【抵押权对抵押财产孳息的效力】债务人不履行到期债务或者发生当事人约定的实现抵押权的情形,致使抵押财产被人民法院依法扣押的,自扣押之日起,抵押权人有权收取该抵押财产的天然孳息或者法定孳息,但是抵押权人未通知应当清偿法定孳息义务人的除外。

前款规定的孳息应当先充抵收取孳息的费用。

条文注释

抵押财产的孳息，是指由抵押财产而产生的收益。抵押权设立后，抵押财产的占有权、使用权、收益权和处分权仍由抵押人行使，因抵押财产的使用而产生的孳息应当归抵押人所有，抵押权的效力不及于该孳息。

但本条规定，抵押财产被人民法院依法扣押的，抵押权的效力及于抵押财产的孳息，自扣押之日起抵押权人有权收取该抵押财产的天然孳息和法定孳息。需要说明的是，抵押权的效力及于抵押财产的孳息必须具备两个条件：(1)必须是抵押财产被人民法院依法扣押后，抵押权人才能收取其孳息；(2)抵押财产被扣押后，抵押权人已经通知应当给付法定孳息的义务人。

关联法规

《最高人民法院关于适用〈中华人民共和国担保法〉若干问题的解释》第64条

第四百一十三条　【抵押财产变价后的处理】抵押财产折价或者拍卖、变卖后，其价款超过债权数额的部分归抵押人所有，不足部分由债务人清偿。

条文注释

抵押财产按照本法第410条规定的方式和程序折价或者拍卖、变卖后，其价款可能超出其所担保的债权数额或者不足清偿债权。但是，无论抵押财产的变价款如何，设定抵押权时的主债权是清楚的，实现抵押权应当以清偿抵押担保范围的债权为界。抵押财产作为债权的担保，仅以最终实现债权为目的，抵押财产折价或者拍卖、变卖所得的价款如果超过债权数额，由于债权已经得到清偿，超过部分应当归抵押财产的原所有人即抵押人所有。如果抵押财产的变价款不足以清偿债权，抵押权人也只能以该变价款优先受偿，不能要求抵押人恢复抵押财产的价值或者提供与减少的价值相应的担保，除非抵押财产的价值减少是由抵押人的行为造成的。在抵押权人实现抵押权后，抵押人已就其抵押财产承担了担保责任，抵押权因实现而消灭,但是未清偿的部分债权,仍然在债权人与债务人之间存在,只是不再是抵押权担保的债权,债务人仍然负有清偿债务的义务,如果债务人与抵押人不是同一人时,抵押财产的变价款不足清偿的债务由债务人承担,抵押人不再承担责任。

关联法规

《最高人民法院关于适用〈中华人民共和国担保法〉若干问题的解释》第73条

第四百一十四条 【数个抵押权的清偿顺序】同一财产向两个以上债权人抵押的,拍卖、变卖抵押财产所得的价款依照下列规定清偿:

(一)抵押权已经登记的,按照登记的时间先后确定清偿顺序;

(二)抵押权已经登记的先于未登记的受偿;

(三)抵押权未登记的,按照债权比例清偿。

其他可以登记的担保物权,清偿顺序参照适用前款规定。

条文注释

本条是关于同一财产上的多个抵押权的清偿顺序的一般规定。在判断同一财产上的多个担保物权的清偿顺序时,应当适用本法第414~416条以及第456条的规定。根据本条规定,同一财产向两个以上债权人抵押的,拍卖、变卖抵押财产所得的价款按照以下原则清偿:(1)抵押权已登记的,按照登记的时间先后确定清偿顺序。本条规定的按照抵押权登记的时间先后确定清偿顺序的原则,既适用于以登记为抵押权生效要件的不动产抵押,也适用于以登记为抵押权对抗要件的动产抵押,即无论是不动产抵押还是动产抵押,数个抵押权都已登记的,都按照登记的先后顺序清偿。确定抵押权登记的先后,以登记部门的登记材料中记载的登记时间为准。抵押登记的日期是同一天的,则抵押权顺序相同。(2)抵押权已登记的先于未登记的受偿。这一原则是针对动产抵押而言的。因为在不动产抵押中,未办理抵押登记的,不发生抵押权的效力,也就不会发生未登记的抵押权与已登记的抵押权之间清偿顺序的问题。(3)抵押权未登记的,按照债权比例清偿。这一原则也是针对动产抵押而言的。

如果每一个抵押权都没有办理登记，那么无论各抵押权设立先后，其相互间均不得对抗。因此，各抵押权人对抵押财产拍卖、变卖所得的价款应当享有同等的权利，按照各自的债权的比例受清偿。

关联法规

《最高人民法院关于适用〈中华人民共和国担保法〉若干问题的解释》第76～78条

第四百一十五条　【抵押权与质权的清偿顺序】同一财产既设立抵押权又设立质权的，拍卖、变卖该财产所得的价款按照登记、交付的时间先后确定清偿顺序。

条文注释

本条是《民法典》的新增条文，是关于同一财产上既有抵押权又有质权时清偿顺序的规定。

我国立法承认动产抵押，因而可能发生抵押财产被质押或质押财产被抵押的情形。同一财产上既设立抵押权又设立质权的，本条规定的清偿顺序是：拍卖、变卖该财产所得的价款，按照登记、交付的时间先后顺序来确定清偿顺序。这一规则十分简单，即无论是抵押权还是质权，无论是登记成立还是交付成立，只要是权利设立在先，就优先受到清偿。

第四百一十六条　【动产购买价款抵押担保的优先权】动产抵押担保的主债权是抵押物的价款，标的物交付后十日内办理抵押登记的，该抵押权人优先于抵押物买受人的其他担保物权人受偿，但是留置权人除外。

条文注释

本条规定了买卖价款抵押权制度。买卖价款抵押权是指，为了担保债务人买入动产时对出卖人或者贷款人支付价款的债务的履行，在买入的该动产上为出卖人或者贷款人设定的，经依法登记取得法律规定的优先受偿权的抵押权。

根据本条规定，买卖价款抵押权的设立需要符合下列条件：

(1)买卖价款抵押权所担保的主债权是抵押财产的价款。担保物权的设立，需要有一个主债权债务关系和担保关系，在买卖价款抵押权的设立过程中，主债权为债务人买入动产时需要支付的价款，即本条规定的“主债权是抵押财产的价款”。根据债权人主体的不同，主债权可以分为两类：一类是动产出卖人请求动产买受人支付价款的债权；另一类是贷款人请求动产买受人返还其发放的用于支付动产价款的贷款债权，在这一类债权关系中涉及三方当事人，即动产买受人、动产出卖人和贷款人，买受人与贷款人协商，约定以贷款人发放的贷款向出卖人支付部分或者全部价款，买受人为担保贷款人的债权，在买受的动产上为该债权设定抵押。可见，买卖价款抵押权所担保的债权有其特殊性，必须是债务人应当支付的买受动产的价款。

(2)买卖价款抵押权的客体是买受的动产。在买卖价款抵押权的设立过程中，必须以债务人买受的动产作为抵押财产，以担保买受该动产所应支付的价款，作为抵押财产的动产要与所担保的价款债权具有对应关系。如果例如债务人以其固有的财物等为贷款人设定抵押权来取得融资，并用该笔贷款购买新设备等，那么贷款人所享有的抵押权只是一般抵押权，并不是本条规定的买卖价款抵押权。

(3)买卖价款抵押权的标的物所有权须转移给买受人。抵押权是在债务人或者第三人的财产上设立的担保物权，在买卖价款抵押权的设立过程中，只有买受的标的物的所有权转移于买受人即债务人时，抵押权才能有效设立。根据本法第224条的规定，动产物权的设立和转让，自交付时发生效力，但是法律另有规定的除外，因此，本条规定了买受的标的物须经交付的要求。还需注意的是，本条规定的买卖价款抵押权仅限于动产抵押这种交易类型，不包含所有权保留和融资租赁交易。所有权保留交易中的出卖人和融资租赁交易中的出租人对标的物的权利为所有权，而不是担保物权，因此不适用本条规定。

(4)买卖价款抵押权须办理抵押登记。本条规定，买卖价款抵押权的登记必须在标的物交付后10日内办理，对抵押权的登记设置了10日的宽限期。本条明确了需要在规定的期限内进行抵押登记的要求，如果当事人未在动产交付后10日内办理抵押登记，该抵押权仅构成一般的动产抵押权，不具有本条规定的优先受偿的效力，其优先受偿顺序将按照本法第414条、第415条确定。

对于买卖价款抵押权的优先受偿效力，本条规定"该抵押权优先于抵押财产买受人的其他担保物权人受偿"。根据本法第414条、第415条的规定，买卖价款抵押权优先于在其登记之后设立的担保物权。而根据本条规定，买卖价款抵押权具有的特殊优先受偿效力还体现在其优先于在先设立的担保物权。在债务人买受的动产上存在比买卖价款抵押权设立在先的担保物权，主要指债务人先前为他人设定了浮动抵押的情形。本法第396条规定了浮动抵押制度，设定浮动抵押以后，浮动抵押权人对于抵押人现有的及将有的动产享有抵押权，抵押人嗣后取得的动产，将自动成为抵押财产的一部分。这时就产生了在先设立的浮动抵押权与在后设立的买卖价款抵押权竞存的情形。根据本条规定，在后登记的买卖价款抵押权优先于在先设立的动产浮动抵押权，而不适用本法第414条规定的按照登记的时间先后确定清偿顺序。

此外还需注意的是，本条规定买卖价款抵押权人优先于抵押财产买受人的其他担保物权人受偿，但是留置权人除外。留置权是指当债务人不履行到期债务，债权人可以留置已经合法占有的债务人的动产，并有权就该动产优先受偿的一种法定担保物权。本法第456条也规定，同一动产上已经设立抵押权或者质权，该动产又被留置的，留置权人优先受偿。

第四百一十七条　【抵押权对新增建筑物的效力】建设用地使用权抵押后，该土地上新增的建筑物不属于抵押财产。该建设用地使用权实现抵押权时，应当将该土地上新增的建筑物与建设用地使用权一并处分。但是，新增建筑物所得的价款，抵押权人无权优先受偿。

条文注释

建设用地使用权抵押后,抵押人仍然有权依法对该土地进行开发,建造建筑物。该土地上新增的建筑物,由于其不在抵押合同约定的抵押财产的范围内,因此不属于抵押财产。根据本条规定,处分抵押的建设用地使用权实现抵押权时,虽然新增的建筑物不属于抵押财产,仍可以将其与建设用地使用权一并处分。但处分后,由于新增的建筑物不属于抵押财产,处分新增建筑物所得的价款,抵押权人没有优先受偿的权利,只能以处分建设用地使用权所得的价款优先受偿。

第四百一十八条　【集体所有土地使用权抵押权的实行效果】以集体所有土地的使用权依法抵押的,实现抵押权后,未经法定程序,不得改变土地所有权的性质和土地用途。

条文注释

为了保护我国农村集体土地,防止农业用地的流失,促进农村经济的发展,集体所有土地的使用权的流转应当坚持土地所有权的性质和土地用途不变的原则。根据本条规定,对农村土地的土地经营权实现抵押权时,未经依法批准不得将承包地用于非农建设;对依照法律可以抵押的集体建设用地使用权实现抵押权时,不得改变土地利用总体规划、城乡规划确定的土地用途。

第四百一十九条　【抵押权存续期间】抵押权人应当在主债权诉讼时效期间行使抵押权;未行使的,人民法院不予保护。

条文注释

本法规定抵押权人未在主债权诉讼时效期间行使抵押权的,人民法院不予保护。需要注意的是,本条规定的是抵押权人在主债权诉讼时效期间内未行使抵押权的,人民法院不予保护。也就是说,过了主债权诉讼时效期间后,抵押权人丧失的是抵押权受人民法院保护的权利即获得司法强制执行的权利,而抵押权本身并没有消灭,如果抵押人自愿履行担保义务的,抵押权人仍可以行使抵押权。

关联法规

《民法典》第188条

第二节　最高额抵押权

第四百二十条　【最高额抵押权的定义】为担保债务的履行，债务人或者第三人对一定期间内将要连续发生的债权提供担保财产的，债务人不履行到期债务或者发生当事人约定的实现抵押权的情形，抵押权人有权在最高债权额限度内就该担保财产优先受偿。

最高额抵押权设立前已经存在的债权，经当事人同意，可以转入最高额抵押担保的债权范围。

条文注释

本条是关于最高额抵押权概念的规定。最高额抵押权具有以下特征：(1)最高额抵押权是限额抵押权。实际发生的债权超过最高限额的，以抵押权设定时约定的最高债权额为限优先受偿；不及最高限额的，以实际发生的债权额为限优先受偿。(2)最高额抵押权是为将来发生的债权提供担保。这里的"将来债权"，是指设定抵押时尚未发生，在抵押期间将要发生的债权。(3)最高额抵押权所担保的最高债权额是确定的，但实际发生额不确定。设定最高额抵押权时，债权尚未发生，为担保将来债权的履行，抵押人和抵押权人协议确定担保的最高数额，在此额度内对债权担保。(4)最高额抵押权是对一定期间内连续发生的债权作担保。这里讲的"一定期间"，不仅指债权发生的期间，更是指抵押权担保的期间。连续发生的债权，是指所发生的债权次数不确定，且接连发生。这里讲的"对一定期间内连续发生的债权做担保"，是指在担保的最高债权额限度内，对某一确定期间内连续多次发生的债权作担保。

关联法规

《最高人民法院关于适用〈中华人民共和国担保法〉若干问题的解释》第81条

第四百二十一条　【最高额抵押权担保的债权转让】最高额抵押担保的债权确定前,部分债权转让的,最高额抵押权不得转让,但是当事人另有约定的除外。

条文注释

关于最高额抵押权是否随其所担保的债权的转让而转让的问题,应当区别不同情况分别对待。(1)最高额抵押所担保的债权确定后,债权在约定的最高限额内就抵押财产优先受偿,此时最高额抵押与一般抵押没有什么区别。因此,根据一般抵押权随债权的转让而转让的原则,债权转让的,最高额抵押权一并转让。(2)最高额抵押担保的债权确定前,最高额抵押是对一定期间内连续发生的所有债权作担保,而不是单独对其中的某一个债权作担保。因此,最高额抵押权并不从属于特定债权,而是从属于主合同关系。部分债权转让的,只是使这部分债权脱离了最高额抵押权的担保范围,对最高额抵押权并不发生影响,最高额抵押权还要在最高债权额限度内,对已经发生的债权和尚未发生而将来可能发生的债权作担保。因此,最高额抵押担保的债权确定前,部分债权转让的,最高额抵押权并不随之转让,除非当事人另有约定。

根据本条但书的规定,当事人可以约定在最高额抵押担保的债权确定前,最高额抵押权随部分债权的转让而转让。当事人的约定主要有以下两种情形:第一种情形是部分债权转让的,抵押权也部分转让,原最高额抵押所担保的债权额随之相应减少。在这种情况下,转让的抵押权需要重新进行抵押登记,原最高额抵押权需要进行变更登记。第二种情形是部分债权转让的,全部抵押权随之转让,未转让的部分债权成为无担保债权。

第四百二十二条　【最高额抵押合同条款变更】最高额抵押担保的债权确定前,抵押权人与抵押人可以通过协议变更债权确定的期间、债权范围以及最高债权额。但是,变更的内容不得对其他抵押权人产生不利影响。

条文注释

最高额抵押担保的债权确定前,抵押权人与抵押人可以通过协议变更最高额抵押的有关内容。当事人可以协议变更的内容主要包括:(1)债权确定的期间。抵押权人与抵押人一般会在最高额抵押合同中约定债权确定的期间。最高额抵押担保的债权确定前,当事人可以协议延长或缩短最高额抵押合同中约定的确定债权的期间。(2)债权范围。当事人可以协议变更最高额抵押权担保的债权范围。(3)最高债权额。当事人可以协议提高或者降低抵押财产担保的最高债权额。

为防止抵押权人与抵押人的变更损害其他抵押权人的利益,本条以但书的形式特别规定,变更的内容不得对其他抵押权人产生不利影响。根据这一规定,抵押权人与抵押人的变更对其他抵押权人产生不利影响的,该变更无效。

第四百二十三条　【最高额抵押权所担保的债权确定】有下列情形之一的,抵押权人的债权确定:

(一)约定的债权确定期间届满;

(二)没有约定债权确定期间或者约定不明确,抵押权人或者抵押人自最高额抵押权设立之日起满二年后请求确定债权;

(三)新的债权不可能发生;

(四)抵押权人知道或者应当知道抵押财产被查封、扣押;

(五)债务人、抵押人被宣告破产或者解散;

(六)法律规定债权确定的其他情形。

条文注释

最高额抵押权所担保的债权的确定是指最高额抵押权所担保的债权因一定事由而归于固定。本条规定,具有下列情形之一的,最高额抵押权所担保的债权确定:

(1)约定的债权确定期间届满。债权确定的期间是指确定最高额抵押权所担保的债权实际数额的时间。当事人约定的债权确定期间届满,最高额抵押权所担保的债权额即自行确定。这里需要区分两组概念:一是当事人约定的债权确定期间与最高额抵押权的存续期间。前者是指最高额抵押权人与抵押人之间约定的,用以确定最高额抵押权所担保债权额的时间;后者是指最高额抵押权担保债权的期间。根据本法第 419 条的规定,抵押权人应当在主债权诉讼时效期间行使抵押权;未行使的,人民法院不予保护。所以,最高额抵押权的存续期间一般长于当事人约定的债权的确定期间。二是当事人约定的债权确定期间与最高额抵押中的债务清偿期。最高额抵押中的债务清偿期指债务人履行债务的期间。当事人约定的债权确定期间届至,债务的清偿期未必届至。当事人可以在最高额抵押合同中约定以债务的清偿期为债权确定的期间,也可以在债务清偿期外另行约定债权确定的期间。

(2)没有约定债权确定期间或者约定不明确,抵押权人或者抵押人自最高额抵押权设立之日起满 2 年后请求确定债权。本条规定的"二年"是一个固定期间,不存在中止、中断的问题,其起算点是最高额抵押权设立之日。根据物权编第 402 条、第 403 条的规定,如果以建筑物、建设用地使用权等不动产作最高额抵押的,最高额抵押权设立之日为最高额抵押权登记之日;如果以交通运输工具等动产作最高额抵押的,最高额抵押权设立之日即最高额抵押合同生效之日。

(3)新的债权不可能发生。这里的"新的债权不可能发生"主要包括两种情形:一是连续交易的终止。如果最高额抵押是对连续交易提供担保,则连续交易的结束日期就是债权额的确定时间,即使当事人约定的债权确定期间或者本条第 2 项规定的法定确定期间还没有届至,最高额抵押权所担保的债权额也是确定的。二是最高额抵押关系的基础法律关系消灭而导致新的债权不可能发生。比如,在连续的借款交易中,借款人的严重违约致使借款合同依照合同约定或者法律规定被解除,新的借款行为自然不再发生。这种关系终止时,最高额抵押权所担保的债权额自然也确定。在这种情况下,债权额的确定时间也不受当事人约定的或者法定确定期间的影响。

(4)押权人知道或者应当知道抵押财产被查封、扣押。《物权法》第 206 条对最高额抵押权所担保债权的确定事由作了规定，其中第 4 项为“抵押财产被查封、扣押”。《民法典》物权编对《物权法》的规定进行了修改完善，在本条第 4 项规定最高额抵押所担保的债权的确定事由为“抵押权人知道或者应当知道抵押财产被查封、扣押”。需要注意的是，被担保的债权额因抵押财产被查封、扣押而确定的，除了其他法律另有规定，最高额抵押权人仍可以就确定的担保债权额对抵押财产行使优先受偿权。这种优先受偿权优先于一般债权，也优先于排在其后的其他担保物权。

（5）债务人、抵押人被宣告破产或者解散。在最高额抵押权存续期间，债务人、抵押人有可能被宣告破产或者解散。债务人、抵押人被宣告破产或者解散所产生的直接法律后果就是债务人、抵押人依法进行清算程序、完成注销登记后终止。由于债务人或者抵押人的主体将要终止，有必要在主体终止前将最高额抵押所担保的债权额确定下来，从而依法进入相关的清算程序，通过清偿了结权利义务关系。因此，本条规定抵押人、债务人被宣告破产或者解散也是最高额抵押权所担保的债权的确定事由。需要注意的是，《物权法》第 206 条第 5 项规定债务人、抵押人被宣告破产或者被撤销为最高额抵押所担保的债权的确定事由，而本条第 5 项根据总则编第 68 条、第 69 条以及第 106 条的规定，将最高额抵押权所担保的债权的确定事由修改为债务人、抵押人被宣告破产或者解散，扩大了债权确定事由的范围，将导致债务人、抵押人主体终止的原因作为了最高额抵押权所担保的债权的确定事由。

（6）法律规定债权确定的其他情形。本项为保底性条款。除本条第 1 项至第 5 项所规定的可以确定债权额的法定事由外，在本法其他条款或者其他法律中也有可能规定确定债权的其他情形。如根据本法第 420 条的规定，发生当事人约定的实现最高额抵押权的事由时，最高额抵押权人有权在最高债权额限度内就该担保财产优先受偿，而最高额抵押权人行使最高额抵押权的基础就是担保债权额的确定，所以出现当事人约定的实现最高额抵押权的事由就意味着担保债权额的确定。

最高额抵押权所担保债权额的确定将产生以下法律效力：一是最高额抵押权转变为普通抵押权。在债务人到期不履行债务或者出现当事人约定的实现抵押权的情形时，抵押权人可以依照普通抵押权的规定行使其抵押权。二是确定被担保债权的范围。被担保债权额确定时存在的主债权，不论其是否已到清偿期或者是否附有条件，均属于最高额抵押权担保的范围。被担保债权确定时存在的被担保主债权的利息、违约金、赔偿金等，不论在确定时是否已经发生，也属于被担保债权的范围。但是在最高额抵押权担保的债权确定后才发生的主债权不属于被担保债权的范围。三是最高额抵押权所担保的债权确定后，一旦债权到期或者出现当事人约定的可以实现抵押权的情形，抵押权人可以就抵押财产优先受偿，但优先受偿的额度不得超过双方当事人约定的最高担保额。抵押权人实现最高额抵押权时，如果实际发生的债权额高于最高限额的，以最高额为限，超过部分不具有优先受偿的效力；如果实际发生的债权额低于最高限额的，以实际发生的债权额为限对抵押财产优先受偿。

关联法规

《最高人民法院关于适用〈中华人民共和国担保法〉若干问题的解释》第81、83条

第四百二十四条　【最高额抵押权的法律适用】最高额抵押权除适用本节规定外，适用本章第一节的有关规定。

第十八章　质　　权

第一节　动 产 质 权

第四百二十五条　【动产质权的基本权利】为担保债务的履行，债务人或者第三人将其动产出质给债权人占有的，债务人不履行到期债

务或者发生当事人约定的实现质权的情形，债权人有权就该动产优先受偿。

前款规定的债务人或者第三人为出质人，债权人为质权人，交付的动产为质押财产。

条文注释

动产质权是债务人或者第三人将其动产移转给债权人占有作为债权的担保，当债务人不履行到期债务或者当事人约定的实现质权的情形出现时，债权人享有以该动产折价或者就拍卖、变卖该动产的价款优先受偿的权利。质押法律关系的当事人为质押人和出质人，客体为质押财产。出质人指为担保债务的履行而提供质押财产的债务人或者第三人。质权人指接受质押担保的债权人。质押财产指出质人提供的用于担保债务履行的特定的动产。

质权主要具有如下法律特征：(1)动产质权是担保物权。(2)动产质权是在他人的财产上设立的物权。质权的标的可以是债务人自己的财产，也可以是第三人的财产。(3)动产质权以债权人占有质押财产为生效条件，移转质押财产的占有是质权与抵押权的根本区别。(4)动产质权是就质押财产价值优先受偿的权利。当债务履行期限届满而债务人不履行债务或者出现债务人与债权人约定的实现质权的情形时，质权人有权就质押财产折价或者以拍卖、变卖该质押财产的价款优先受偿。

此外，本条中的"当事人约定的实现质权的情形"，是指当事人双方在订立的合同中约定的实现质权的一些事由。

第四百二十六条　【禁止质押的动产范围】法律、行政法规禁止转让的动产不得出质。

条文注释

对于可以出质的动产的范围，本法没有作出逐一规定，但是这并不意味着任何动产均可以出质。可以出质的动产除需要符合一般的物的特征外，还必须是依法可以流通和让与的动产，以法律、行政法规禁止转让的动产出质的，则该设立质权的民事法律行为无效。需要注意的是，规定禁止转让的动产的依据只能是全国人大及其常委会制定的法律、国务院制定的行政法规；其他规范性文件，不能作为规定禁止转让动产的依据。

第四百二十七条　【质押合同】设立质权，当事人应当采用书面形式订立质押合同。

质押合同一般包括下列条款：

（一）被担保债权的种类和数额；

（二）债务人履行债务的期限；

（三）质押财产的名称、数量等情况；

（四）担保的范围；

（五）质押财产交付的时间、方式。

条文注释

设定质权的行为为要式行为，应当采用书面的形式进行。要式行为即法律、行政法规规定的要求当事人在民事法律行为中应当采用的形式或者方式。对于设立动产质押合同未采用书面形式的，依据本法合同编第 490 条第 2 款的规定，法律、行政法规规定或者当事人约定合同应当采用书面形式订立，当事人未采用书面形式但是一方已经履行主要义务，对方接受时，该合同成立。

本条关于合同内容的规定，是提示性、指导性、非要式的。合同的内容是当事人双方真实意思的表示，应当由当事人自己确定，如果双方签订的质押合同包括的条款与本条规定不一致，不会必然导致该质押合同无效。

第四百二十八条　【流质】质权人在债务履行期限届满前，与出质人约定债务人不履行到期债务时质押财产归债权人所有的，只能依法就质押财产优先受偿。

条文注释

流质条款，是指债权人在订立质押合同时与出质人约定，债务人到期不履行债务时质押财产归债权人所有。《担保法》以及《物权法》均禁止当事人约定流质条款。《物权法》第211条规定："质权人在债务履行期届满前，不得与出质人约定债务人不履行到期债务时质押财产归债权人所有。"《民法典》物权编对《物权法》的规定进行了修改，明确了流质条款的效力，根据本条规定，当事人订立流质条款的，当债务履行期限届满时，不发生质押财产所有权转移的效力，而是应当根据本法第436条和第438条规定的实现质权的方式就质押财产优先受偿。需要注意的是，当事人之间订有流质条款的，债权人依法就质押财产优先受偿，需要满足质权设立的前提条件，即存在合法有效的质押合同，并且通过交付或者登记设立了质权。如果质权没有有效设立，质权人则不能对质押财产享有优先受偿权。

第四百二十九条　【质权设立】质权自出质人交付质押财产时设立。

条文注释

本条规定动产质权的设立以交付质押财产为生效要件。出质人与质权人订立动产质押合同，该合同自成立时生效。但是在移转质押财产的占有之前，并不发生担保物权的效力；出质人只有将质押财产通过交付的形式实际移转给质权人占有时，质权才发生效力。根据本条的规定，质押财产是否移转是质权是否生效的判断标准：当事人没有移转质押财产，质权无效。其质押合同是否有效要根据本法合同编的有关规定判断，质权无效并不当然导致合同无效，不应将质权有效与否与质押合同的效力混淆判断。

关联法规

《最高人民法院关于适用〈中华人民共和国担保法〉若干问题的解释》第87~89条

第四百三十条　【质权人孳息收取权及孳息首要清偿用途】质权人有权收取质押财产的孳息，但是合同另有约定的除外。

前款规定的孳息应当先充抵收取孳息的费用。

条文注释

根据本条规定,质权人能否收取孳息有两种情况:一是如果当事人在合同中明确约定质权人无权收取质押财产所产生的孳息,则质权人不能收取质押财产的孳息作为债权的担保;二是如果当事人对质权人能否收取孳息没有约定或者约定不明的,质权人有权依照本条的规定收取质押财产所产生的孳息。同时根据本条规定,依法收取的孳息首先应当充抵收取孳息的费用,然后充抵主债权的利息和主债权。例如,以母牛作为质押财产的,如果母牛产幼畜,债务清偿期限届满,债务人没有清偿债务,那么质权人可以将幼畜折价或者拍卖、变卖,所得价款先充抵幼畜的接生费用等。

第四百三十一条 【质权人擅自使用、处分质押财产的责任】质权人在质权存续期间,未经出质人同意,擅自使用、处分质押财产,造成出质人损害的,应当承担赔偿责任。

条文注释

非经出质人同意,质权人在质权存续期间不得擅自使用、处分质押财产;质权人违反本条规定,擅自使用或者处分质押财产的,应当承担赔偿责任。禁止质权人擅自使用、处分质押财产的规定体现了动产质权的设定目的及其特征。质权人未经出质人同意,擅自使用质押财产、处分质押财产,一旦造成质押财产毁损、灭失给出质人造成损害的,质权人要根据法律规定承担民事责任。

关联法规

《最高人民法院关于适用〈中华人民共和国担保法〉若干问题的解释》第93条

第四百三十二条 【质权人的保管义务和赔偿责任】质权人负有妥善保管质押财产的义务;因保管不善致使质押财产毁损、灭失的,应当承担赔偿责任。

质权人的行为可能使质押财产毁损、灭失的,出质人可以请求质权人将质押财产提存,或者请求提前清偿债务并返还质押财产。

条文注释

质权人在占有质押财产的同时即产生妥善保管质押财产的义务。所谓妥善保管,即以善良管理人的注意义务加以保管。善良管理人的注意义务,是指依照一般交易上的观念,认为有相当的知识经验及诚意的人所应负的注意义务,即以一种善良的心和应当具备的知识来保管质押财产。例如,对于字画的保管应当注意防潮、防虫蛀、防灰尘等,对于贵重珠宝的保管应当注意防盗窃、防碎裂等。如果达不到应当注意的保管标准的,就不是妥善保管。

本条第2款同时规定,如果出质人认为质权人的行为可能使质押财产毁损、灭失的,出质人可以请求质权人将质押财产提存,或者请求提前清偿债务并返还质押财产。本条中的“可能”即也许、或许,而不是已经发生。这种可能性是否产生,不能仅凭出质人的想象,要有一定的事实发生。“提存”就是将质押财产放到出质人与质权人约定的第三人处存放。出质人与质权人约定的第三人可以是任何一个自然人、法人或非法人组织。提存费用应当由质权人承担。出质人提前清偿债权的,质权人应当返还质押财产。

第四百三十三条　【质权的保护】因不可归责于质权人的事由可能使质押财产毁损或者价值明显减少,足以危害质权人权利的,质权人有权请求出质人提供相应的担保;出质人不提供的,质权人可以拍卖、变卖质押财产,并与出质人协议将拍卖、变卖所得的价款提前清偿债务或者提存。

条文注释

因不能归责于质权人的事由可能使质押财产毁损或者价值明显减少,是指质押财产可能毁损或者价值明显减少产生的原因不是由于质权人的保管不善所导致的,而是由于自然原因等导致的。这种可能使质押财产毁损和价值明显减少的事由应当是已经发生的事实,价值减少的状态应当是明显的,因为一般的物都存在价值减少的可能性,尤其是随着市场变化及其他原因导致价值减少都是很正常的事情,正常的价值减少,应当在质权人的预想之内。

当质押财产可能存在损坏或者价值明显减少的事实足以危害质权人的利益时，质权人为保全其质权不受损害，可以要求出质人提供相应的担保，此为质权人的替代担保请求权，也称质权人的物上代位请求权。“相应的担保”是指与可能毁损或者价值明显减少的数额相当的担保。

当质押财产有可能损坏或者价值明显减少的情况出现时，质权人请求出质人提供相应的担保，但出质人不提供的，质权人可以拍卖或者变卖质押财产，并与出质人通过协议将拍卖或者变卖所得的价款提前清偿债权，也可以将处分质押财产的价款提存。此时质权人拍卖、变卖质押财产无须经过出质人同意。拍卖、变卖所得的价款，性质上属于质押财产的替代物，质权人不当然取得价款的所有权，出质人可以用该价款提前向质权人清偿债务；如果以该价款提存的，则要等债务履行期限届满，以提存的价款清偿债务。无论是提前清偿债权，还是提存后届时清偿，其价款超出所担保债权的部分，应当直接归还出质人。

第四百三十四条　【责任转质】质权人在质权存续期间，未经出质人同意转质，造成质押财产毁损、灭失的，应当承担赔偿责任。

条文注释

质权人为担保自己或者他人的债务，在占有的质押财产上再次设定质权的行为称为转质，所成立的质权为转质权。因转质而取得质权的人为转质权人。转质既可以适用于动产质权，也可以适用于权利质权。转质依其是否经出质人同意，分为承诺转质和责任转质。承诺转质，是指经出质人同意，质权人在占有的质押财产上为第三人设定质权的行为。承诺转质事前已经取得出质人的同意，质权人对因转质权人的过错而造成的损失承担责任，并不因转质而加重法律责任。责任转质，是指质权人不经出质人同意，将质押财产转质于第三人的行为。责任转质因未经出质人同意就将质押财产转质，不仅要承担质押财产因转质权人的过错而毁损、灭失的责任，还要承担转质期间发生的因不可抗力产生的质押财产毁损、灭失的风险责任,其责任要比未转质的情况更为严重。

关联法规

《最高人民法院关于适用〈中华人民共和国担保法〉若干问题的解释》第94条

第四百三十五条 【质权的放弃】质权人可以放弃质权。债务人以自己的财产出质,质权人放弃该质权的,其他担保人在质权人丧失优先受偿权益的范围内免除担保责任,但是其他担保人承诺仍然提供担保的除外。

条文注释

质权人放弃质权,是指质权人放弃其因享有质权而就质押财产优先于普通债权人受清偿的权利的行为。质权人有权处分自己的质权。当质权人以放弃质权的方式处分质权时,应当符合法律的规定。质权人放弃质权应当明示作出意思表示。质权人不行使质权或者怠于行使质权的,不能推定为质权人放弃质权。质权因质权人的放弃而消灭。

质权人放弃质权,不得有损于其他利害关系人的利益。本条规定,在质权人放弃质权时,如果是债务人以自己的财产出质的,其他担保人在质权优先受偿的范围内,不再承担担保责任;但是其他担保人承诺仍然承担担保责任的,法律并不干涉。

关联法规

《最高人民法院关于适用〈中华人民共和国担保法〉若干问题的解释》第123条

第四百三十六条 【质物返还及质权实现】债务人履行债务或者出质人提前清偿所担保的债权的,质权人应当返还质押财产。

债务人不履行到期债务或者发生当事人约定的实现质权的情形,质权人可以与出质人协议以质押财产折价,也可以就拍卖、变卖质押财产所得的价款优先受偿。

质押财产折价或者变卖的,应当参照市场价格。

条文注释

债务人于债务履行期限届满时履行了债务或者出质人提前清偿了所担保的债权，质权消灭，质权人对其占有的质押财产负有返还给出质人的义务。质权人依质押合同有权占有质押财产，但是在质权消灭时，质权人就丧失了继续占有质押财产的依据，应当将质押财产返还出质人。因出质人清偿债务，质押财产上存在的担保物权负担消灭，出质人可以依法请求质权人返还质押财产；质权人拒不返还的，应当承担民事责任。

质权人实现质权，是指质权人在债权已届清偿期而债务人不履行债务或者发生当事人约定的实现质权的情形时，处分占有的质押财产并优先受偿的行为。质权人实现质权的前提条件是债务履行期限届满债务未受清偿或者发生当事人约定的实现质权的情形。当债务人不履行债务或者违约时，质权人有权将占有的质押财产以折价、拍卖、变卖等方式变价后优先受偿。

第四百三十七条　【质权的及时行使】出质人可以请求质权人在债务履行期限届满后及时行使质权；质权人不行使的，出质人可以请求人民法院拍卖、变卖质押财产。

出质人请求质权人及时行使质权，因质权人怠于行使权利造成出质人损害的，由质权人承担赔偿责任。

条文注释

根据抵押权与质权的不同，本法未规定质权的存续期间，但是为了避免质权人滥用权利、怠于行使权利，本条赋予了出质人针对质权人的质权行使请求权以及质权人怠于行使质权的责任。也即出质人在债务履行期限届满，债务人不能偿还债务时，有权请求质权人及时行使质权；如果质权人经出质人请求后仍不行使的，出质人有权到人民法院要求拍卖、变卖质押财产，以清偿债务。

质押财产存在意外毁损、灭失以及随着市场风险的变化价值下跌的风险。因此，一旦债务履行期限届满，而债务人未清偿债务的，质权人应当及时行使质权，以免给出质人造成损失，出质人也有权请求质权人行使权利。质权人怠于行使权利可能会致使质押财产价格下跌，或者发生其他毁损、灭失等情形，质押财产无法获得与原有价值相当的变价款。在此情形下，质权人对于出质人的损失要承担赔偿责任。需要注意的是，根据本款的规定，出质人首先要有请求质权人及时行使质权的行为；其次要有证据证明造成损害是由于质权人怠于行使质权造成的，损害的事实应当与质权人怠于行使质权有直接的因果关系。

关联法规

《最高人民法院关于适用〈中华人民共和国担保法〉若干问题的解释》第95条

第四百三十八条　【质押财产变价后的处理】质押财产折价或者拍卖、变卖后，其价款超过债权数额的部分归出质人所有，不足部分由债务人清偿。

条文注释

根据本条规定的质押财产变价款归属原则，质权人在实现质权时，应当注意以下几种情况：

(1)如果数个可分的质押财产为同一债权担保时，各个质押财产都担保债权的全部，但在实现质权时，如果质权人折价、拍卖或者变卖部分质押财产的价款足以清偿质押担保范围的债权，则应停止折价、拍卖或者变卖其余的质押财产。因为质押财产的所有权归出质人，出质人只是以质押财产担保质权人的债权，一旦债权受清偿，质权也就消灭了，剩余的质押财产应当归还出质人。

(2)如果以一个质押财产作为债权担保的，质押财产的变价款超出所担保的债权的，应当将剩余价款还给出质人，因为出质人是质押财产的所有权人。

(3)如果质押财产的变价款不足以清偿所担保的债权的，出质人以全部变价款交给质权人后，质权消灭，因为质权的标的是质押财产，质押财产因用于清偿担保债权而消灭，质权也随之消灭。担保债权未清偿的部分，仍然在债权人与债务人之间存在，只是不再是质权担保的债权，而是无质权担保的普通债权，债务人仍然负有清偿债务的义务。如果债务人和出质人不是同一人，未偿还的债务由债务人承担，出质人不再承担责任。

第四百三十九条　【最高额质权】出质人与质权人可以协议设立最高额质权。

最高额质权除适用本节有关规定外，参照适用本编第十七章第二节的有关规定。

条文注释

最高额质权是指为担保债务的履行，债务人或者第三人对一定期间内将要连续发生的债权提供质押财产担保的，债务人不履行到期债务或者发生当事人约定的实现质权的情形，质权人有权在最高债权额限度内就该质押财产优先受偿。与动产质权相比，最高额质权有自己的特征；但就根本属性而言，其仍属于质权，本节关于动产质权的许多规定可以适用于最高额质权。比如，最高额质权的设立、最高额质权的实现、质押财产的保全等内容都可以适用本节关于动产质权的相关规定。

最高额质权与最高额抵押权具有许多相同之处，主要体现在：一是两者在设立、转移和消灭上均在一定程度上独立于主债权；二是两者担保的债权都是不特定债权；三是两者均有最高担保额的限制；四是在实现担保物权时，均需要对担保的债权进行确定。基于以上相同点，本条规定，最高额质权可以参照适用最高额抵押权的有关规定。

第二节　权利质权

第四百四十条　【权利质权的范围】债务人或者第三人有权处分的下列权利可以出质：

（一）汇票、本票、支票；

（二）债券、存款单；

（三）仓单、提单；

（四）可以转让的基金份额、股权；

（五）可以转让的注册商标专用权、专利权、著作权等知识产权中的财产权；

（六）现有的以及将有的应收账款；

（七）法律、行政法规规定可以出质的其他财产权利。

条文注释

权利质权是指以出质人提供的财产权利为标的而设定的质权。权利质权具有与动产质权相同的一些特征，都是以担保债务履行和债权实现为目的，性质都是价值权、担保权。但是，由于标的物不同，权利质权与动产质权相比又具有一定的特殊性。本节的内容主要就是关于权利质权的一些特殊规定；本节没有规定的，则适用动产质权一节的有关规定。

权利质权的标的是出质人提供的作为债权担保的权利。但并不是所有的权利都可以作为权利质权的标的，其必须满足下列条件：(1)必须是财产权。财产权，是指物权、债权、无体财产权等以财产为内容，可以以金钱估价的权利。(2)必须具有让与性。权利质权为价值权，在债务人不履行到期债务时，质权人可以以出质权利的价值优先受偿。因此，其标的应有变价的可能，须具有让与性。不具有让与性的财产权，不能成为权利质权的标的。(3)必须是适于设定质权的权利。在我国，在不动产物权上设定的权利一般认定为抵押权，因此，不动产物权不能作为权利质权的标的。至于抵押权、质权和留置权等担保物权，由于不能与其所担保的主债权分离，因此，也不能成为权利质权的标的。

本条对哪些权利可以出质，采取了列举的方式一一列出；除这些权利以外，其他权利均不得出质。

第四百四十一条 【有价证券出质的质权的设立】以汇票、本票、支票、债券、存款单、仓单、提单出质的,质权自权利凭证交付质权人时设立;没有权利凭证的,质权自办理出质登记时设立。法律另有规定的,依照其规定。

条文注释

根据本条规定,以汇票、本票、支票、债券、存款单、仓单、提单出质的,其质权设立的情形可以分为三种:(1)有权利凭证的,质权自权利凭证交付质权人时设立。权利凭证是指记载权利内容的象征性的证书,通常采用书面形式,如汇票、本票、支票、存款单、仓单、提单和一部分实物债券等都有权利凭证。此时出质人需要将该权利凭证交付给质权人,质权自交付时设立。(2)没有权利凭证的,质权自有关部门办理出质登记时设立。在我国,部分债券如记账式国库券和在证券交易所上市交易的公司债券等都已经实现无纸化,这些债券没有权利凭证,如果要出质,就必须到法律、法规规定的有关登记部门办理出质登记,质权自登记时设立。债券质押登记,基于不同的债券品种,以及交易所债券市场和银行间债券市场的区分等,分别到中国证券登记结算机构、中央国债登记结算有限责任公司、上海清算所等登记。(3)法律另有规定的,依照其规定。为此,其他法律对于以汇票、本票、支票等出质的权利质权的设立有特别规定的,依照其规定。

关联法规

《最高人民法院关于适用〈中华人民共和国担保法〉若干问题的解释》第98~101条

第四百四十二条 【有价证券出质的质权的特别实现方式】汇票、本票、支票、债券、存款单、仓单、提单的兑现日期或者提货日期先于主债权到期的,质权人可以兑现或者提货,并与出质人协议将兑现的价款或者提取的货物提前清偿债务或者提存。

条文注释

本条规定，汇票、本票、支票、债券、存款单、仓单、提单的兑现日期或者提货日期先于主债权到期的，质权人可以不经过出质人同意，有权将汇票、本票、支票、债券或者存款单上所载款项兑现，有权将仓单或者提单上所载货物提货。但是质权人兑现款项或者提取货物后不能据为己有，必须通知出质人，并与出质人协商，或者用兑现的款项或提取的货物提前清偿债权，或者将兑现的款项或提取的货物提存。提前清偿债权的，质权消灭；提存的，质权继续存在于提存的款项或者货物上，在主债权到期时可以以该提存的款项或者货物优先受偿。出质人只能在提前清偿债权和提存中选择，不能既不同意提前清偿债权，也不同意提存。

第四百四十三条　【以基金份额、股权出质的质权设立及转让限制】以基金份额、股权出质的，质权自办理出质登记时设立。

基金份额、股权出质后，不得转让，但是出质人与质权人协商同意的除外。出质人转让基金份额、股权所得的价款，应当向质权人提前清偿债务或者提存。

条文注释

根据本条第1款规定，以基金份额、股权出质的，在订立质押合同后，质权并不当然设立。以基金份额、股权出质的，应当到有关部门办理出质登记，质权自登记时设立。

本条第2款规定的是对出质人处分基金份额和股权的限制。基金份额和股权出质后，原则上不能转让；但如果出质人与质权人协商一致，都同意转让已出质的基金份额和股权，这属于双方当事人对自己权利的自由处分，法律自然允许。但是转让基金份额和股权所得的价款，并不当然用于清偿所担保的债权；因为此时债务清偿期限尚未届至，出质人应当与质权人协商，将所得的价款提前清偿所担保的债权或者提存。提前清偿债权的，质权消灭。提存的，质权继续存在于提存的价款上，在债务履行期限届满时，质权人可以对该价款优先受偿。出质人只能在提前清偿债权和提存中选择，不能既不同意提前清偿债权，也不同意提存。

关联法规

《最高人民法院关于适用〈中华人民共和国担保法〉若干问题的解释》第103、104条

第四百四十四条　【以知识产权中的财产权出质的质权的设立及转让限制】以注册商标专用权、专利权、著作权等知识产权中的财产权出质的，质权自办理出质登记时设立。

知识产权中的财产权出质后，出质人不得转让或者许可他人使用，但是出质人与质权人协商同意的除外。出质人转让或者许可他人使用出质的知识产权中的财产权所得的价款，应当向质权人提前清偿债务或者提存。

条文注释

根据本法第427条规定，设立质权，当事人应当采用书面形式订立质押合同。以注册商标专用权、专利权、著作权等知识产权中的财产权出质的，双方当事人应当订立书面质押合同。订立质押合同后，质权并不当然设立，须办理出质登记时才能设立。从目前的实践操作来看，以知识产权中的财产权出质的需要到有关部门办理质押登记，具体来说，著作权质押登记在国家版权局委托的中国版权保护中心办理，专利权和注册商标专用权的质押登记在国家知识产权局办理。

本条第2款规定的是对出质人处分知识产权的限制。以知识产权中的财产权出质的，权利虽然仍属于知识产权人，但由于该知识产权是有负担的权利，因此，出质人不能自由转让或者许可他人使用。但是，如果经出质人与质权人协商同意，可以转让或者许可他人使用。因为，此时转让是经过质权人同意的，是否会损害质权人的利益由质权人自己判断，法律不加干涉。

关联法规

《最高人民法院关于适用〈中华人民共和国担保法〉若干问题的解释》第105条；《专利权质押登记办法》；《著作权质权登记办法》

第四百四十五条　【以应收账款出质的质权的设立及转让限制】以应收账款出质的,质权自办理出质登记时设立。

应收账款出质后,不得转让,但是出质人与质权人协商同意的除外。出质人转让应收账款所得的价款,应当向质权人提前清偿债务或者提存。

条文注释

根据本法第427条规定,设立质权,当事人应当采用书面形式订立质押合同。以应收账款出质的,双方当事人应当订立书面质押合同。以应收账款出质的,在订立质押合同后,质权并不当然设立,双方当事人还须到有关部门办理出质登记后质权才设立。目前我国应收账款的质押登记在中国人民银行征信中心的应收账款质押登记公示系统办理。

本条第2款规定的是应收账款出质后对出质人权利的限制,即出质人不得随意转让应收账款。出质人只有在取得质权人同意的情况下才能转让应收账款。转让应收账款所得的价款,并不当然用于清偿所担保的债权。

第四百四十六条　【权利质权的法律适用】权利质权除适用本节规定外,适用本章第一节的有关规定。

条文注释

本章第1节是将动产质权作为质权的一般形式来加以规定的,本节对权利质权仅在某些内容上作了特殊规定,其他没有规定的内容可以适用动产质权的规定,如本章第1节关于质押合同的订立以及质押合同的一般条款、流质条款的效力、质权人的权利和义务、质权的保全、质权的放弃、质权的实现方式和最高额质权等。

第十九章　留　置　权

第四百四十七条　【留置权的一般规定】债务人不履行到期债务，债权人可以留置已经合法占有的债务人的动产，并有权就该动产优先受偿。

前款规定的债权人为留置权人，占有的动产为留置财产。

条文注释

留置权是指在债务人不履行到期债务时，债权人有权依照法律规定留置已经合法占有的债务人的动产，并就该动产优先受偿的权利。这时，债权人便为留置权人，占有的动产便为留置财产。

留置权具有以下几项特征：(1)从属性。留置权以担保债权为目的而存在，因此留置权为从属于所担保债权的从权利，具有从属性。留置权依主债权的存在而存在，依主债权的转移而转移，并因主债权的消灭而消灭。(2)法定性。留置权为法定担保物权，具有法定性。留置权只能直接依据法律的规定发生，不能由当事人自由设定。只要债务人不履行到期债务，债权人即可以依照法律规定留置已经合法占有的债务人的动产，并在满足法律规定的条件的情况下，折价或者拍卖、变卖留置财产以受偿。(3)不可分性。留置权的不可分性表现为：一是留置权所担保的是债权的全部，而不是部分。二是留置权的效力及于债权人所留置的全部留置财产，留置权人可以对留置财产的全部行使留置权，而不是部分。只要债权未受全部清偿，留置权人就可以对全部留置财产行使权利，不受债权分割或者部分清偿以及留置财产分割的影响。当然，为了公平起见，根据法律规定，留置财产为可分物的，债权人留置的财产的价值应当相当于债务的金额，而不应留置其占有的债务人的全部动产。

留置权成立的要件主要包括以下内容：(1)债权人已经合法占有债务人的动产。此要件包含三层意思：第一，必须是动产。留置权的标的物只能是动产，债权人占有的不动产上不能成立留置权。第二,必须债权人占有动产。债权人的这种占有可以是直接占有,也可以是间接占有。但单纯的持有不能成立留置权。如占有辅助人虽持有动产,却并非占有人,因此不得享有留置权。第三,必须合法占有动产。债权人必须基于合法原因而占有债务人动产,如基于承揽、运输、保管合同的约定而取得动产的占有。如果不是合法占有债务人的动产,不得留置,如债权人以侵权行为占有债务人的动产。(2)债权人占有的动产,应当与债权属于同一法律关系,但企业之间留置的除外。(3)债务人不履行到期债务。债权人对已经合法占有的动产,并不能当然成立留置权,留置权的成立还须以债权已届清偿期而债务人未全部履行为要件。

关联法规

《最高人民法院关于适用〈中华人民共和国担保法〉若干问题的解释》第87、108、110、112条

第四百四十八条 【留置财产与债权的关系】债权人留置的动产,应当与债权属于同一法律关系,但是企业之间留置的除外。

条文注释

本条首先明确,债权人留置的动产,应当与债权属于同一法律关系。因此,一般而言,留置财产的范围仅限于与债权属于同一法律关系的动产。所谓同一法律关系,就是留置财产应当与债权所形成的债权债务关系属于同一个民事法律关系。最为常见的就是因合同产生的债权债务关系。同一法律关系还可以是因侵权形成的同一债权债务关系。

本条还有例外规定,即"但是企业之间留置的除外"。根据本条但书的内容,在一般民事主体之间留置财产与债权应属于同一法律关系,而在企业之间行使留置权,留置财产与债权则没有此限制,这意味着企业之间,只要债权人合法占有债务人的动产,债务人不履行债务,债权人即可留置其动产,而不论该动产是基于何种法律关系占有。

第四百四十九条　【留置权适用范围限制】法律规定或者当事人约定不得留置的动产,不得留置。

条文注释

本条规定,法律规定不得留置的动产,不得留置。首先,如果法律明确有规定,对特定动产,任何人不得留置。民事主体从事民事活动时,就有义务遵守法律的此类规定,不得对此类动产行使留置权。如《居民身份证法》第15条第3款规定,任何组织或者个人不得扣押居民身份证。其次,行使留置权,也不能违背公序良俗。比如,因当地发生重大传染病疫情,甲公司遂紧急从外地采购大量医疗物资用于本公司办公场所防治疫情,并委托乙运输公司将该等医疗物资运回,尚未支付运费。医疗物资运抵后,乙公司欲留置所承运的医疗物资。由于甲公司采购的医疗物资属于防治传染病疫情所急需的物资,如果乙公司留置该等物资,势必影响公共卫生秩序,危及公共卫生安全,有悖公序良俗,故乙公司不得行使留置权。

本条同时规定,当事人约定不得留置的动产,不得留置。根据此规定,当事人已经明确约定不得留置的动产,都不能成立留置权。当事人约定的方式,既可以在订立合同之时约定,并写入合同条款,也可以在合同履行过程中达成协议。既可以是以书面方式约定,也可以是口头约定。

第四百五十条　【留置财产为可分物的特殊规定】留置财产为可分物的,留置财产的价值应当相当于债务的金额。

条文注释

理解本条需要从以下三个方面把握:

(1)可分物与不可分物的划分。这是从物的分割是否影响其价值或效用的角度对物进行的划分。不可分物就是将其分割的话将影响其价值或者失去其效用的物。可分物是指经分割而不损害其经济用途或者失去其价值的物。正是因为可分物和不可分物在是否可以分割属性上的差异,在行使留置权时,有必要加以区分,针对物的不同属性，设计更为合理的权利义务结果，确保留置权的行使更加公平合理。

(2)对可分物行使留置权。如果涉案动产为可分物。债权人在行使留置权时，就需要受到本条的限制，即行使留置权时，仅能留置与债务金额相当价值的财产，而不得超越此范围行使留置权，否则构成权利滥用。判断留置财产的价值是否相当于债务金额，通常应当根据留置财产的正常市场价格进行判断。所谓价值相当，不是说必须完全等值，而是留置财产的价值不能明显超过债权金额。当然，由于不同地区的市场价格有差异，应当以行使留置权所在地的市场价格判断。

(3)对不可分物行使留置权。如果留置财产为不可分物，由于该物的分割会减损其价值，因此不适用本条的规定，债权人可以将其全部留置。

第四百五十一条　【留置权人的保管义务】留置权人负有妥善保管留置财产的义务；因保管不善致使留置财产毁损、灭失的，应当承担赔偿责任。

条文注释

一般而言，只要留置权人尽到了善良管人的注意义务，妥善保管了留置财产，非因留置权人的重大过失导致留置财产的毁损或者灭失，就不能认定为保管不善。妥善保管留置财产，是一种消极性义务，不需要留置权人有积极的作为，留置权人对留置财产并不负有保值增值的义务。留置权人只要使留置财产维持原状或者保持其正常状态，确保其不受到侵害、毁损或者灭失即可。同样，留置权人占有留置财产时，原则上未经债务人同意，不得使用、出租留置财产或者擅自把留置财产作为其他债权的担保物。但是，留置权人出于保管的需要，为使留置财产不因闲置而生损害，在必要的范围内有适当使用留置财产的权利。

为了使留置权人能够履行其妥善保管留置财产的义务，本条还规定，留置权人因保管不善致使留置财产毁损、灭失的，应当承担赔偿责任。根据此规定，如果留置权人未保管好留置财产，是需要承担赔偿责任的。当然，如果留置权人尽到了妥善保管义务，因保管不善之外的其他原因造成留置财产的损失的，则不应承担赔偿责任。

第四百五十二条　【留置权人收取孳息的权利】留置权人有权收取留置财产的孳息。

前款规定的孳息应当先充抵收取孳息的费用。

条文注释

根据本条规定，留置权人有权收取留置财产的孳息。(1)收取留置财产的孳息属于留置权人的权利。既然是留置权人的权利，那么留置权人既可以行使，也可以放弃。只有在留置权人放弃不行使时，债务人才可以自行收取留置财产的孳息。(2)留置权人收取的孳息仅限于留置财产的孳息，不能超出此范围收取。留置权人既可以收取留置财产的法定孳息，也可以收取留置财产的天然孳息。但留置权人不能收取债务人其他财物的孳息。(3)留置权人的权利仅仅是收取孳息，并非直接能获得孳息的所有权。所谓收取，就是通过事实行为或者法律行为获得并控制留置财产的孳息。收取之后，留置财产的孳息所有权归属需要根据法律的规定或者当事人约定判断。虽然留置权人不能取得留置财产孳息的所有权，但是由于留置权具有不可分性，留置权的法律效力自然及于孳息。留置权人在收取孳息后，有权控制、占有孳息，且此种权利可以对抗作为所有人的债务人，债务人在未履行债务之前不能要求留置权人返还留置财产的孳息。

第四百五十三条　【留置权实现的一般规定】留置权人与债务人应当约定留置财产后的债务履行期限；没有约定或者约定不明确的，留置权人应当给债务人六十日以上履行债务的期限，但是鲜活易腐等不易保管的动产除外。债务人逾期未履行的，留置权人可以与债务人协议以留置财产折价,也可以就拍卖、变卖留置财产所得的价款优先受偿。

留置财产折价或者变卖的,应当参照市场价格。

条文注释

留置权的实现是指留置权人对留置财产进行处分,以优先受偿其债权的行为。根据本条规定,留置权人实现留置权必须具备两个条件:(1)留置权人须给予债务人以履行债务的宽限期。债权已届清偿期债务人仍不履行债务,留置权人并不能立即实现留置权,而必须经过一定的期限后才能实现留置权。这个一定的期限称为宽限期。(2)债务人于宽限期内仍不履行义务。债务人在宽限期内履行了义务,留置权归于消灭,留置权人当然不能再实现留置权。如果债务人仍不履行义务,留置权人便可以按法律规定的方法实现留置权。

根据本条规定,留置权实现的方法有三种,即折价、拍卖和变卖。留置权人可以与债务人协商采取哪种方法实现留置权。一般情况下,双方当事人可以先协议将留置财产折价以实现其债权;如果无法达成协议,留置权人可以依法拍卖或者变卖留置财产,并以拍卖或者变卖所得的价款优先受偿其债权。

关联法规

《最高人民法院关于适用〈中华人民共和国担保法〉若干问题的解释》第113条

第四百五十四条　【留置权债务人的请求权】债务人可以请求留置权人在债务履行期限届满后行使留置权;留置权人不行使的,债务人可以请求人民法院拍卖、变卖留置财产。

条文注释

根据本条规定,债务履行期限届满后,债务人首先有权请求留置权人行使留置权。法律赋予债务人此项权利,也是基于对债务人对留置财产享有所有权的保护。债务人请求留置权人行使留置权后，留置权人应当在合理期限内行使留置权，而不能仍迟迟不作为，损害债务人利益。为了防止留置权人怠于行使留置权，本条进一步规定，留置权人不行使留置权的，债务人可以请求人民法院拍卖、变卖留置财产。

第四百五十五条　【留置权的实现】留置财产折价或者拍卖、变卖后，其价款超过债权数额的部分归债务人所有，不足部分由债务人清偿。

条文注释

在留置财产被折价或者拍卖、变卖后，可能出现三种情况：(1)留置财产的价值与债权金额相等，即留置财产折价或者被拍卖、变卖所得的价款刚好满足留置权人的债权，留置权的债权完全得以实现，债务人的留置财产也因为折价或者拍卖、变卖而被处分，不存在剩余价款返还的问题。双方当事人的债权债务关系以及担保关系均告消灭。(2)留置财产的价值高于债权金额，即留置财产折价或者被拍卖、变卖所得的价款超过了留置权人的债权数额，超过的部分应当归债务人所有。如果是留置权人处分留置财产，则留置权人在扣除自己应得部分后，应当将剩余部分返还给债务人，不得占为已有，否则就构成不当得利。如果是人民法院对留置财产进行拍卖、变卖，则人民法院在扣除留置权人的债权额后，应当将剩余部分及时返还给债务人。(3)留置财产的价值低于债权金额，即留置财产折价或者被拍卖、变卖所得的价款不足以清偿留置权人的债权。由于留置财产不能完全满足留置权人的债权，所以留置权人与债务人之间的债权债务关系并不因留置权的实现而完全消灭，留置权人仍可以就留置财产不足以清偿的部分要求债务人偿还。只不过剩余债权就变成了无担保物权的普通债权，留置权人也成了普通债权人。留置权人可以普通债权人的身份要求债务人偿还剩余债务；债务人拒绝偿还的，其可以向人民法院起诉。

第四百五十六条　【留置权、抵押权与质权竞合时的顺位原则】同一动产上已经设立抵押权或者质权,该动产又被留置的,留置权人优先受偿。

条文注释

根据本条规定,同一动产上同时存在留置权与抵押权或者质权的,留置权的效力优先于抵押权或者质权。可以从以下两个方面理解本条:(1)留置权的效力绝对优先,同一动产上,留置权对抵押权或者质权的优先效力不受其产生时间的影响。(2)留置权对抵押权或者质权的优先效力不受留置权人在留置动产时是善意还是恶意的影响。本条并没有强调留置权优先于抵押权或者质权的效力以留置权人的善意为前提。当然,如果留置权人与债务人恶意串通成立留置权,其目的就是排除在动产上的抵押权或者质权,那么这已经超出了"恶意和善意"的范畴,属于严重违反诚实信用原则的恶意串通行为。在这种情况下,不但该留置权不能优先于抵押权或者质权,而且该留置权应当被视为不存在。

第四百五十七条　【留置权消灭的原因】留置权人对留置财产丧失占有或者留置权人接受债务人另行提供担保的,留置权消灭。

条文注释

本条规定包括以下两层含义:(1)留置权人对留置财产丧失占有的,留置权消灭。理解此规定,需要注意的是,若留置权人非依自己的意愿暂时丧失对留置财产占有,则留置权消灭;但这种消灭并不是终局性的消灭,留置权人可以依占有的返还原物之诉要求非法占有人返还留置物而重新获得留置权。(2)留置权因留置权人接受债务人另行提供担保而消灭。根据本条的规定,债务人另行提供担保导致留置权消灭的,应当满足以下两个条件:一是债务人另行提供的担保应当被债权人接受;债权人不接受新担保的,留置权不消灭。二是债务人另行提供的担保所能担保的债权应当与债权人的债权额相当。由于留置权是以先行占有的与债权有同一法律关系的动产为标的物，留置物的价值有可能高于被担保的债权额，但债务人另行提供的担保所能担保的债权不以留置物的价值为标准，一般应与被担保的债权额相当。当然，在双方当事人协商一致的情况下，债务人另行提供的担保所能担保的债权也可以低于或者高于债权人的债权额。

第五分编　占　　有

第二十章　占　　有

第四百五十八条　【有权占有的法律适用】基于合同关系等产生的占有，有关不动产或者动产的使用、收益、违约责任等，按照合同约定；合同没有约定或者约定不明确的，依照有关法律规定。

条文注释

占有是对物的一种事实上的控制与支配。根据占有是否具法律上的原因，可以将占有分为有权占有和无权占有。有权占有，主要指基于合同等债的关系而产生的占有，如根据运输或者保管合同，承运人或者保管人对托运或者寄存的货物发生的占有。无权占有，主要发生在占有人对不动产或者动产的占有无正当法律关系，或者原法律关系被撤销或无效时，包括占有人将他人之物误认为己有或者借用他人之物到期不还等。

第四百五十九条　【无权占有造成占有物损害的赔偿责任】占有人因使用占有的不动产或者动产，致使该不动产或者动产受到损害的，恶意占有人应当承担赔偿责任。

条文注释

在有权占有的情况下，如基于租赁或者借用等正当法律关系而占有他人的不动产或者动产，当事人双方大多会对因使用而导致不动产或者动产损害的责任作出约定。大多数情况下,因正常使用而导致的不动产或者动产损耗、折旧等,由所有权人负担,因为有权占有人所支付的对价就是对不动产或者动产因正常使用而发生的损耗的补偿。

关于无权占有时无权占有人需要承担何种责任,根据占有人的主观状态,无权占有可以分为善意占有和恶意占有,此时需要根据无权占有的具体情况判断:(1)善意占有人使用占有物致使物遭受损害的,善意占有人不应负赔偿责任。所谓善意占有,就是占有人在主观上认为自己有权占有标的物。(2)对于恶意占有,占有人因使用占有的不动产或者动产,致使该不动产或者动产受到损害的,恶意占有人应当承担赔偿责任。所谓恶意占有,指占有人明知或者因重大过失不知自己为无权占有而仍然进行的占有。

第四百六十条　【权利人的返还请求权和占有人的费用求偿权】 不动产或者动产被占有人占有的,权利人可以请求返还原物及其孳息;但是,应当支付善意占有人因维护该不动产或者动产支出的必要费用。

条文注释

本条明确了以下几点:(1)无论被侵占的标的物是动产还是不动产,权利人都有权请求返还。(2)有返还请求权的人是权利人。这里的权利人既可以是所有权人,也可以是依法对标的物享有占有使用权的人。比如,抵押权人占有抵押物,后被他人非法侵占,此时,抵押权人有权要求其返还。(3)无论善意占有人还是恶意占有人,都有义务返还。(4)应当返还的既包括原物,也包括孳息。

根据本条规定,占有人返还原物及其孳息之后,善意占有人对其因维护该不动产或者动产而支出的必要费用,有权请求权利人支付。(1)有权请求权利人支付费用的仅限于善意占有人,如果占有人为恶意,则不能要求权利人支付任何费用。(2)返还的费用限于因维护该不动产或者动产所支出的费用。所谓维护,就是确保该标的物处于良好的状态或者正常使用状态。(3)有权要求支付的费用应是必要的，此等费用的金额应该是合理的，而不能明显超出正常水平。

第四百六十一条 【占有的不动产或动产毁损、灭失时占有人的责任】占有的不动产或者动产毁损、灭失，该不动产或者动产的权利人请求赔偿的，占有人应当将因毁损、灭失取得的保险金、赔偿金或者补偿金等返还给权利人；权利人的损害未得到足够弥补的，恶意占有人还应当赔偿损失。

条文注释

本条规定可以从以下三个方面理解：

(1)毁损、灭失的含义。毁损，是指使得被占有的不动产或者动产的使用价值或者交换价值降低。灭失，是指被占有的不动产或者动产对于占有人来说，不复存在，这包括物的实体消灭和丧失下落，或者被第三人善意取得而不能返还。

(2)善意占有人对占有物毁损、灭失的责任。善意占有人在占有物上所行使的权利，被推定为其合法享有，其对被占有物的使用被规定为占有人的权利。但该物毕竟在法律上不属于占有人所有，如果造成占有物毁损、灭失，则占有人应当对物的真正权利人承担赔偿责任。但法律还应当考虑减轻善意占有人的责任，以贯彻法律对善意占有人的保护。因此，在确定善意占有人的责任时，应当依照不当得利的返还原则，规定善意占有人只有因物的毁损、灭失而获得利益时，才对物的权利人承担赔偿责任；如果未获得利益，则不必赔偿。所谓因物的毁损、灭失而获得利益，是指占有人所受积极利益，如当物的毁损、灭失由第三人造成时，占有人取得的赔偿金或者替代物，而消极利益，即占有人因物的毁损、灭失而减少支出的费用，则不在此列。

(3)恶意占有人对占有物毁损、灭失的责任。恶意占有是占有人明知或者因重大过失不知自己为无权占有而仍然进行的占有。是否为恶意占有，依占有人取得占有时的具体情况而进行判断。取得时为善意，而后得知自己为无权占有的，自其知道之时起，变为恶意占有人。恶意占有人通常系由侵权行为取得占有,因此在决定恶意占有人责任时,应参考侵权损害赔偿原则,损失多少赔多少,除占有物的价值外,还包括物的权利人所失的利益。此外,占有物的价值,以物的实际价值为准;恶意占有人取得占有时的价值与物的权利人请求返还时的价值不同的,以较高的价值为准。

还需要说明的是,权利人(回复请求权人)因被占有物的毁损、灭失所受的损害,因权利种类的不同而有差别。当权利人为所有权人时,赔偿范围应为物的价额;当权利人为运送人、质权人或者租赁人时,对于占有物仅有限定的利益,其赔偿应以其限定的利益为限。

第四百六十二条　【占有保护请求权】占有的不动产或者动产被侵占的,占有人有权请求返还原物;对妨害占有的行为,占有人有权请求排除妨害或者消除危险;因侵占或者妨害造成损害的,占有人有权依法请求损害赔偿。

占有人返还原物的请求权,自侵占发生之日起一年内未行使的,该请求权消灭。

条文注释

占有保护请求权以排除对占有的侵害为目的,因而属于一种物权的请求权。根据占有受侵害的不同情形,分别发生占有物返还请求权、占有妨害排除请求权和占有危险消除请求权。

1. 占有物返还请求权

占有物返还请求权发生于占有物被侵夺的情形。此种侵夺占有而构成的侵占,是指非基于占有人的意思,采取违法的行为使其丧失对物的控制与支配。需要注意的是,非因他人的侵夺而丧失占有的,如因受欺诈或者胁迫而交付的,不享有占有物返还请求权。此种情形下,原占有人要回复占有,必须依法律行为的规定,主张撤销已经成立的法律关系等去解决。此外,还需说明一点,即本条所规定占有物返还请求权的要件之一为侵占人的行为必须是造成占有人丧失占有的直接原因,否则不发生依据本条规定而产生的占有物返还请求权。

2. 排除妨害请求权

占有被他人妨害时，占有人得请求妨害人除去妨害。妨害除去请求权的相对人，为妨害占有的人。数人相继为妨害的，以现为妨害的人为请求权的相对人；继续妨害的，占有人可请求相对人停止妨害；一次妨害的，占有人可请求相对人除去妨害。排除妨害的费用应由妨害人负担。占有人自行除去妨害的，其费用可依无因管理的规定向相对人请求偿还。

3. 消除危险请求权

消除危险请求权中的危险，应为具体的事实的危险；对于一般抽象的危险，法律不加以保护。具体的事实的危险，指其所用的方法，使外界感知到对占有的妨害。需要说明的是：(1)危险消除请求权中的危险，必须持续存在；请求权行使之时危险已经消失的，不得请求防止。(2)必须有客观的产生危险的事实；被请求人有无故意或者过失，法律在所不问。

应注意的是，首先，占有保护请求权中的排除妨害请求权和消除危险请求权，原则上同妨害或者危险的持续状态紧密相连。如果妨害已经消失或者危险已经不存在，自然没有排除妨害或者消除危险请求权提请的必要；如果此种妨害或者危险造成了实际的损害，占有人当然可以提起损害赔偿请求权，而此项损害赔偿请求权应当受普通诉讼时效的限制；如果妨害或者危险持续发生，那么此项排除妨害或者消除危险的请求权自然不受时效限制。其次，占有物返还请求权可因一定期间内不行使而消灭。

附录一　条文对照

《物权法》相关条款与《民法典》物权编对照表①

《物权法》相关条款	《民法典》物权编
	第一分编　通　　则
	第一章　一 般 规 定
第二条第一款　因物的归属和利用而产生的民事关系~~，适用本法~~。	**第二百零五条**　**本编调整**因物的归属和利用产生的民事关系。
第三条　国家~~在社会主义初级阶段，~~坚持公有制为主体、多种所有制经济共同发展的基本经济制度。 国家巩固和发展公有制经济，鼓励、支持和引导非公有制经济的发展。 国家实行社会主义市场经济，保障一切市场主体的平等法律地位和发展权利。	**第二百零六条**　国家坚持**和完善**公有制为主体、多种所有制经济共同发展，**按劳分配为主体、多种分配方式并存，社会主义市场经济体制等社会主义**基本经济制度。 国家巩固和发展公有制经济，鼓励、支持和引导非公有制经济的发展。 国家实行社会主义市场经济，保障一切市场主体的平等法律地位和发展权利。
第四条　国家、集体、私人的物权和其他权利人的物权受法律保护，任何*单位和*个人不得侵犯。	**第二百零七条**　国家、集体、私人的物权和其他权利人的物权受法律**平等**保护，任何*组织或者*个人不得侵犯。
第六条　不动产物权的设立、变更、转让和消灭，应当依照法律规定登记。动产物权的设立和转让，应当依照法律规定交付。	**第二百零八条**　不动产物权的设立、变更、转让和消灭，应当依照法律规定登记。动产物权的设立和转让，应当依照法律规定交付。

① 本表参考杜月秋、孙政编：《民法典条文对照与重点解读》，法律出版社 2020 年版。本表中，对《民法典》新增的主要内容，用“**黑体**”格式体现；对变动的主要内容，用“*斜体*”格式体现；对删除的主要内容，用“~~删除线~~”表示。——编者注

续表

《物权法》相关条款	《民法典》物权编
	第二章　物权的设立、变更、转让和消灭
	第一节　不动产登记
第九条　不动产物权的设立、变更、转让和消灭，经依法登记，发生效力；未经登记，不发生效力，但法律另有规定的除外。 依法属于国家所有的自然资源，所有权可以不登记。	**第二百零九条**　不动产物权的设立、变更、转让和消灭，经依法登记，发生效力；未经登记，不发生效力，但是法律另有规定的除外。 依法属于国家所有的自然资源，所有权可以不登记。
第十条　不动产登记，由不动产所在地的登记机构办理。 国家对不动产实行统一登记制度。统一登记的范围、登记机构和登记办法，由法律、行政法规规定。	**第二百一十条**　不动产登记，由不动产所在地的登记机构办理。 国家对不动产实行统一登记制度。统一登记的范围、登记机构和登记办法，由法律、行政法规规定。
第十一条　当事人申请登记，应当根据不同登记事项提供权属证明和不动产界址、面积等必要材料。	**第二百一十一条**　当事人申请登记，应当根据不同登记事项提供权属证明和不动产界址、面积等必要材料。
第十二条　登记机构应当履行下列职责： （一）查验申请人提供的权属证明和其他必要材料； （二）就有关登记事项询问申请人； （三）如实、及时登记有关事项； （四）法律、行政法规规定的其他职责。 申请登记的不动产的有关情况需要进一步证明的，登记机构可以要求申请人补充材料，必要时可以实地查看。	**第二百一十二条**　登记机构应当履行下列职责： （一）查验申请人提供的权属证明和其他必要材料； （二）就有关登记事项询问申请人； （三）如实、及时登记有关事项； （四）法律、行政法规规定的其他职责。 申请登记的不动产的有关情况需要进一步证明的，登记机构可以要求申请人补充材料，必要时可以实地查看。

续表

《物权法》相关条款	《民法典》物权编
第十三条　登记机构不得有下列行为： （一）要求对不动产进行评估； （二）以年检等名义进行重复登记； （三）超出登记职责范围的其他行为。	**第二百一十三条**　登记机构不得有下列行为： （一）要求对不动产进行评估； （二）以年检等名义进行重复登记； （三）超出登记职责范围的其他行为。
第十四条　不动产物权的设立、变更、转让和消灭，依照法律规定应当登记的，自记载于不动产登记簿时发生效力。	**第二百一十四条**　不动产物权的设立、变更、转让和消灭，依照法律规定应当登记的，自记载于不动产登记簿时发生效力。
第十五条　当事人之间订立有关设立、变更、转让和消灭不动产物权的合同，除法律另有规定或者合同另有约定外，自合同成立时生效；未办理物权登记的，不影响合同效力。	**第二百一十五条**　当事人之间订立有关设立、变更、转让和消灭不动产物权的合同，除法律另有规定或者当事人另有约定外，自合同成立时生效；未办理物权登记的，不影响合同效力。
第十六条　不动产登记簿是物权归属和内容的根据。不动产登记簿由登记机构管理。	**第二百一十六条**　不动产登记簿是物权归属和内容的根据。 不动产登记簿由登记机构管理。
第十七条　不动产权属证书是权利人享有该不动产物权的证明。不动产权属证书记载的事项，应当与不动产登记簿一致；记载不一致的，除有证据证明不动产登记簿确有错误外，以不动产登记簿为准。	**第二百一十七条**　不动产权属证书是权利人享有该不动产物权的证明。不动产权属证书记载的事项，应当与不动产登记簿一致；记载不一致的，除有证据证明不动产登记簿确有错误外，以不动产登记簿为准。

续表

《物权法》相关条款	《民法典》物权编
第十八条　权利人、利害关系人可以申请查询、复制登记资料，登记机构应当提供。	**第二百一十八条**　权利人、利害关系人可以申请查询、复制**不动产**登记资料，登记机构应当提供。
	第二百一十九条　利害关系人不得公开、非法使用权利人的不动产登记资料。
第十九条　权利人、利害关系人认为不动产登记簿记载的事项错误的，可以申请更正登记。不动产登记簿记载的权利人书面同意更正或者有证据证明登记确有错误的，登记机构应当予以更正。 不动产登记簿记载的权利人不同意更正的，利害关系人可以申请异议登记。登记机构予以异议登记的，申请人在异议登记之日起十五日内不起诉，异议登记失效。异议登记不当，造成权利人损害的，权利人可以向申请人请求损害赔偿。	**第二百二十条**　权利人、利害关系人认为不动产登记簿记载的事项错误的，可以申请更正登记。不动产登记簿记载的权利人书面同意更正或者有证据证明登记确有错误的，登记机构应当予以更正。 不动产登记簿记载的权利人不同意更正的，利害关系人可以申请异议登记。登记机构予以异议登记，申请人自异议登记之日起十五日内不提起诉讼的，异议登记失效。异议登记不当，造成权利人损害的，权利人可以向申请人请求损害赔偿。
第二十条　当事人签订买卖房屋或者其他不动产物权的协议，为保障将来实现物权，按照约定可以向登记机构申请预告登记。预告登记后，未经预告登记的权利人同意，处分该不动产的，不发生物权效力。 预告登记后，债权消灭或者自能够进行不动产登记之日起*三个月*内未申请登记的，预告登记失效。	**第二百二十一条**　当事人签订买卖房屋的协议或者**签订**其他不动产物权的协议，为保障将来实现物权，按照约定可以向登记机构申请预告登记。预告登记后，未经预告登记的权利人同意，处分该不动产的，不发生物权效力。 预告登记后，债权消灭或者自能够进行不动产登记之日起*九十日*内未申请登记的，预告登记失效。

续表

《物权法》相关条款	《民法典》物权编
第二十一条　当事人提供虚假材料申请登记，给他人造成损害的，应当承担赔偿责任。 因登记错误，给他人造成损害的，登记机构应当承担赔偿责任。登记机构赔偿后，可以向造成登记错误的人追偿。	**第二百二十二条**　当事人提供虚假材料申请登记，造成他人损害的，应当承担赔偿责任。 因登记错误，造成他人损害的，登记机构应当承担赔偿责任。登记机构赔偿后，可以向造成登记错误的人追偿。
第二十二条　不动产登记费按件收取，不得按照不动产的面积、体积或者价款的比例收取。~~具体收费标准由国务院有关部门会同价格主管部门规定~~。	**第二百二十三条**　不动产登记费按件收取，不得按照不动产的面积、体积或者价款的比例收取。
	第二节　动产交付
第二十三条　动产物权的设立和转让，自交付时发生效力，但法律另有规定的除外。	**第二百二十四条**　动产物权的设立和转让，自交付时发生效力，但是法律另有规定的除外。
第二十四条　船舶、航空器和机动车等物权的设立、变更、转让和消灭，未经登记，不得对抗善意第三人。	**第二百二十五条**　船舶、航空器和机动车等的物权的设立、变更、转让和消灭，未经登记，不得对抗善意第三人。
第二十五条　动产物权设立和转让前，权利人已经依法占有该动产的，物权自法律行为生效时发生效力。	**第二百二十六条**　动产物权设立和转让前，权利人已经占有该动产的，物权自**民事**法律行为生效时发生效力。
第二十六条　动产物权设立和转让前，第三人依法占有该动产的，负有交付义务的人可以通过转让请求第三人返还原物的权利代替交付。	**第二百二十七条**　动产物权设立和转让前，第三人占有该动产的，负有交付义务的人可以通过转让请求第三人返还原物的权利代替交付。

续表

《物权法》相关条款	《民法典》物权编
第二十七条 动产物权转让时,双方又约定由出让人继续占有该动产的,物权自该约定生效时发生效力。	**第二百二十八条** 动产物权转让时,当事人又约定由出让人继续占有该动产的,物权自该约定生效时发生效力。
	第三节 其他规定
第二十八条 因人民法院、仲裁委员会的法律文书或者人民政府的征收决定等,导致物权设立、变更、转让或者消灭的,自法律文书或者~~人民政府的~~征收决定等生效时发生效力。	**第二百二十九条** 因人民法院、仲裁*机构*的法律文书或者人民政府的征收决定等,导致物权设立、变更、转让或者消灭的,自法律文书或者征收决定等生效时发生效力。
第二十九条 因继承~~或者受遗赠~~取得物权的,自继承~~或者受遗赠~~开始时发生效力。	**第二百三十条** 因继承取得物权的,自继承开始时发生效力。
第三十条 因合法建造、拆除房屋等事实行为设立或者消灭物权的,自事实行为成就时发生效力。	**第二百三十一条** 因合法建造、拆除房屋等事实行为设立或者消灭物权的,自事实行为成就时发生效力。
第三十一条 *依照本法第二十八条至第三十条规定*享有不动产物权的,~~处分该物权时,~~依照法律规定需要办理登记的,未经登记,不发生物权效力。	**第二百三十二条** *处分依照本节规定*享有的不动产物权,依照法律规定需要办理登记的,未经登记,不发生物权效力。
	第三章 物权的保护
第三十二条 物权受到侵害的,权利人可以通过和解、调解、仲裁、诉讼等途径解决。	**第二百三十三条** 物权受到侵害的,权利人可以通过和解、调解、仲裁、诉讼等途径解决。

续表

《物权法》相关条款	《民法典》物权编
第三十三条　因物权的归属、内容发生争议的,利害关系人可以请求确认权利。	**第二百三十四条**　因物权的归属、内容发生争议的,利害关系人可以请求确认权利。
第三十四条　无权占有不动产或者动产的,权利人可以请求返还原物。	**第二百三十五条**　无权占有不动产或者动产的,权利人可以请求返还原物。
第三十五条　妨害物权或者可能妨害物权的,权利人可以请求排除妨害或者消除危险。	**第二百三十六条**　妨害物权或者可能妨害物权的,权利人可以请求排除妨害或者消除危险。
第三十六条　造成不动产或者动产毁损的,权利人可以请求修理、重作、更换或者恢复原状。	**第二百三十七条**　造成不动产或者动产毁损的,权利人可以**依法**请求修理、重作、更换或者恢复原状。
第三十七条　侵害物权,造成权利人损害的,权利人可以请求损害赔偿,也可以请求承担其他民事责任。	**第二百三十八条**　侵害物权,造成权利人损害的,权利人可以**依法**请求损害赔偿,也可以**依法**请求承担其他民事责任。
第三十八条　本章规定的物权保护方式,可以单独适用,也可以根据权利被侵害的情形合并适用。 ~~侵害物权,除承担民事责任外,违反行政管理规定的,依法承担行政责任;构成犯罪的,依法追究刑事责任。~~	**第二百三十九条**　本章规定的物权保护方式,可以单独适用,也可以根据权利被侵害的情形合并适用。
	第二分编　所　有　权
	第四章　一　般　规　定
第三十九条　所有权人对自己的不动产或者动产,依法享有占有、使用、收益和处分的权利。	**第二百四十条**　所有权人对自己的不动产或者动产,依法享有占有、使用、收益和处分的权利。

续表

《物权法》相关条款	《民法典》物权编
第四十条 所有权人有权在自己的不动产或者动产上设立用益物权和担保物权。用益物权人、担保物权人行使权利,不得损害所有权人的权益。	**第二百四十一条** 所有权人有权在自己的不动产或者动产上设立用益物权和担保物权。用益物权人、担保物权人行使权利,不得损害所有权人的权益。
第四十一条 法律规定专属于国家所有的不动产和动产,任何*单位和*个人不能取得所有权。	**第二百四十二条** 法律规定专属于国家所有的不动产和动产,任何*组织或者*个人不能取得所有权。
第四十二条 为了公共利益的需要,依照法律规定的权限和程序可以征收集体所有的土地和*单位*、个人的房屋及其他不动产。 征收集体所有的土地,应当依法足额支付土地补偿费、安置补助费、地上附着物和青苗的补偿费等费用,安排被征地农民的社会保障费用,保障被征地农民的生活,维护被征地农民的合法权益。 征收*单位*、个人的房屋及其他不动产,应当依法给予*拆迁*补偿,维护被征收人的合法权益;征收个人住宅的,还应当保障被征收人的居住条件。 任何*单位和*个人不得贪污、挪用、私分、截留、拖欠征收补偿费等费用。	**第二百四十三条** 为了公共利益的需要,依照法律规定的权限和程序可以征收集体所有的土地和*组织*、个人的房屋以及其他不动产。 征收集体所有的土地,应当依法**及时**足额支付土地补偿费、安置补助费**以及农村村民住宅、其他**地上附着物和青苗等的补偿费用,**并**安排被征地农民的社会保障费用,保障被征地农民的生活,维护被征地农民的合法权益。 征收*组织*、个人的房屋以及其他不动产,应当依法给予*征收*补偿,维护被征收人的合法权益;征收个人住宅的,还应当保障被征收人的居住条件。 任何*组织或者*个人不得贪污、挪用、私分、截留、拖欠征收补偿费等费用。

续表

《物权法》相关条款	《民法典》物权编
第四十三条　国家对耕地实行特殊保护，严格限制农用地转为建设用地，控制建设用地总量。不得违反法律规定的权限和程序征收集体所有的土地。	**第二百四十四条**　国家对耕地实行特殊保护，严格限制农用地转为建设用地，控制建设用地总量。不得违反法律规定的权限和程序征收集体所有的土地。
第四十四条　因抢险、救灾等紧急需要，依照法律规定的权限和程序可以征用*单位*、个人的不动产或者动产。被征用的不动产或者动产使用后，应当返还被征用人。*单位*、个人的不动产或者动产被征用或者征用后毁损、灭失的，应当给予补偿。	**第二百四十五条**　因抢险救灾、**疫情防控**等紧急需要，依照法律规定的权限和程序可以征用*组织*、个人的不动产或者动产。被征用的不动产或者动产使用后，应当返还被征用人。*组织*、个人的不动产或者动产被征用或者征用后毁损、灭失的，应当给予补偿。
	第五章　国家所有权和集体所有权、私人所有权
第四十五条　法律规定属于国家所有的财产，属于国家所有即全民所有。 国有财产由国务院代表国家行使所有权；法律另有规定的，依照其规定。	**第二百四十六条**　法律规定属于国家所有的财产，属于国家所有即全民所有。 国有财产由国务院代表国家行使所有权。法律另有规定的，依照其规定。
第四十六条　矿藏、水流、海域属于国家所有。	**第二百四十七条**　矿藏、水流、海域属于国家所有。
	第二百四十八条　无居民海岛属于国家所有，国务院代表国家行使无居民海岛所有权。

续表

《物权法》相关条款	《民法典》物权编
第四十七条　城市的土地,属于国家所有。法律规定属于国家所有的农村和城市郊区的土地,属于国家所有。	**第二百四十九条**　城市的土地,属于国家所有。法律规定属于国家所有的农村和城市郊区的土地,属于国家所有。
第四十八条　森林、山岭、草原、荒地、滩涂等自然资源,属于国家所有,但法律规定属于集体所有的除外。	**第二百五十条**　森林、山岭、草原、荒地、滩涂等自然资源,属于国家所有,但是法律规定属于集体所有的除外。
第四十九条　法律规定属于国家所有的野生动植物资源,属于国家所有。	**第二百五十一条**　法律规定属于国家所有的野生动植物资源,属于国家所有。
第五十条　无线电频谱资源属于国家所有。	**第二百五十二条**　无线电频谱资源属于国家所有。
第五十一条　法律规定属于国家所有的文物,属于国家所有。	**第二百五十三条**　法律规定属于国家所有的文物,属于国家所有。
第五十二条　国防资产属于国家所有。 铁路、公路、电力设施、电信设施和油气管道等基础设施,依照法律规定为国家所有的,属于国家所有。	**第二百五十四条**　国防资产属于国家所有。 铁路、公路、电力设施、电信设施和油气管道等基础设施,依照法律规定为国家所有的,属于国家所有。
第五十三条　国家机关对其直接支配的不动产和动产,享有占有、使用以及依照法律和国务院的有关规定处分的权利。	**第二百五十五条**　国家机关对其直接支配的不动产和动产,享有占有、使用以及依照法律和国务院的有关规定处分的权利。

续表

《物权法》相关条款	《民法典》物权编
第五十四条　国家举办的事业单位对其直接支配的不动产和动产，享有占有、使用以及依照法律和国务院的有关规定收益、处分的权利。	**第二百五十六条**　国家举办的事业单位对其直接支配的不动产和动产，享有占有、使用以及依照法律和国务院的有关规定收益、处分的权利。
第五十五条　国家出资的企业，由国务院、地方人民政府依照法律、行政法规规定分别代表国家履行出资人职责，享有出资人权益。	**第二百五十七条**　国家出资的企业，由国务院、地方人民政府依照法律、行政法规规定分别代表国家履行出资人职责，享有出资人权益。
第五十六条　国家所有的财产受法律保护，禁止任何*单位和*个人侵占、哄抢、私分、截留、破坏。	**第二百五十八条**　国家所有的财产受法律保护，禁止任何*组织或者*个人侵占、哄抢、私分、截留、破坏。
第五十七条　履行国有财产管理、监督职责的机构及其工作人员，应当依法加强对国有财产的管理、监督，促进国有财产保值增值，防止国有财产损失；滥用职权，玩忽职守，造成国有财产损失的，应当依法承担法律责任。 违反国有财产管理规定，在企业改制、合并分立、关联交易等过程中，低价转让、合谋私分、擅自担保或者以其他方式造成国有财产损失的，应当依法承担法律责任。	**第二百五十九条**　履行国有财产管理、监督职责的机构及其工作人员，应当依法加强对国有财产的管理、监督，促进国有财产保值增值，防止国有财产损失；滥用职权，玩忽职守，造成国有财产损失的，应当依法承担法律责任。 违反国有财产管理规定，在企业改制、合并分立、关联交易等过程中，低价转让、合谋私分、擅自担保或者以其他方式造成国有财产损失的，应当依法承担法律责任。

续表

《物权法》相关条款	《民法典》物权编
第五十八条　集体所有的不动产和动产包括： （一）法律规定属于集体所有的土地和森林、山岭、草原、荒地、滩涂； （二）集体所有的建筑物、生产设施、农田水利设施； （三）集体所有的教育、科学、文化、卫生、体育等设施； （四）集体所有的其他不动产和动产。	**第二百六十条**　集体所有的不动产和动产包括： （一）法律规定属于集体所有的土地和森林、山岭、草原、荒地、滩涂； （二）集体所有的建筑物、生产设施、农田水利设施； （三）集体所有的教育、科学、文化、卫生、体育等设施； （四）集体所有的其他不动产和动产。
第五十九条　农民集体所有的不动产和动产，属于本集体成员集体所有。 下列事项应当依照法定程序经本集体成员决定： （一）土地承包方案以及将土地发包给本集体以外的单位或者个人承包； （二）个别土地承包经营权人之间承包地的调整； （三）土地补偿费等费用的使用、分配办法； （四）集体出资的企业的所有权变动等事项； （五）法律规定的其他事项。	**第二百六十一条**　农民集体所有的不动产和动产，属于本集体成员集体所有。 下列事项应当依照法定程序经本集体成员决定： （一）土地承包方案以及将土地发包给本集体以外的组织或者个人承包； （二）个别土地承包经营权人之间承包地的调整； （三）土地补偿费等费用的使用、分配办法； （四）集体出资的企业的所有权变动等事项； （五）法律规定的其他事项。

续表

《物权法》相关条款	《民法典》物权编
第六十条　对于集体所有的土地和森林、山岭、草原、荒地、滩涂等，依照下列规定行使所有权： （一）属于村农民集体所有的，由村集体经济组织或者村民委员会代表集体行使所有权； （二）分别属于村内两个以上农民集体所有的，由村内各该集体经济组织或者村民小组代表集体行使所有权； （三）属于乡镇农民集体所有的，由乡镇集体经济组织代表集体行使所有权。	**第二百六十二条**　对于集体所有的土地和森林、山岭、草原、荒地、滩涂等，依照下列规定行使所有权： （一）属于村农民集体所有的，由村集体经济组织或者村民委员会**依法**代表集体行使所有权； （二）分别属于村内两个以上农民集体所有的，由村内各该集体经济组织或者村民小组**依法**代表集体行使所有权； （三）属于乡镇农民集体所有的，由乡镇集体经济组织代表集体行使所有权。
第六十一条　城镇集体所有的不动产和动产，依照法律、行政法规的规定由本集体享有占有、使用、收益和处分的权利。	**第二百六十三条**　城镇集体所有的不动产和动产，依照法律、行政法规的规定由本集体享有占有、使用、收益和处分的权利。
第六十二条　集体经济组织或者村民委员会、村民小组应当依照法律、行政法规以及章程、村规民约向本集体成员公布集体财产的状况。	**第二百六十四条**　**农村**集体经济组织或者村民委员会、村民小组应当依照法律、行政法规以及章程、村规民约向本集体成员公布集体财产的状况。**集体成员有权查阅、复制相关资料。**
第六十三条　集体所有的财产受法律保护，禁止任何*单位和*个人侵占、哄抢、私分、破坏。 集体经济组织、村民委员会或者其负责人作出的决定侵害集体成员合法权益的，受侵害的集体成员可以请求人民法院予以撤销。	**第二百六十五条**　集体所有的财产受法律保护，禁止任何*组织或者*个人侵占、哄抢、私分、破坏。 **农村**集体经济组织、村民委员会或者其负责人作出的决定侵害集体成员合法权益的，受侵害的集体成员可以请求人民法院予以撤销。

续表

《物权法》相关条款	《民法典》物权编
第六十四条　私人对其合法的收入、房屋、生活用品、生产工具、原材料等不动产和动产享有所有权。	**第二百六十六条**　私人对其合法的收入、房屋、生活用品、生产工具、原材料等不动产和动产享有所有权。
第六十六条　私人的合法财产受法律保护，禁止任何*单位和*个人侵占、哄抢、破坏。	**第二百六十七条**　私人的合法财产受法律保护，禁止任何*组织或者*个人侵占、哄抢、破坏。
第六十七条　国家、集体和私人依法可以出资设立有限责任公司、股份有限公司或者其他企业。国家、集体和私人所有的不动产或者动产，投到企业的，由出资人按照约定或者出资比例享有资产收益、重大决策以及选择经营管理者等权利并履行义务。	**第二百六十八条**　国家、集体和私人依法可以出资设立有限责任公司、股份有限公司或者其他企业。国家、集体和私人所有的不动产或者动产投到企业的，由出资人按照约定或者出资比例享有资产收益、重大决策以及选择经营管理者等权利并履行义务。
第六十八条　*企业*法人对其不动产和动产依照法律、行政法规以及章程享有占有、使用、收益和处分的权利。 *企业*法人以外的法人，对其不动产和动产的权利，适用有关法律、行政法规以及章程的规定。	**第二百六十九条**　*营利*法人对其不动产和动产依照法律、行政法规以及章程享有占有、使用、收益和处分的权利。 *营利*法人以外的法人，对其不动产和动产的权利，适用有关法律、行政法规以及章程的规定。
第六十九条　社会团体依法所有的不动产和动产，受法律保护。	**第二百七十条**　社会团体**法人、捐助法人**依法所有的不动产和动产，受法律保护。

续表

《物权法》相关条款	《民法典》物权编
	第六章　业主的建筑物区分所有权
第七十条　业主对建筑物内的住宅、经营性用房等专有部分享有所有权，对专有部分以外的共有部分享有共有和共同管理的权利。	**第二百七十一条**　业主对建筑物内的住宅、经营性用房等专有部分享有所有权，对专有部分以外的共有部分享有共有和共同管理的权利。
第七十一条　业主对其建筑物专有部分享有占有、使用、收益和处分的权利。业主行使权利不得危及建筑物的安全，不得损害其他业主的合法权益。	**第二百七十二条**　业主对其建筑物专有部分享有占有、使用、收益和处分的权利。业主行使权利不得危及建筑物的安全，不得损害其他业主的合法权益。
第七十二条　业主对建筑物专有部分以外的共有部分，享有权利，承担义务；不得以放弃权利不履行义务。 业主转让建筑物内的住宅、经营性用房，其对共有部分享有的共有和共同管理的权利一并转让。	**第二百七十三条**　业主对建筑物专有部分以外的共有部分，享有权利，承担义务；不得以放弃权利**为由**不履行义务。 业主转让建筑物内的住宅、经营性用房，其对共有部分享有的共有和共同管理的权利一并转让。
第七十三条　建筑区划内的道路，属于业主共有，但属于城镇公共道路的除外。建筑区划内的绿地，属于业主共有，但属于城镇公共绿地或者明示属于个人的除外。建筑区划内的其他公共场所、公用设施和物业服务用房，属于业主共有。	**第二百七十四条**　建筑区划内的道路，属于业主共有，但是属于城镇公共道路的除外。建筑区划内的绿地，属于业主共有，但是属于城镇公共绿地或者明示属于个人的除外。建筑区划内的其他公共场所、公用设施和物业服务用房，属于业主共有。
第七十四条第二款、第三款　建筑区划内，规划用于停放汽车的车位、车库的归属，由当事人通过出售、附赠或者出租等方式约定。	**第二百七十五条**　建筑区划内，规划用于停放汽车的车位、车库的归属，由当事人通过出售、附赠或者出租等方式约定。

续表

《物权法》相关条款	《民法典》物权编
占用业主共有的道路或者其他场地用于停放汽车的车位,属于业主共有。	占用业主共有的道路或者其他场地用于停放汽车的车位,属于业主共有。
第七十四条第一款　建筑区划内,规划用于停放汽车的车位、车库应当首先满足业主的需要。	**第二百七十六条**　建筑区划内,规划用于停放汽车的车位、车库应当首先满足业主的需要。
第七十五条　业主可以设立业主大会,选举业主委员会。 地方人民政府有关部门应当对设立业主大会和选举业主委员会给予指导和协助。	**第二百七十七条**　业主可以设立业主大会,选举业主委员会。**业主大会、业主委员会成立的具体条件和程序,依照法律、法规的规定。** 地方人民政府有关部门、**居民委员会**应当对设立业主大会和选举业主委员会给予指导和协助。
第七十六条　下列事项由业主共同决定: (一)制定和修改业主大会议事规则; (二)制定和修改建~~筑物及其附属设施的~~管理规约; (三)选举业主委员会或者更换业主委员会成员; (四)选聘和解聘物业服务企业或者其他管理人; (五)~~筹集和~~使用建筑物及其附属设施的维修资金; (六)改建、重建建筑物及其附属设施; (七)有关共有和共同管理权利的其他重大事项。	**第二百七十八条**　下列事项由业主共同决定: (一)制定和修改业主大会议事规则; (二)制定和修改管理规约; (三)选举业主委员会或者更换业主委员会成员; (四)选聘和解聘物业服务企业或者其他管理人; (五)使用建筑物及其附属设施的维修资金; **(六)筹集建筑物及其附属设施的维修资金;** (七)改建、重建建筑物及其附属设施;

续表

《物权法》相关条款	《民法典》物权编
决定前款第五项和第六项规定的事项，应当经专有部分占建筑物总面积三分之二以上的业主且占总人数三分之二以上的业主同意。决定前款其他事项，应当经专有部分占建筑物总面积过半数的业主且占总人数过半数的业主同意。	**(八)改变共有部分的用途或者利用共有部分从事经营活动；** (九)有关共有和共同管理权利的其他重大事项。 **业主共同决定事项，应当由专有部分面积占比三分之二以上的业主且人数占比三分之二以上的业主参与表决。**决定前款第六项至第八项规定的事项，应当经参与表决专有部分面积四分之三以上的业主且参与表决人数四分之三以上的业主同意。决定前款其他事项，应当经参与表决专有部分面积过半数的业主且参与表决人数过半数的业主同意。
第七十七条 业主不得违反法律、法规以及管理规约，将住宅改变为经营性用房。业主将住宅改变为经营性用房的，除遵守法律、法规以及管理规约外，应当经有利害关系的业主同意。	**第二百七十九条** 业主不得违反法律、法规以及管理规约，将住宅改变为经营性用房。业主将住宅改变为经营性用房的，除遵守法律、法规以及管理规约外，应当经有利害关系的业主**一致**同意。
第七十八条 业主大会或者业主委员会的决定，对业主具有约束力。 业主大会或者业主委员会作出的决定侵害业主合法权益的，受侵害的业主可以请求人民法院予以撤销。	**第二百八十条** 业主大会或者业主委员会的决定，对业主具有**法律**约束力。 业主大会或者业主委员会作出的决定侵害业主合法权益的，受侵害的业主可以请求人民法院予以撤销。

续表

《物权法》相关条款	《民法典》物权编
第七十九条 建筑物及其附属设施的维修资金，属于业主共有。经业主共同决定，可以用于电梯~~、水~~箱等共有部分的维修。维修资金的筹集、使用情况应当公布。	**第二百八十一条** 建筑物及其附属设施的维修资金，属于业主共有。经业主共同决定，可以用于电梯、**屋顶、外墙、无障碍设施**等共有部分的维修**、更新和改造**。**建筑物及其附属设施的**维修资金的筹集、使用情况应当**定期**公布。 **紧急情况下需要维修建筑物及其附属设施的，业主大会或者业主委员会可以依法申请使用建筑物及其附属设施的维修资金。**
	第二百八十二条 建设单位、物业服务企业或者其他管理人等利用业主的共有部分产生的收入，在扣除合理成本之后，属于业主共有。
第八十条 建筑物及其附属设施的费用分摊、收益分配等事项，有约定的，按照约定；没有约定或者约定不明确的，按照业主专有部分*占建筑物总面积的比例*确定。	**第二百八十三条** 建筑物及其附属设施的费用分摊、收益分配等事项，有约定的，按照约定；没有约定或者约定不明确的，按照业主专有部分*面积所占比例*确定。
第八十一条 业主可以自行管理建筑物及其附属设施，也可以委托物业服务企业或者其他管理人管理。 对建设单位聘请的物业服务企业或者其他管理人，业主有权依法更换。	**第二百八十四条** 业主可以自行管理建筑物及其附属设施，也可以委托物业服务企业或者其他管理人管理。 对建设单位聘请的物业服务企业或者其他管理人，业主有权依法更换。

续表

《物权法》相关条款	《民法典》物权编
第八十二条　物业服务企业或者其他管理人根据业主的委托管理建筑区划内的建筑物及其附属设施，并接受业主的监督。	**第二百八十五条**　物业服务企业或者其他管理人根据业主的委托，**依照本法第三编有关物业服务合同的规定**管理建筑区划内的建筑物及其附属设施，接受业主的监督，**并及时答复业主对物业服务情况提出的询问。** **物业服务企业或者其他管理人应当执行政府依法实施的应急处置措施和其他管理措施，积极配合开展相关工作。**
第八十三条　业主应当遵守法律、法规以及管理规约。 业主大会和业主委员会，对任意弃置垃圾、排放污染物或者噪声、违反规定饲养动物、违章搭建、侵占通道、拒付物业费等损害他人合法权益的行为，有权依照法律、法规以及管理规约，要求行为人停止侵害、消除危险、排除妨害、赔偿损失。~~业主对侵害自己合法权益的行为，可以依法向人民法院提起诉讼。~~	**第二百八十六条**　业主应当遵守法律、法规以及管理规约，**相关行为应当符合节约资源、保护生态环境的要求。对于物业服务企业或者其他管理人执行政府依法实施的应急处置措施和其他管理措施，业主应当依法予以配合。** 业主大会或者业主委员会，对任意弃置垃圾、排放污染物或者噪声、违反规定饲养动物、违章搭建、侵占通道、拒付物业费等损害他人合法权益的行为，有权依照法律、法规以及管理规约，请求行为人停止侵害、排除妨碍、消除危险、**恢复原状**、赔偿损失。 **业主或者其他行为人拒不履行相关义务的，有关当事人可以向有关行政主管部门报告或者投诉，有关行政主管部门应当依法处理。**

续表

《物权法》相关条款	《民法典》物权编
第八十三条第二款　……业主对侵害自己合法权益的行为，*可以依法向人民法院提起诉讼*。	**第二百八十七条**　业主对**建设单位、物业服务企业或者其他管理人以及其他业主**侵害自己合法权益的行为，*有权请求其承担民事责任*。
	第七章　相邻关系
第八十四条　不动产的相邻权利人应当按照有利生产、方便生活、团结互助、公平合理的原则，正确处理相邻关系。	**第二百八十八条**　不动产的相邻权利人应当按照有利生产、方便生活、团结互助、公平合理的原则，正确处理相邻关系。
第八十五条　法律、法规对处理相邻关系有规定的，依照其规定；法律、法规没有规定的，可以按照当地习惯。	**第二百八十九条**　法律、法规对处理相邻关系有规定的，依照其规定；法律、法规没有规定的，可以按照当地习惯。
第八十六条　不动产权利人应当为相邻权利人用水、排水提供必要的便利。 对自然流水的利用，应当在不动产的相邻权利人之间合理分配。对自然流水的排放，应当尊重自然流向。	**第二百九十条**　不动产权利人应当为相邻权利人用水、排水提供必要的便利。 对自然流水的利用，应当在不动产的相邻权利人之间合理分配。对自然流水的排放，应当尊重自然流向。
第八十七条　不动产权利人对相邻权利人因通行等必须利用其土地的，应当提供必要的便利。	**第二百九十一条**　不动产权利人对相邻权利人因通行等必须利用其土地的，应当提供必要的便利。
第八十八条　不动产权利人因建造、修缮建筑物以及铺设电线、电缆、水管、暖气和燃气管线等必须利用相邻土地、建筑物的，该土地、建筑物的权利人应当提供必要的便利。	**第二百九十二条**　不动产权利人因建造、修缮建筑物以及铺设电线、电缆、水管、暖气和燃气管线等必须利用相邻土地、建筑物的，该土地、建筑物的权利人应当提供必要的便利。

续表

《物权法》相关条款	《民法典》物权编
第八十九条　建造建筑物，不得违反国家有关工程建设标准，妨碍相邻建筑物的通风、采光和日照。	**第二百九十三条**　建造建筑物，不得违反国家有关工程建设标准，**不得**妨碍相邻建筑物的通风、采光和日照。
第九十条　不动产权利人不得违反国家规定弃置固体废物，排放大气污染物、水污染物、噪声、光、电磁波辐射等有害物质。	**第二百九十四条**　不动产权利人不得违反国家规定弃置固体废物，排放大气污染物、水污染物、**土壤污染物、**噪声、光**辐射**、电磁辐射等有害物质。
第九十一条　不动产权利人挖掘土地、建造建筑物、铺设管线以及安装设备等，不得危及相邻不动产的安全。	**第二百九十五条**　不动产权利人挖掘土地、建造建筑物、铺设管线以及安装设备等，不得危及相邻不动产的安全。
第九十二条　不动产权利人因用水、排水、通行、铺设管线等利用相邻不动产的，应当尽量避免对相邻的不动产权利人造成损害~~；造成损害的，应当给予赔偿~~。	**第二百九十六条**　不动产权利人因用水、排水、通行、铺设管线等利用相邻不动产的，应当尽量避免对相邻的不动产权利人造成损害。
	第八章　共　　有
第九十三条　不动产或者动产可以由两个以上单位、个人共有。共有包括按份共有和共同共有。	**第二百九十七条**　不动产或者动产可以由两个以上组织、个人共有。共有包括按份共有和共同共有。
第九十四条　按份共有人对共有的不动产或者动产按照其份额享有所有权。	**第二百九十八条**　按份共有人对共有的不动产或者动产按照其份额享有所有权。
第九十五条　共同共有人对共有的不动产或者动产共同享有所有权。	**第二百九十九条**　共同共有人对共有的不动产或者动产共同享有所有权。

续表

《物权法》相关条款	《民法典》物权编
第九十六条 共有人按照约定管理共有的不动产或者动产;没有约定或者约定不明确的,各共有人都有管理的权利和义务。	**第三百条** 共有人按照约定管理共有的不动产或者动产;没有约定或者约定不明确的,各共有人都有管理的权利和义务。
第九十七条 处分共有的不动产或者动产以及对共有的不动产或者动产作重大修缮的,应当经占份额三分之二以上的按份共有人或者全体共同共有人同意,但共有人之间另有约定的除外。	**第三百零一条** 处分共有的不动产或者动产以及对共有的不动产或者动产作重大修缮、**变更性质或者用途**的,应当经占份额三分之二以上的按份共有人或者全体共同共有人同意,但是共有人之间另有约定的除外。
第九十八条 对共有物的管理费用以及其他负担,有约定的,按照约定;没有约定或者约定不明确的,按份共有人按照其份额负担,共同共有人共同负担。	**第三百零二条** **共有人**对共有物的管理费用以及其他负担,有约定的,按照其约定;没有约定或者约定不明确的,按份共有人按照其份额负担,共同共有人共同负担。
第九十九条 共有人约定不得分割共有的不动产或者动产,以维持共有关系的,应当按照约定,但共有人有重大理由需要分割的,可以请求分割;没有约定或者约定不明确的,按份共有人可以随时请求分割,共同共有人在共有的基础丧失或者有重大理由需要分割时可以请求分割。因分割对其他共有人造成损害的,应当给予赔偿。	**第三百零三条** 共有人约定不得分割共有的不动产或者动产,以维持共有关系的,应当按照约定,但是共有人有重大理由需要分割的,可以请求分割;没有约定或者约定不明确的,按份共有人可以随时请求分割,共同共有人在共有的基础丧失或者有重大理由需要分割时可以请求分割。因分割造成其他共有人损害的,应当给予赔偿。

续表

《物权法》相关条款	《民法典》物权编
第一百条　共有人可以协商确定分割方式。达不成协议，共有的不动产或者动产可以分割并且不会因分割减损价值的，应当对实物予以分割；难以分割或者因分割会减损价值的，应当对折价或者拍卖、变卖取得的价款予以分割。 共有人分割所得的不动产或者动产有瑕疵的，其他共有人应当分担损失。	**第三百零四条**　共有人可以协商确定分割方式。达不成协议，共有的不动产或者动产可以分割且不会因分割减损价值的，应当对实物予以分割；难以分割或者因分割会减损价值的，应当对折价或者拍卖、变卖取得的价款予以分割。 共有人分割所得的不动产或者动产有瑕疵的，其他共有人应当分担损失。
第一百零一条　按份共有人可以转让其享有的共有的不动产或者动产份额。其他共有人在同等条件下享有优先购买的权利。	**第三百零五条**　按份共有人可以转让其享有的共有的不动产或者动产份额。其他共有人在同等条件下享有优先购买的权利。
	第三百零六条　按份共有人转让其享有的共有的不动产或者动产份额的，应当将转让条件及时通知其他共有人。其他共有人应当在合理期限内行使优先购买权。 **两个以上其他共有人主张行使优先购买权的，协商确定各自的购买比例；协商不成的，按照转让时各自的共有份额比例行使优先购买权。**
第一百零二条　因共有的不动产或者动产产生的债权债务，在对外关系上，共有人享有连带债权、承担连带债务，但法律另有规定或者第三人知道共有人不具有连带债权债务关系的除外；在共有人内部关系上，除共有人另有约定外，按份共	**第三百零七条**　因共有的不动产或者动产产生的债权债务，在对外关系上，共有人享有连带债权、承担连带债务，但是法律另有规定或者第三人知道共有人不具有连带债权债务关系的除外；在共有人内部关系上，除共有人另有约定外，按份共有

续表

《物权法》相关条款	《民法典》物权编
有人按照份额享有债权、承担债务，共同共有人共同享有债权、承担债务。偿还债务超过自己应当承担份额的按份共有人，有权向其他共有人追偿。	人按照份额享有债权、承担债务，共同共有人共同享有债权、承担债务。偿还债务超过自己应当承担份额的按份共有人，有权向其他共有人追偿。
第一百零三条　共有人对共有的不动产或者动产没有约定为按份共有或者共同共有，或者约定不明确的，除共有人具有家庭关系等外，视为按份共有。	**第三百零八条**　共有人对共有的不动产或者动产没有约定为按份共有或者共同共有，或者约定不明确的，除共有人具有家庭关系等外，视为按份共有。
第一百零四条　按份共有人对共有的不动产或者动产享有的份额，没有约定或者约定不明确的，按照出资额确定；不能确定出资额的，视为等额享有。	**第三百零九条**　按份共有人对共有的不动产或者动产享有的份额，没有约定或者约定不明确的，按照出资额确定；不能确定出资额的，视为等额享有。
第一百零五条　两个以上单位、个人共同享有用益物权、担保物权的，参照本章规定。	**第三百一十条**　两个以上组织、个人共同享有用益物权、担保物权的，参照**适用**本章**的有关**规定。
	第九章　所有权取得的特别规定
第一百零六条　无处分权人将不动产或者动产转让给受让人的，所有权人有权追回；除法律另有规定外，符合下列情形的，受让人取得该不动产或者动产的所有权： （一）受让人受让该不动产或者动产时是善意的； （二）以合理的价格转让； （三）转让的不动产或者动产依照法律规定应当登记的已经登记，	**第三百一十一条**　无处分权人将不动产或者动产转让给受让人的，所有权人有权追回；除法律另有规定外，符合下列情形的，受让人取得该不动产或者动产的所有权： （一）受让人受让该不动产或者动产时是善意； （二）以合理的价格转让； （三）转让的不动产或者动产依照法律规定应当登记的已经登记，不

续表

《物权法》相关条款	《民法典》物权编
不需要登记的已经交付给受让人。 受让人依照前款规定取得不动产或者动产的所有权的，原所有权人有权向无处分权人请求*赔偿损失*。 当事人善意取得其他物权的，参照前两款规定。	需要登记的已经交付给受让人。 受让人依据前款规定取得不动产或者动产的所有权的，原所有权人有权向无处分权人请求*损害赔偿*。 当事人善意取得其他物权的，参照**适用**前两款规定。
第一百零七条　所有权人或者其他权利人有权追回遗失物。该遗失物通过转让被他人占有的，权利人有权向无处分权人请求损害赔偿，或者自知道或者应当知道受让人之日起二年内向受让人请求返还原物，但受让人通过拍卖或者向具有经营资格的经营者购得该遗失物的，权利人请求返还原物时应当支付受让人所付的费用。权利人向受让人支付所付费用后，有权向无处分权人追偿。	**第三百一十二条**　所有权人或者其他权利人有权追回遗失物。该遗失物通过转让被他人占有的，权利人有权向无处分权人请求损害赔偿，或者自知道或者应当知道受让人之日起二年内向受让人请求返还原物；但是，受让人通过拍卖或者向具有经营资格的经营者购得该遗失物的，权利人请求返还原物时应当支付受让人所付的费用。权利人向受让人支付所付费用后，有权向无处分权人追偿。
第一百零八条　善意受让人取得动产后，该动产上的原有权利消灭，但善意受让人在受让时知道或者应当知道该权利的除外。	**第三百一十三条**　善意受让人取得动产后，该动产上的原有权利消灭。但是，善意受让人在受让时知道或者应当知道该权利的除外。
第一百零九条　拾得遗失物，应当返还权利人。拾得人应当及时通知权利人领取，或者送交公安等有关部门。	**第三百一十四条**　拾得遗失物，应当返还权利人。拾得人应当及时通知权利人领取，或者送交公安等有关部门。

续表

《物权法》相关条款	《民法典》物权编
第一百一十条　有关部门收到遗失物，知道权利人的，应当及时通知其领取；不知道的，应当及时发布招领公告。	**第三百一十五条**　有关部门收到遗失物，知道权利人的，应当及时通知其领取；不知道的，应当及时发布招领公告。
第一百一十一条　拾得人在遗失物送交有关部门前，有关部门在遗失物被领取前，应当妥善保管遗失物。因故意或者重大过失致使遗失物毁损、灭失的，应当承担民事责任。	**第三百一十六条**　拾得人在遗失物送交有关部门前，有关部门在遗失物被领取前，应当妥善保管遗失物。因故意或者重大过失致使遗失物毁损、灭失的，应当承担民事责任。
第一百一十二条　权利人领取遗失物时，应当向拾得人或者有关部门支付保管遗失物等支出的必要费用。 权利人悬赏寻找遗失物的，领取遗失物时应当按照承诺履行义务。 拾得人侵占遗失物的，无权请求保管遗失物等支出的费用，也无权请求权利人按照承诺履行义务。	**第三百一十七条**　权利人领取遗失物时，应当向拾得人或者有关部门支付保管遗失物等支出的必要费用。 权利人悬赏寻找遗失物的，领取遗失物时应当按照承诺履行义务。 拾得人侵占遗失物的，无权请求保管遗失物等支出的费用，也无权请求权利人按照承诺履行义务。
第一百一十三条　遗失物自发布招领公告之日起六个月内无人认领的，归国家所有。	**第三百一十八条**　遗失物自发布招领公告之日起一年内无人认领的，归国家所有。
第一百一十四条　拾得漂流物、发现埋藏物或者隐藏物的，参照拾得遗失物的有关规定。文物保护法等法律另有规定的，依照其规定。	**第三百一十九条**　拾得漂流物、发现埋藏物或者隐藏物的，参照适用拾得遗失物的有关规定。法律另有规定的，依照其规定。

续表

《物权法》相关条款	《民法典》物权编
第一百一十五条 主物转让的，从物随主物转让，但当事人另有约定的除外。	**第三百二十条** 主物转让的，从物随主物转让，但是当事人另有约定的除外。
第一百一十六条 天然孳息，由所有权人取得；既有所有权人又有用益物权人的，由用益物权人取得。当事人另有约定的，按照约定。 法定孳息，当事人有约定的，按照约定取得；没有约定或者约定不明确的，按照交易习惯取得。	**第三百二十一条** 天然孳息，由所有权人取得；既有所有权人又有用益物权人的，由用益物权人取得。当事人另有约定的，按照其约定。 法定孳息，当事人有约定的，按照约定取得；没有约定或者约定不明确的，按照交易习惯取得。
	第三百二十二条 因加工、附合、混合而产生的物的归属，有约定的，按照约定；没有约定或者约定不明确的，依照法律规定；法律没有规定的，按照充分发挥物的效用以及保护无过错当事人的原则确定。因一方当事人的过错或者确定物的归属造成另一方当事人损害的，应当给予赔偿或者补偿。
	第三分编 用 益 物 权
	第十章 一 般 规 定
第一百一十七条 用益物权人对他人所有的不动产或者动产，依法享有占有、使用和收益的权利。	**第三百二十三条** 用益物权人对他人所有的不动产或者动产，依法享有占有、使用和收益的权利。
第一百一十八条 国家所有或者国家所有由集体使用以及法律规定属于集体所有的自然资源，单位、个人依法可以占有、使用和收益。	**第三百二十四条** 国家所有或者国家所有由集体使用以及法律规定属于集体所有的自然资源，组织、个人依法可以占有、使用和收益。

续表

《物权法》相关条款	《民法典》物权编
第一百一十九条　国家实行自然资源有偿使用制度，但法律另有规定的除外。	**第三百二十五条**　国家实行自然资源有偿使用制度，但是法律另有规定的除外。
第一百二十条　用益物权人行使权利，应当遵守法律有关保护和合理开发利用资源的规定。所有权人不得干涉用益物权人行使权利。	**第三百二十六条**　用益物权人行使权利，应当遵守法律有关保护和合理开发利用资源、**保护生态环境**的规定。所有权人不得干涉用益物权人行使权利。
第一百二十一条　因不动产或者动产被征收、征用致使用益物权消灭或者影响用益物权行使的，用益物权人有权*依照本法第四十二条、第四十四条*的规定获得相应补偿。	**第三百二十七条**　因不动产或者动产被征收、征用致使用益物权消灭或者影响用益物权行使的，用益物权人有权*依据本法第二百四十三条、第二百四十五条*的规定获得相应补偿。
第一百二十二条　依法取得的海域使用权受法律保护。	**第三百二十八条**　依法取得的海域使用权受法律保护。
第一百二十三条　依法取得的探矿权、采矿权、取水权和使用水域、滩涂从事养殖、捕捞的权利受法律保护。	**第三百二十九条**　依法取得的探矿权、采矿权、取水权和使用水域、滩涂从事养殖、捕捞的权利受法律保护。
	第十一章　土地承包经营权
第一百二十四条　农村集体经济组织实行家庭承包经营为基础、统分结合的双层经营体制。 农民集体所有和国家所有由农民集体使用的耕地、林地、草地以及其他用于农业的土地，依法实行土地承包经营制度。	**第三百三十条**　农村集体经济组织实行家庭承包经营为基础、统分结合的双层经营体制。 农民集体所有和国家所有由农民集体使用的耕地、林地、草地以及其他用于农业的土地，依法实行土地承包经营制度。

续表

《物权法》相关条款	《民法典》物权编
第一百二十五条　土地承包经营权人依法对其承包经营的耕地、林地、草地等享有占有、使用和收益的权利，有权从事种植业、林业、畜牧业等农业生产。	**第三百三十一条**　土地承包经营权人依法对其承包经营的耕地、林地、草地等享有占有、使用和收益的权利，有权从事种植业、林业、畜牧业等农业生产。
第一百二十六条　耕地的承包期为三十年。草地的承包期为三十年至五十年。林地的承包期为三十年至七十年~~；特殊林木的林地承包期，经国务院林业行政主管部门批准可以延长~~。 前款规定的承包期届满，由土地承包经营权人*按照国家有关规定*继续承包。	**第三百三十二条**　耕地的承包期为三十年。草地的承包期为三十年至五十年。林地的承包期为三十年至七十年。 前款规定的承包期限届满，由土地承包经营权人*依照农村土地承包的法律规定*继续承包。
第一百二十七条　土地承包经营权自土地承包经营权合同生效时设立。 *县级以上地方人民政府*应当向土地承包经营权人发放土地承包经营权证、林权证~~、*草原使用权证*~~，并登记造册，确认土地承包经营权。	**第三百三十三条**　土地承包经营权自土地承包经营权合同生效时设立。 *登记机构*应当向土地承包经营权人发放土地承包经营权证、林权证等证书，并登记造册，确认土地承包经营权。
第一百二十八条　土地承包经营权人依照*农村土地承包法的*规定，有权将土地承包经营权~~采取转包、~~互换、转让等~~方式流转~~。~~流转的期限不得超过承包期的剩余期限。~~未经依法批准，不得将承包地用于非农建设。	**第三百三十四条**　土地承包经营权人依照*法律*规定，有权将土地承包经营权互换、转让。未经依法批准，不得将承包地用于非农建设。

续表

《物权法》相关条款	《民法典》物权编
第一百二十九条　~~土地承包经营权人~~将土地承包经营权互换、转让，*当事人要求登记的，应当向县级以上地方人民政府申请土地承包经营权变更登记*；未经登记，不得对抗善意第三人。	**第三百三十五条**　土地承包经营权互换、转让的，*当事人可以向登记机构申请登记*；未经登记，不得对抗善意第三人。
第一百三十条　承包期内发包人不得调整承包地。 因自然灾害严重毁损承包地等特殊情形，需要适当调整承包的耕地和草地的，应当依照农村土地承包法等*法律规定*办理。	**第三百三十六条**　承包期内发包人不得调整承包地。 因自然灾害严重毁损承包地等特殊情形，需要适当调整承包的耕地和草地的，应当依照农村土地承包*的法律规定*办理。
第一百三十一条　承包期内发包人不得收回承包地。~~*农村土地承包法*等~~*法律*另有规定的，依照其规定。	**第三百三十七条**　承包期内发包人不得收回承包地。*法律*另有规定的，依照其规定。
第一百三十二条　承包地被征收的，土地承包经营权人有权依照本法*第四十二条第二款*的规定获得相应补偿。	**第三百三十八条**　承包地被征收的，土地承包经营权人有权依据本法*第二百四十三条*的规定获得相应补偿。
	第三百三十九条　土地承包经营权人可以自主决定依法采取出租、入股或者其他方式向他人流转土地经营权。
	第三百四十条　土地经营权人有权在合同约定的期限内占有农村土地，自主开展农业生产经营并取得收益。

续表

《物权法》相关条款	《民法典》物权编
	第三百四十一条　流转期限为五年以上的土地经营权，自流转合同生效时设立。当事人可以向登记机构申请土地经营权登记；未经登记，不得对抗善意第三人。
第一百三十三条　通过招标、拍卖、公开协商等方式承包~~荒地~~等农村土地，*依照农村土地承包法等法律和国务院的有关规定，其土地承包经营权可以转让、入股、抵押或者以其他方式流转。*	**第三百四十二条**　通过招标、拍卖、公开协商等方式承包农村土地，**经依法登记取得权属证书的**，*可以依法采取出租、入股、抵押或者其他方式流转土地经营权。*
第一百三十四条　国家所有的农用地实行承包经营的，参照~~本法~~的有关规定。	**第三百四十三条**　国家所有的农用地实行承包经营的，参照**适用**本编的有关规定。
	第十二章　建设用地使用权
第一百三十五条　建设用地使用权人依法对国家所有的土地享有占有、使用和收益的权利，有权利用该土地建造建筑物、构筑物及其附属设施。	**第三百四十四条**　建设用地使用权人依法对国家所有的土地享有占有、使用和收益的权利，有权利用该土地建造建筑物、构筑物及其附属设施。
第一百三十六条　建设用地使用权可以在土地的地表、地上或者地下分别设立。……	**第三百四十五条**　建设用地使用权可以在土地的地表、地上或者地下分别设立。
第一百三十六条　……新设立的建设用地使用权，不得损害已设立的用益物权。	**第三百四十六条**　设立建设用地使用权，**应当符合节约资源、保护生态环境的要求，遵守法律、行政法规关于土地用途的规定**，不得损害已经设立的用益物权。

续表

《物权法》相关条款	《民法典》物权编
第一百三十七条　设立建设用地使用权，可以采取出让或者划拨等方式。 工业、商业、旅游、娱乐和商品住宅等经营性用地以及同一土地有两个以上意向用地者的，应当采取招标、拍卖等公开竞价的方式出让。 严格限制以划拨方式设立建设用地使用权。~~采取划拨方式的，应当遵守法律、行政法规关于土地用途的规定~~。	**第三百四十七条**　设立建设用地使用权，可以采取出让或者划拨等方式。 工业、商业、旅游、娱乐和商品住宅等经营性用地以及同一土地有两个以上意向用地者的，应当采取招标、拍卖等公开竞价的方式出让。 严格限制以划拨方式设立建设用地使用权。
第一百三十八条　*采取*招标、拍卖、协议等出让方式设立建设用地使用权的，当事人应当采取书面形式订立建设用地使用权出让合同。 建设用地使用权出让合同一般包括下列条款： （一）当事人的名称和住所； （二）土地界址、面积等； （三）建筑物、构筑物及其附属设施占用的空间； （四）土地用途； （五）使用期限； （六）出让金等费用及其支付方式； （七）解决争议的方法。	**第三百四十八条**　*通过*招标、拍卖、协议等出让方式设立建设用地使用权的，当事人应当采用书面形式订立建设用地使用权出让合同。 建设用地使用权出让合同一般包括下列条款： （一）当事人的名称和住所； （二）土地界址、面积等； （三）建筑物、构筑物及其附属设施占用的空间； （四）土地用途**、规划条件**； （五）**建设用地**使用**权**期限； （六）出让金等费用及其支付方式； （七）解决争议的方法。

续表

《物权法》相关条款	《民法典》物权编
第一百三十九条　设立建设用地使用权的，应当向登记机构申请建设用地使用权登记。建设用地使用权自登记时设立。登记机构应当向建设用地使用权人发放*建设用地使用权证书*。	**第三百四十九条**　设立建设用地使用权的，应当向登记机构申请建设用地使用权登记。建设用地使用权自登记时设立。登记机构应当向建设用地使用权人发放*权属证书*。
第一百四十条　建设用地使用权人应当合理利用土地，不得改变土地用途；需要改变土地用途的，应当依法经有关行政主管部门批准。	**第三百五十条**　建设用地使用权人应当合理利用土地，不得改变土地用途；需要改变土地用途的，应当依法经有关行政主管部门批准。
第一百四十一条　建设用地使用权人应当依照法律规定以及合同约定支付出让金等费用。	**第三百五十一条**　建设用地使用权人应当依照法律规定以及合同约定支付出让金等费用。
第一百四十二条　建设用地使用权人建造的建筑物、构筑物及其附属设施的所有权属于建设用地使用权人，但有相反证据证明的除外。	**第三百五十二条**　建设用地使用权人建造的建筑物、构筑物及其附属设施的所有权属于建设用地使用权人，但是有相反证据证明的除外。
第一百四十三条　建设用地使用权人有权将建设用地使用权转让、互换、出资、赠与或者抵押，但法律另有规定的除外。	**第三百五十三条**　建设用地使用权人有权将建设用地使用权转让、互换、出资、赠与或者抵押，但是法律另有规定的除外。
第一百四十四条　建设用地使用权转让、互换、出资、赠与或者抵押的，当事人应当采取书面形式订立相应的合同。使用期限由当事人约定，但不得超过建设用地使用权的剩余期限。	**第三百五十四条**　建设用地使用权转让、互换、出资、赠与或者抵押的，当事人应当采用书面形式订立相应的合同。使用期限由当事人约定，但是不得超过建设用地使用权的剩余期限。

续表

《物权法》相关条款	《民法典》物权编
第一百四十五条　建设用地使用权转让、互换、出资或者赠与的，应当向登记机构申请变更登记。	**第三百五十五条**　建设用地使用权转让、互换、出资或者赠与的，应当向登记机构申请变更登记。
第一百四十六条　建设用地使用权转让、互换、出资或者赠与的，附着于该土地上的建筑物、构筑物及其附属设施一并处分。	**第三百五十六条**　建设用地使用权转让、互换、出资或者赠与的，附着于该土地上的建筑物、构筑物及其附属设施一并处分。
第一百四十七条　建筑物、构筑物及其附属设施转让、互换、出资或者赠与的，该建筑物、构筑物及其附属设施占用范围内的建设用地使用权一并处分。	**第三百五十七条**　建筑物、构筑物及其附属设施转让、互换、出资或者赠与的，该建筑物、构筑物及其附属设施占用范围内的建设用地使用权一并处分。
第一百四十八条　建设用地使用权期间届满前，因公共利益需要提前收回该土地的，应当*依照本法第四十二条*的规定对该土地上的房屋及其他不动产给予补偿，并退还相应的出让金。	**第三百五十八条**　建设用地使用权期限届满前，因公共利益需要提前收回该土地的，应当*依据本法第二百四十三条*的规定对该土地上的房屋以及其他不动产给予补偿，并退还相应的出让金。
第一百四十九条　住宅建设用地使用权期间届满的，自动续期。 非住宅建设用地使用权期间届满后的续期，依照法律规定办理。该土地上的房屋及其他不动产的归属，有约定的，按照约定；没有约定或者约定不明确的，依照法律、行政法规的规定办理。	**第三百五十九条**　住宅建设用地使用权期限届满的，自动续期。**续期费用的缴纳或者减免，依照法律、行政法规的规定办理**。 非住宅建设用地使用权期限届满后的续期，依照法律规定办理。该土地上的房屋以及其他不动产的归属，有约定的，按照约定；没有约定或者约定不明确的，依照法律、行政法规的规定办理。

续表

《物权法》相关条款	《民法典》物权编
第一百五十条　建设用地使用权消灭的，出让人应当及时办理注销登记。登记机构应当收回*建设用地使用权证书*。	**第三百六十条**　建设用地使用权消灭的，出让人应当及时办理注销登记。登记机构应当收回*权属证书*。
第一百五十一条　集体所有的土地作为建设用地的，应当依照土地管理法等法律规定办理。	**第三百六十一条**　集体所有的土地作为建设用地的，应当依照土地管理*的*法律规定办理。
	第十三章　宅基地使用权
第一百五十二条　宅基地使用权人依法对集体所有的土地享有占有和使用的权利，有权依法利用该土地建造住宅及其附属设施。	**第三百六十二条**　宅基地使用权人依法对集体所有的土地享有占有和使用的权利，有权依法利用该土地建造住宅及其附属设施。
第一百五十三条　宅基地使用权的取得、行使和转让，适用土地管理法等法律和国家有关规定。	**第三百六十三条**　宅基地使用权的取得、行使和转让，适用土地管理*的*法律和国家有关规定。
第一百五十四条　宅基地因自然灾害等原因灭失的，宅基地使用权消灭。对失去宅基地的村民，应当重新分配宅基地。	**第三百六十四条**　宅基地因自然灾害等原因灭失的，宅基地使用权消灭。对失去宅基地的村民，应当依法重新分配宅基地。
第一百五十五条　已经登记的宅基地使用权转让或者消灭的，应当及时办理变更登记或者注销登记。	**第三百六十五条**　已经登记的宅基地使用权转让或者消灭的，应当及时办理变更登记或者注销登记。
	第十四章　居　住　权
	第三百六十六条　居住权人有权按照合同约定，对他人的住宅享有占有、使用的用益物权，以满足生活居住的需要。

续表

《物权法》相关条款	《民法典》物权编
	第三百六十七条　设立居住权，当事人应当采用书面形式订立居住权合同。 居住权合同一般包括下列条款： （一）当事人的姓名或者名称和住所； （二）住宅的位置； （三）居住的条件和要求； （四）居住权期限； （五）解决争议的方法。
	第三百六十八条　居住权无偿设立，但是当事人另有约定的除外。设立居住权的，应当向登记机构申请居住权登记。居住权自登记时设立。
	第三百六十九条　居住权不得转让、继承。设立居住权的住宅不得出租，但是当事人另有约定的除外。
	第三百七十条　居住权期限届满或者居住权人死亡的，居住权消灭。居住权消灭的，应当及时办理注销登记。
	第三百七十一条　以遗嘱方式设立居住权的，参照适用本章的有关规定。

续表

《物权法》相关条款	《民法典》物权编
	第十五章　地　役　权
第一百五十六条　地役权人有权按照合同约定，利用他人的不动产，以提高自己的不动产的效益。 前款所称他人的不动产为供役地，自己的不动产为需役地。	**第三百七十二条**　地役权人有权按照合同约定，利用他人的不动产，以提高自己的不动产的效益。 前款所称他人的不动产为供役地，自己的不动产为需役地。
第一百五十七条　设立地役权，当事人应当采取书面形式订立地役权合同。 地役权合同一般包括下列条款： （一）当事人的姓名或者名称和住所； （二）供役地和需役地的位置； （三）利用目的和方法； （四）*利用*期限； （五）费用及其支付方式； （六）解决争议的方法。	**第三百七十三条**　设立地役权，当事人应当采用书面形式订立地役权合同。 地役权合同一般包括下列条款： （一）当事人的姓名或者名称和住所； （二）供役地和需役地的位置； （三）利用目的和方法； （四）*地役权*期限； （五）费用及其支付方式； （六）解决争议的方法。
第一百五十八条　地役权自地役权合同生效时设立。当事人要求登记的，可以向登记机构申请地役权登记；未经登记，不得对抗善意第三人。	**第三百七十四条**　地役权自地役权合同生效时设立。当事人要求登记的，可以向登记机构申请地役权登记；未经登记，不得对抗善意第三人。
第一百五十九条　供役地权利人应当按照合同约定，允许地役权人利用其*土地*，不得妨害地役权人行使权利。	**第三百七十五条**　供役地权利人应当按照合同约定，允许地役权人利用其不动产，不得妨害地役权人行使权利。

续表

《物权法》相关条款	《民法典》物权编
第一百六十条 地役权人应当按照合同约定的利用目的和方法利用供役地,尽量减少对供役地权利人物权的限制。	**第三百七十六条** 地役权人应当按照合同约定的利用目的和方法利用供役地,尽量减少对供役地权利人物权的限制。
第一百六十一条 地役权的期限由当事人约定,但不得超过土地承包经营权、建设用地使用权等用益物权的剩余期限。	**第三百七十七条** 地役权期限由当事人约定;但是,不得超过土地承包经营权、建设用地使用权等用益物权的剩余期限。
第一百六十二条 土地所有权人享有地役权或者负担地役权的,设立土地承包经营权、宅基地使用权时,该*土地承包经营权人、宅基地使用权*人继续享有或者负担已设立的地役权。	**第三百七十八条** 土地所有权人享有地役权或者负担地役权的,设立土地承包经营权、宅基地使用权**等用益物权**时,该*用益物权*人继续享有或者负担已经设立的地役权。
第一百六十三条 土地上已设立土地承包经营权、建设用地使用权、宅基地使用权等*权利*的,未经用益物权人同意,土地所有权人不得设立地役权。	**第三百七十九条** 土地上已经设立土地承包经营权、建设用地使用权、宅基地使用权等*用益物权*的,未经用益物权人同意,土地所有权人不得设立地役权。
第一百六十四条 地役权不得单独转让。土地承包经营权、建设用地使用权等转让的,地役权一并转让,但合同另有约定的除外。	**第三百八十条** 地役权不得单独转让。土地承包经营权、建设用地使用权等转让的,地役权一并转让,但**是**合同另有约定的除外。
第一百六十五条 地役权不得单独抵押。土地承包经营权、建设用地使用权等抵押的,在实现抵押权时,地役权一并转让。	**第三百八十一条** 地役权不得单独抵押。土地经营权、建设用地使用权等抵押的,在实现抵押权时,地役权一并转让。

续表

《物权法》相关条款	《民法典》物权编
第一百六十六条　需役地以及需役地上的土地承包经营权、建设用地使用权部分转让时，转让部分涉及地役权的，受让人同时享有地役权。	**第三百八十二条**　需役地以及需役地上的土地承包经营权、建设用地使用权**等**部分转让时，转让部分涉及地役权的，受让人同时享有地役权。
第一百六十七条　供役地以及供役地上的土地承包经营权、建设用地使用权部分转让时，转让部分涉及地役权的，地役权对受让人具有约束力。	**第三百八十三条**　供役地以及供役地上的土地承包经营权、建设用地使用权**等**部分转让时，转让部分涉及地役权的，地役权对受让人具有**法律**约束力。
第一百六十八条　地役权人有下列情形之一的，供役地权利人有权解除地役权合同，地役权消灭： （一）违反法律规定或者合同约定，滥用地役权； （二）有偿利用供役地，约定的付款期间届满后在合理期限内经两次催告未支付费用。	**第三百八十四条**　地役权人有下列情形之一的，供役地权利人有权解除地役权合同，地役权消灭： （一）违反法律规定或者合同约定，滥用地役权； （二）有偿利用供役地，约定的付款期限届满后在合理期限内经两次催告未支付费用。
第一百六十九条　已经登记的地役权变更、转让或者消灭的，应当及时办理变更登记或者注销登记。	**第三百八十五条**　已经登记的地役权变更、转让或者消灭的，应当及时办理变更登记或者注销登记。
	第四分编　担 保 物 权
	第十六章　一 般 规 定
第一百七十条　担保物权人在债务人不履行到期债务或者发生当事人约定的实现担保物权的情形，依法享有就担保财产优先受偿的权利，但法律另有规定的除外。	**第三百八十六条**　担保物权人在债务人不履行到期债务或者发生当事人约定的实现担保物权的情形，依法享有就担保财产优先受偿的权利，但**是**法律另有规定的除外。

续表

《物权法》相关条款	《民法典》物权编
第一百七十一条 债权人在借贷、买卖等民事活动中,为保障实现其债权,需要担保的,可以依照本法和其他法律的规定设立担保物权。 第三人为债务人向债权人提供担保的,可以要求债务人提供反担保。反担保适用本法和其他法律的规定。	**第三百八十七条** 债权人在借贷、买卖等民事活动中,为保障实现其债权,需要担保的,可以依照本法和其他法律的规定设立担保物权。 第三人为债务人向债权人提供担保的,可以要求债务人提供反担保。反担保适用本法和其他法律的规定。
第一百七十二条 设立担保物权,应当依照本法和其他法律的规定订立担保合同。担保合同是主债权债务合同的从合同。主债权债务合同无效,担保合同无效,但法律另有规定的除外。 担保合同被确认无效后,债务人、担保人、债权人有过错的,应当根据其过错各自承担相应的民事责任。	**第三百八十八条** 设立担保物权,应当依照本法和其他法律的规定订立担保合同。**担保合同包括抵押合同、质押合同和其他具有担保功能的合同**。担保合同是主债权债务合同的从合同。主债权债务合同无效**的**,担保合同无效,但是法律另有规定的除外。 担保合同被确认无效后,债务人、担保人、债权人有过错的,应当根据其过错各自承担相应的民事责任。
第一百七十三条 担保物权的担保范围包括主债权及其利息、违约金、损害赔偿金、保管担保财产和实现担保物权的费用。当事人另有约定的,按照约定。	**第三百八十九条** 担保物权的担保范围包括主债权及其利息、违约金、损害赔偿金、保管担保财产和实现担保物权的费用。当事人另有约定的,按照**其**约定。
第一百七十四条 担保期间,担保财产毁损、灭失或者被征收等,担保物权人可以就获得的保险金、赔偿金或者补偿金等优先受偿。被担保债权的履行期未届满的,也可以提存该保险金、赔偿金或者补偿金等。	**第三百九十条** 担保期间,担保财产毁损、灭失或者被征收等,担保物权人可以就获得的保险金、赔偿金或者补偿金等优先受偿。被担保债权的履行期**限**未届满的,也可以提存该保险金、赔偿金或者补偿金等。

续表

《物权法》相关条款	《民法典》物权编
第一百七十五条 第三人提供担保,未经其书面同意,债权人允许债务人转移全部或者部分债务的,担保人不再承担相应的担保责任。	**第三百九十一条** 第三人提供担保,未经其书面同意,债权人允许债务人转移全部或者部分债务的,担保人不再承担相应的担保责任。
第一百七十六条 被担保的债权既有物的担保又有人的担保的,债务人不履行到期债务或者发生当事人约定的实现担保物权的情形,债权人应当按照约定实现债权;没有约定或者约定不明确,债务人自己提供物的担保的,债权人应当先就该物的担保实现债权;第三人提供物的担保的,债权人可以就物的担保实现债权,也可以要求保证人承担保证责任。提供担保的第三人承担担保责任后,有权向债务人追偿。	**第三百九十二条** 被担保的债权既有物的担保又有人的担保的,债务人不履行到期债务或者发生当事人约定的实现担保物权的情形,债权人应当按照约定实现债权;没有约定或者约定不明确,债务人自己提供物的担保的,债权人应当先就该物的担保实现债权;第三人提供物的担保的,债权人可以就物的担保实现债权,也可以请求保证人承担保证责任。提供担保的第三人承担担保责任后,有权向债务人追偿。
第一百七十七条 有下列情形之一的,担保物权消灭: (一)主债权消灭; (二)担保物权实现; (三)债权人放弃担保物权; (四)法律规定担保物权消灭的其他情形。	**第三百九十三条** 有下列情形之一的,担保物权消灭: (一)主债权消灭; (二)担保物权实现; (三)债权人放弃担保物权; (四)法律规定担保物权消灭的其他情形。

续表

《物权法》相关条款	《民法典》物权编
	第十七章 抵 押 权
	第一节 一般抵押权
第一百七十九条 为担保债务的履行，债务人或者第三人不转移财产的占有，将该财产抵押给债权人的，债务人不履行到期债务或者发生当事人约定的实现抵押权的情形，债权人有权就该财产优先受偿。 前款规定的债务人或者第三人为抵押人，债权人为抵押权人，提供担保的财产为抵押财产。	**第三百九十四条** 为担保债务的履行，债务人或者第三人不转移财产的占有，将该财产抵押给债权人的，债务人不履行到期债务或者发生当事人约定的实现抵押权的情形，债权人有权就该财产优先受偿。 前款规定的债务人或者第三人为抵押人，债权人为抵押权人，提供担保的财产为抵押财产。
第一百八十条 债务人或者第三人有权处分的下列财产可以抵押： （一）建筑物和其他土地附着物； （二）建设用地使用权； （三）~~以招标、拍卖、公开协商等方式取得的荒地等土地承包经营权~~； （四）生产设备、原材料、半成品、产品； （五）正在建造的建筑物、船舶、航空器； （六）交通运输工具； （七）法律、行政法规未禁止抵押的其他财产。 抵押人可以将前款所列财产一并抵押。	**第三百九十五条** 债务人或者第三人有权处分的下列财产可以抵押： （一）建筑物和其他土地附着物； （二）建设用地使用权； （三）**海域使用权**； （四）生产设备、原材料、半成品、产品； （五）正在建造的建筑物、船舶、航空器； （六）交通运输工具； （七）法律、行政法规未禁止抵押的其他财产。 抵押人可以将前款所列财产一并抵押。

续表

《物权法》相关条款	《民法典》物权编
第一百八十一条　~~经当事人书面协议，~~企业、个体工商户、农业生产经营者可以将现有的以及将有的生产设备、原材料、半成品、产品抵押，债务人不履行到期债务或者发生当事人约定的实现抵押权的情形，债权人有权就*实现抵押权*时的动产优先受偿。	**第三百九十六条**　企业、个体工商户、农业生产经营者可以将现有的以及将有的生产设备、原材料、半成品、产品抵押，债务人不履行到期债务或者发生当事人约定的实现抵押权的情形，债权人有权**就*抵押财产确定***时的动产优先受偿。
第一百八十二条　以建筑物抵押的，该建筑物占用范围内的建设用地使用权一并抵押。以建设用地使用权抵押的，该土地上的建筑物一并抵押。 抵押人未依照前款规定一并抵押的，未抵押的财产视为一并抵押。	**第三百九十七条**　以建筑物抵押的，该建筑物占用范围内的建设用地使用权一并抵押。以建设用地使用权抵押的，该土地上的建筑物一并抵押。 抵押人未依据前款规定一并抵押的，未抵押的财产视为一并抵押。
第一百八十三条　乡镇、村企业的建设用地使用权不得单独抵押。以乡镇、村企业的厂房等建筑物抵押的，其占用范围内的建设用地使用权一并抵押。	**第三百九十八条**　乡镇、村企业的建设用地使用权不得单独抵押。以乡镇、村企业的厂房等建筑物抵押的，其占用范围内的建设用地使用权一并抵押。
第一百八十四条　下列财产不得抵押： （一）土地所有权； （二）~~耕地、~~宅基地、自留地、自留山等集体所有的土地使用权，但法律规定可以抵押的除外； （三）学校、幼儿园、*医院*等以公益为目的的~~事业单位、社会团体~~的教育设施、医疗卫生设施和其他社会公益设施；	**第三百九十九条**　下列财产不得抵押： （一）土地所有权； （二）宅基地、自留地、自留山等集体所有土地的使用权，但**是**法律规定可以抵押的除外； （三）学校、幼儿园、*医疗机构*等为公益目的**成立的非营利法人**的教育设施、医疗卫生设施和其他公益设施；

续表

《物权法》相关条款	《民法典》物权编
（四）所有权、使用权不明或者有争议的财产； （五）依法被查封、扣押、监管的财产； （六）法律、行政法规规定不得抵押的其他财产。	（四）所有权、使用权不明或者有争议的财产； （五）依法被查封、扣押、监管的财产； （六）法律、行政法规规定不得抵押的其他财产。
第一百八十五条 设立抵押权，当事人应当采取书面形式订立抵押合同。 抵押合同一般包括下列条款： （一）被担保债权的种类和数额； （二）债务人履行债务的期限； （三）抵押财产的名称、数量~~、质量、状况、所在地、所有权归属或者使用权归属~~； （四）担保的范围。	**第四百条** 设立抵押权，当事人应当采用书面形式订立抵押合同。 抵押合同一般包括下列条款： （一）被担保债权的种类和数额； （二）债务人履行债务的期限； （三）抵押财产的名称、数量**等情况**； （四）担保的范围。
第一百八十六条 抵押权人在债务履行期届满前，~~不得~~与抵押人约定债务人不履行到期债务时抵押财产归债权人所有。	**第四百零一条** 抵押权人在债务履行期限届满前，与抵押人约定债务人不履行到期债务时抵押财产归债权人所有**的，只能依法就抵押财产优先受偿**。
第一百八十七条 以本法第一百八十条第一款第一项至第三项规定的财产或者第五项规定的正在建造的建筑物抵押的，应当办理抵押登记。抵押权自登记时设立。	**第四百零二条** 以本法第三百九十五条第一款第一项至第三项规定的财产或者第五项规定的正在建造的建筑物抵押的，应当办理抵押登记。抵押权自登记时设立。

续表

《物权法》相关条款	《民法典》物权编
第一百八十八条　~~以本法第一百八十条第一款第四项、第六项规定的财产或者第五项规定的正在建造的船舶、航空器抵押的，~~抵押权自抵押合同生效时设立；未经登记，不得对抗善意第三人。	**第四百零三条　以动产抵押的，**抵押权自抵押合同生效时设立；未经登记，不得对抗善意第三人。
第一百八十九条　~~企业、个体工商户、农业生产经营者以本法第一百八十一条规定的动产抵押的，应当向抵押人住所地的工商行政管理部门办理登记。抵押权自抵押合同生效时设立；未经登记，不得对抗善意第三人。~~ ~~依照本法第一百八十一条规定抵押的，~~不得对抗正常经营活动中已支付合理价款并取得抵押财产的买受人。	**第四百零四条　以动产抵押的，**不得对抗正常经营活动中已经支付合理价款并取得抵押财产的买受人。
第一百九十条　~~订立抵押合同~~前抵押财产已出租的，原租赁关系不受该抵押权的影响。~~抵押权设立后抵押财产出租的，该租赁关系不得对抗已登记的抵押权~~。	**第四百零五条　抵押权设立**前，抵押财产已经出租**并转移占有**的，原租赁关系不受该抵押权的影响。
第一百九十一条　抵押期间，抵押人~~经抵押权人同意~~转让抵押财产的，~~应当~~将转让所得的价款向抵押权人提前清偿债务或者提存。转让的价款超过债权数额的部分归抵押人所有，不足部分由债务人清偿。	**第四百零六条**　抵押期间，**抵押人可以转让抵押财产。当事人另有约定的，按照其约定。抵押财产转让的，抵押权不受影响。**

续表

《物权法》相关条款	《民法典》物权编
~~抵押期间，抵押人未经抵押权人同意，不得转让抵押财产，但受让人代为清偿债务消灭抵押权的除~~外。	抵押人转让抵押财产的，**应当及时通知抵押权人。抵押权人能够证明抵押财产转让可能损害抵押权的，可以请求抵押人**将转让所得的价款向抵押权人提前清偿债务或者提存。转让的价款超过债权数额的部分归抵押人所有，不足部分由债务人清偿。
第一百九十二条　抵押权不得与债权分离而单独转让或者作为其他债权的担保。债权转让的，担保该债权的抵押权一并转让，但法律另有规定或者当事人另有约定的除外。	**第四百零七条**　抵押权不得与债权分离而单独转让或者作为其他债权的担保。债权转让的，担保该债权的抵押权一并转让，但是法律另有规定或者当事人另有约定的除外。
第一百九十三条　抵押人的行为足以使抵押财产价值减少的，抵押权人有权要求抵押人停止其行为。抵押财产价值减少的，抵押权人有权要求恢复抵押财产的价值，或者提供与减少的价值相应的担保。抵押人不恢复抵押财产的价值也不提供担保的，抵押权人有权要求债务人提前清偿债务。	**第四百零八条**　抵押人的行为足以使抵押财产价值减少的，抵押权人有权请求抵押人停止其行为；抵押财产价值减少的，抵押权人有权请求恢复抵押财产的价值，或者提供与减少的价值相应的担保。抵押人不恢复抵押财产的价值，也不提供担保的，抵押权人有权请求债务人提前清偿债务。
第一百九十四条　抵押权人可以放弃抵押权或者抵押权的顺位。抵押权人与抵押人可以协议变更抵押权顺位以及被担保的债权数额等内容，但抵押权的变更，未经其他抵押权人书面同意，不得对其他抵押权人产生不利影响。	**第四百零九条**　抵押权人可以放弃抵押权或者抵押权的顺位。抵押权人与抵押人可以协议变更抵押权顺位以及被担保的债权数额等内容。但是，抵押权的变更未经其他抵押权人书面同意**的**，不得对其他抵押权人产生不利影响。

续表

《物权法》相关条款	《民法典》物权编
债务人以自己的财产设定抵押，抵押权人放弃该抵押权、抵押权顺位或者变更抵押权的，其他担保人在抵押权人丧失优先受偿权益的范围内免除担保责任，但其他担保人承诺仍然提供担保的除外。	债务人以自己的财产设定抵押，抵押权人放弃该抵押权、抵押权顺位或者变更抵押权的，其他担保人在抵押权人丧失优先受偿权益的范围内免除担保责任，但是其他担保人承诺仍然提供担保的除外。
第一百九十五条　债务人不履行到期债务或者发生当事人约定的实现抵押权的情形，抵押权人可以与抵押人协议以抵押财产折价或者以拍卖、变卖该抵押财产所得的价款优先受偿。协议损害其他债权人利益的，其他债权人可以~~在知道或者应当知道撤销事由之日起一年内~~请求人民法院撤销该协议。 抵押权人与抵押人未就抵押权实现方式达成协议的，抵押权人可以请求人民法院拍卖、变卖抵押财产。 抵押财产折价或者变卖的，应当参照市场价格。	**第四百一十条**　债务人不履行到期债务或者发生当事人约定的实现抵押权的情形，抵押权人可以与抵押人协议以抵押财产折价或者以拍卖、变卖该抵押财产所得的价款优先受偿。协议损害其他债权人利益的，其他债权人可以请求人民法院撤销该协议。 抵押权人与抵押人未就抵押权实现方式达成协议的，抵押权人可以请求人民法院拍卖、变卖抵押财产。 抵押财产折价或者变卖的，应当参照市场价格。
第一百九十六条　*依照本法第一百八十一条*规定设定抵押的，抵押财产自下列情形之一发生时确定： （一）债务履行期届满，债权未实现； （二）抵押人被宣告破产或者被撤销； （三）当事人约定的实现抵押权的情形； （四）严重影响债权实现的其他情形。	**第四百一十一条**　*依据本法第三百九十六条*规定设定抵押的，抵押财产自下列情形之一发生时确定： （一）债务履行期**限**届满，债权未实现； （二）抵押人被宣告破产或者解散； （三）当事人约定的实现抵押权的情形； （四）严重影响债权实现的其他情形。

续表

《物权法》相关条款	《民法典》物权编
第一百九十七条　债务人不履行到期债务或者发生当事人约定的实现抵押权的情形，致使抵押财产被人民法院依法扣押的，自扣押之日起抵押权人有权收取该抵押财产的天然孳息或者法定孳息，但抵押权人未通知应当清偿法定孳息的义务人的除外。 前款规定的孳息应当先充抵收取孳息的费用。	**第四百一十二条**　债务人不履行到期债务或者发生当事人约定的实现抵押权的情形，致使抵押财产被人民法院依法扣押的，自扣押之日起，抵押权人有权收取该抵押财产的天然孳息或者法定孳息，但是抵押权人未通知应当清偿法定孳息义务人的除外。 前款规定的孳息应当先充抵收取孳息的费用。
第一百九十八条　抵押财产折价或者拍卖、变卖后，其价款超过债权数额的部分归抵押人所有，不足部分由债务人清偿。	**第四百一十三条**　抵押财产折价或者拍卖、变卖后，其价款超过债权数额的部分归抵押人所有，不足部分由债务人清偿。
第一百九十九条　同一财产向两个以上债权人抵押的，拍卖、变卖抵押财产所得的价款依照下列规定清偿： （一）抵押权已登记的，按照登记的先后*顺序清偿*~~；顺序相同的，按照债权比例清偿~~； （二）抵押权已登记的先于未登记的受偿； （三）抵押权未登记的，按照债权比例清偿。	**第四百一十四条**　同一财产向两个以上债权人抵押的，拍卖、变卖抵押财产所得的价款依照下列规定清偿： （一）抵押权已经登记的，按照登记的**时间**先后*确定清偿顺序*； （二）抵押权已经登记的先于未登记的受偿； （三）抵押权未登记的，按照债权比例清偿。 **其他可以登记的担保物权，清偿顺序参照适用前款规定。**
	第四百一十五条　同一财产既设立抵押权又设立质权的，拍卖、变卖该财产所得的价款按照登记、交付的时间先后确定清偿顺序。

续表

《物权法》相关条款	《民法典》物权编
	第四百一十六条　动产抵押担保的主债权是抵押物的价款，标的物交付后十日内办理抵押登记的，该抵押权人优先于抵押物买受人的其他担保物权人受偿，但是留置权人除外。
第二百条　建设用地使用权抵押后，该土地上新增的建筑物不属于抵押财产。该建设用地使用权实现抵押权时，应当将该土地上新增的建筑物与建设用地使用权一并处分，但新增建筑物所得的价款，抵押权人无权优先受偿。	**第四百一十七条**　建设用地使用权抵押后，该土地上新增的建筑物不属于抵押财产。该建设用地使用权实现抵押权时，应当将该土地上新增的建筑物与建设用地使用权一并处分。但是，新增建筑物所得的价款，抵押权人无权优先受偿。
第二百零一条　~~依照本法第一百八十条第一款第三项规定的土地承包经营权抵押的，或者依照本法第一百八十三条规定以乡镇、村企业的厂房等建筑物占用范围内的建设用地使用权一并~~抵押的，实现抵押权后，未经法定程序，不得改变土地所有权的性质和土地用途。	**第四百一十八条　以集体所有土地的使用权依法**抵押的，实现抵押权后，未经法定程序，不得改变土地所有权的性质和土地用途。
第二百零二条　抵押权人应当在主债权诉讼时效期间行使抵押权；未行使的，人民法院不予保护。	**第四百一十九条**　抵押权人应当在主债权诉讼时效期间行使抵押权；未行使的，人民法院不予保护。

续表

《物权法》相关条款	《民法典》物权编
	第二节　最高额抵押权
第二百零三条　为担保债务的履行，债务人或者第三人对一定期间内将要连续发生的债权提供担保财产的，债务人不履行到期债务或者发生当事人约定的实现抵押权的情形，抵押权人有权在最高债权额限度内就该担保财产优先受偿。 最高额抵押权设立前已经存在的债权，经当事人同意，可以转入最高额抵押担保的债权范围。	**第四百二十条**　为担保债务的履行，债务人或者第三人对一定期间内将要连续发生的债权提供担保财产的，债务人不履行到期债务或者发生当事人约定的实现抵押权的情形，抵押权人有权在最高债权额限度内就该担保财产优先受偿。 最高额抵押权设立前已经存在的债权，经当事人同意，可以转入最高额抵押担保的债权范围。
第二百零四条　最高额抵押担保的债权确定前，部分债权转让的，最高额抵押权不得转让，但当事人另有约定的除外。	**第四百二十一条**　最高额抵押担保的债权确定前，部分债权转让的，最高额抵押权不得转让，但是当事人另有约定的除外。
第二百零五条　最高额抵押担保的债权确定前，抵押权人与抵押人可以通过协议变更债权确定的期间、债权范围以及最高债权额，但变更的内容不得对其他抵押权人产生不利影响。	**第四百二十二条**　最高额抵押担保的债权确定前，抵押权人与抵押人可以通过协议变更债权确定的期间、债权范围以及最高债权额。但是，变更的内容不得对其他抵押权人产生不利影响。
第二百零六条　有下列情形之一的，抵押权人的债权确定： （一）约定的债权确定期间届满； （二）没有约定债权确定期间或者约定不明确，抵押权人或者抵押人自最高额抵押权设立之日起满二年后请求确定债权；	**第四百二十三条**　有下列情形之一的，抵押权人的债权确定： （一）约定的债权确定期间届满； （二）没有约定债权确定期间或者约定不明确，抵押权人或者抵押人自最高额抵押权设立之日起满二年后请求确定债权； （三）新的债权不可能发生；

续表

《物权法》相关条款	《民法典》物权编
(三)新的债权不可能发生; (四)抵押财产被查封、扣押; (五)债务人、抵押人被宣告破产或者~~被撤销~~; (六)法律规定债权确定的其他情形。	**(四)抵押权人知道或者应当知道**抵押财产被查封、扣押; (五)债务人、抵押人被宣告破产或者**解散**; (六)法律规定债权确定的其他情形。
第二百零七条　最高额抵押权除适用本节规定外,适用本章第一节~~一般抵押权~~的规定。	**第四百二十四条**　最高额抵押权除适用本节规定外,适用本章第一节的**有关**规定。
	第十八章　质　　权
	第一节　动 产 质 权
第二百零八条　为担保债务的履行,债务人或者第三人将其动产出质给债权人占有的,债务人不履行到期债务或者发生当事人约定的实现质权的情形,债权人有权就该动产优先受偿。 前款规定的债务人或者第三人为出质人,债权人为质权人,交付的动产为质押财产。	**第四百二十五条**　为担保债务的履行,债务人或者第三人将其动产出质给债权人占有的,债务人不履行到期债务或者发生当事人约定的实现质权的情形,债权人有权就该动产优先受偿。 前款规定的债务人或者第三人为出质人,债权人为质权人,交付的动产为质押财产。
第二百零九条　法律、行政法规禁止转让的动产不得出质。	**第四百二十六条**　法律、行政法规禁止转让的动产不得出质。
第二百一十条　设立质权,当事人应当采取书面形式订立质权合同。 *质权*合同一般包括下列条款: (一)被担保债权的种类和数额;	**第四百二十七条**　设立质权,当事人应当采用书面形式订立质押合同。 *质押*合同一般包括下列条款: (一)被担保债权的种类和数额; (二)债务人履行债务的期限;

续表

《物权法》相关条款	《民法典》物权编
（二）债务人履行债务的期限； （三）质押财产的名称、数量、质量、状况； （四）担保的范围； （五）质押财产交付的时间。	（三）质押财产的名称、数量等情况； （四）担保的范围； （五）质押财产交付的时间、**方式**。
第二百一十一条　质权人在债务履行期届满前，不得与出质人约定债务人不履行到期债务时质押财产归债权人所有。	**第四百二十八条**　质权人在债务履行期限届满前，与出质人约定债务人不履行到期债务时质押财产归债权人所有**的，只能依法就质押财产优先受偿**。
第二百一十二条　质权自出质人交付质押财产时设立。	**第四百二十九条**　质权自出质人交付质押财产时设立。
第二百一十三条　质权人有权收取质押财产的孳息，但合同另有约定的除外。 前款规定的孳息应当先充抵收取孳息的费用。	**第四百三十条**　质权人有权收取质押财产的孳息，但**是**合同另有约定的除外。 前款规定的孳息应当先充抵收取孳息的费用。
第二百一十四条　质权人在质权存续期间，未经出质人同意，擅自使用、处分质押财产，*给出质人造成损害的*，应当承担赔偿责任。	**第四百三十一条**　质权人在质权存续期间，未经出质人同意，擅自使用、处分质押财产，*造成出质人损害的*，应当承担赔偿责任。
第二百一十五条　质权人负有妥善保管质押财产的义务；因保管不善致使质押财产毁损、灭失的，应当承担赔偿责任。 质权人的行为可能使质押财产毁损、灭失的，出质人可以*要求*质权人将质押财产提存，或者*要求*提前清偿债务并返还质押财产。	**第四百三十二条**　质权人负有妥善保管质押财产的义务；因保管不善致使质押财产毁损、灭失的，应当承担赔偿责任。 质权人的行为可能使质押财产毁损、灭失的，出质人可以*请求*质权人将质押财产提存，或者*请求*提前清偿债务并返还质押财产。

续表

《物权法》相关条款	《民法典》物权编
第二百一十六条　因不能归责于质权人的事由可能使质押财产毁损或者价值明显减少，足以危害质权人权利的，质权人有权要求出质人提供相应的担保；出质人不提供的，质权人可以拍卖、变卖质押财产，并与出质人~~通过~~协议将拍卖、变卖所得的价款提前清偿债务或者提存。	**第四百三十三条**　因不可归责于质权人的事由可能使质押财产毁损或者价值明显减少，足以危害质权人权利的，质权人有权请求出质人提供相应的担保；出质人不提供的，质权人可以拍卖、变卖质押财产，并与出质人协议将拍卖、变卖所得的价款提前清偿债务或者提存。
第二百一十七条　质权人在质权存续期间，未经出质人同意转质，造成质押财产毁损、灭失的，应当~~向出质人~~承担赔偿责任。	**第四百三十四条**　质权人在质权存续期间，未经出质人同意转质，造成质押财产毁损、灭失的，应当承担赔偿责任。
第二百一十八条　质权人可以放弃质权。债务人以自己的财产出质，质权人放弃该质权的，其他担保人在质权人丧失优先受偿权益的范围内免除担保责任，但其他担保人承诺仍然提供担保的除外。	**第四百三十五条**　质权人可以放弃质权。债务人以自己的财产出质，质权人放弃该质权的，其他担保人在质权人丧失优先受偿权益的范围内免除担保责任，但是其他担保人承诺仍然提供担保的除外。
第二百一十九条　债务人履行债务或者出质人提前清偿所担保的债权的，质权人应当返还质押财产。 债务人不履行到期债务或者发生当事人约定的实现质权的情形，质权人可以与出质人协议以质押财产折价，也可以就拍卖、变卖质押财产所得的价款优先受偿。 质押财产折价或者变卖的，应当参照市场价格。	**第四百三十六条**　债务人履行债务或者出质人提前清偿所担保的债权的，质权人应当返还质押财产。 债务人不履行到期债务或者发生当事人约定的实现质权的情形，质权人可以与出质人协议以质押财产折价，也可以就拍卖、变卖质押财产所得的价款优先受偿。 质押财产折价或者变卖的，应当参照市场价格。

续表

《物权法》相关条款	《民法典》物权编
第二百二十条 出质人可以请求质权人在债务履行期届满后及时行使质权；质权人不行使的，出质人可以请求人民法院拍卖、变卖质押财产。 出质人请求质权人及时行使质权，因质权人怠于行使权利造成损害的，由质权人承担赔偿责任。	**第四百三十七条** 出质人可以请求质权人在债务履行期限届满后及时行使质权；质权人不行使的，出质人可以请求人民法院拍卖、变卖质押财产。 出质人请求质权人及时行使质权，因质权人怠于行使权利造成**出质人**损害的，由质权人承担赔偿责任。
第二百二十一条 质押财产折价或者拍卖、变卖后，其价款超过债权数额的部分归出质人所有，不足部分由债务人清偿。	**第四百三十八条** 质押财产折价或者拍卖、变卖后，其价款超过债权数额的部分归出质人所有，不足部分由债务人清偿。
第二百二十二条 出质人与质权人可以协议设立最高额质权。 最高额质权除适用本节有关规定外，参照本法第十六章第二节最~~高额抵押权~~的规定。	**第四百三十九条** 出质人与质权人可以协议设立最高额质权。 最高额质权除适用本节有关规定外，参照适用本编第十七章第二节的**有关**规定。
	第二节　权利质权
第二百二十三条 债务人或者第三人有权处分的下列权利可以出质： （一）汇票、支票、本票； （二）债券、存款单； （三）仓单、提单； （四）可以转让的基金份额、股权； （五）可以转让的注册商标专用权、专利权、著作权等知识产权中的财产权；	**第四百四十条** 债务人或者第三人有权处分的下列权利可以出质： （一）汇票、本票、支票； （二）债券、存款单； （三）仓单、提单； （四）可以转让的基金份额、股权； （五）可以转让的注册商标专用权、专利权、著作权等知识产权中的财产权；

续表

《物权法》相关条款	《民法典》物权编
（六）应收账款； （七）法律、行政法规规定可以出质的其他财产权利。	（六）**现有的以及将有的**应收账款； （七）法律、行政法规规定可以出质的其他财产权利。
第二百二十四条　以汇票、支票、本票、债券、存款单、仓单、提单出质的，~~当事人应当订立书面合同。~~质权自权利凭证交付质权人时设立；没有权利凭证的，质权自~~有关部门~~办理出质登记时设立。	**第四百四十一条**　以汇票、本票、支票、债券、存款单、仓单、提单出质的，质权自权利凭证交付质权人时设立；没有权利凭证的，质权自办理出质登记时设立。**法律另有规定的，依照其规定**。
第二百二十五条　汇票、支票、本票、债券、存款单、仓单、提单的兑现日期或者提货日期先于主债权到期的，质权人可以兑现或者提货，并与出质人协议将兑现的价款或者提取的货物提前清偿债务或者提存。	**第四百四十二条**　汇票、本票、支票、债券、存款单、仓单、提单的兑现日期或者提货日期先于主债权到期的，质权人可以兑现或者提货，并与出质人协议将兑现的价款或者提取的货物提前清偿债务或者提存。
第二百二十六条　以基金份额、股权出质的，~~当事人应当订立书面合同。以基金份额、证券登记结算机构登记的股权出质的，质权自证券登记结算机构办理出质登记时设立；以其他股权出质的，~~质权自~~工商行政管理部门~~办理出质登记时设立。 基金份额、股权出质后，不得转让，但经出质人与质权人协商同意的除外。出质人转让基金份额、股权所得的价款，应当向质权人提前清偿债务或者提存。	**第四百四十三条**　以基金份额、股权出质的，质权自办理出质登记时设立。 基金份额、股权出质后，不得转让，但是出质人与质权人协商同意的除外。出质人转让基金份额、股权所得的价款，应当向质权人提前清偿债务或者提存。

续表

《物权法》相关条款	《民法典》物权编
第二百二十七条 以注册商标专用权、专利权、著作权等知识产权中的财产权出质的，~~当事人应当订立书面合同。~~质权自~~有关主管部门~~办理出质登记时设立。 知识产权中的财产权出质后，出质人不得转让或者许可他人使用，但经出质人与质权人协商同意的除外。出质人转让或者许可他人使用出质的知识产权中的财产权所得的价款，应当向质权人提前清偿债务或者提存。	**第四百四十四条** 以注册商标专用权、专利权、著作权等知识产权中的财产权出质的，质权自办理出质登记时设立。 知识产权中的财产权出质后，出质人不得转让或者许可他人使用，但是出质人与质权人协商同意的除外。出质人转让或者许可他人使用出质的知识产权中的财产权所得的价款，应当向质权人提前清偿债务或者提存。
第二百二十八条 以应收账款出质的，~~当事人应当订立书面合同。~~质权自~~信贷征信机构~~办理出质登记时设立。 应收账款出质后，不得转让，但经出质人与质权人协商同意的除外。出质人转让应收账款所得的价款，应当向质权人提前清偿债务或者提存。	**第四百四十五条** 以应收账款出质的，质权自办理出质登记时设立。 应收账款出质后，不得转让，但是出质人与质权人协商同意的除外。出质人转让应收账款所得的价款，应当向质权人提前清偿债务或者提存。
	第四百四十六条 权利质权除适用本节规定外，适用本章第一节的有关规定。

续表

《物权法》相关条款	《民法典》物权编
	第十九章 留 置 权
第二百三十条 债务人不履行到期债务,债权人可以留置已经合法占有的债务人的动产,并有权就该动产优先受偿。 前款规定的债权人为留置权人,占有的动产为留置财产。	**第四百四十七条** 债务人不履行到期债务,债权人可以留置已经合法占有的债务人的动产,并有权就该动产优先受偿。 前款规定的债权人为留置权人,占有的动产为留置财产。
第二百三十一条 债权人留置的动产,应当与债权属于同一法律关系,但企业之间留置的除外。	**第四百四十八条** 债权人留置的动产,应当与债权属于同一法律关系,但是企业之间留置的除外。
第二百三十二条 法律规定或者当事人约定不得留置的动产,不得留置。	**第四百四十九条** 法律规定或者当事人约定不得留置的动产,不得留置。
第二百三十三条 留置财产为可分物的,留置财产的价值应当相当于债务的金额。	**第四百五十条** 留置财产为可分物的,留置财产的价值应当相当于债务的金额。
第二百三十四条 留置权人负有妥善保管留置财产的义务;因保管不善致使留置财产毁损、灭失的,应当承担赔偿责任。	**第四百五十一条** 留置权人负有妥善保管留置财产的义务;因保管不善致使留置财产毁损、灭失的,应当承担赔偿责任。
第二百三十五条 留置权人有权收取留置财产的孳息。 前款规定的孳息应当先充抵收取孳息的费用。	**第四百五十二条** 留置权人有权收取留置财产的孳息。 前款规定的孳息应当先充抵收取孳息的费用。

续表

《物权法》相关条款	《民法典》物权编
第二百三十六条　留置权人与债务人应当约定留置财产后的债务履行*期间*；没有约定或者约定不明确的，留置权人应当给债务人*两个月*以上履行债务的*期间*，但鲜活易腐等不易保管的动产除外。债务人逾期未履行的，留置权人可以与债务人协议以留置财产折价，也可以就拍卖、变卖留置财产所得的价款优先受偿。 留置财产折价或者变卖的，应当参照市场价格。	**第四百五十三条**　留置权人与债务人应当约定留置财产后的债务履行*期限*；没有约定或者约定不明确的，留置权人应当给债务人*六十日*以上履行债务的*期限*，但是鲜活易腐等不易保管的动产除外。债务人逾期未履行的，留置权人可以与债务人协议以留置财产折价，也可以就拍卖、变卖留置财产所得的价款优先受偿。 留置财产折价或者变卖的，应当参照市场价格。
第二百三十七条　债务人可以请求留置权人在债务履行期届满后行使留置权；留置权人不行使的，债务人可以请求人民法院拍卖、变卖留置财产。	**第四百五十四条**　债务人可以请求留置权人在债务履行期限届满后行使留置权；留置权人不行使的，债务人可以请求人民法院拍卖、变卖留置财产。
第二百三十八条　留置财产折价或者拍卖、变卖后，其价款超过债权数额的部分归债务人所有，不足部分由债务人清偿。	**第四百五十五条**　留置财产折价或者拍卖、变卖后，其价款超过债权数额的部分归债务人所有，不足部分由债务人清偿。
第二百三十九条　同一动产上已设立抵押权或者质权，该动产又被留置的，留置权人优先受偿。	**第四百五十六条**　同一动产上已经设立抵押权或者质权，该动产又被留置的，留置权人优先受偿。
第二百四十条　留置权人对留置财产丧失占有或者留置权人接受债务人另行提供担保的，留置权消灭。	**第四百五十七条**　留置权人对留置财产丧失占有或者留置权人接受债务人另行提供担保的，留置权消灭。

续表

《物权法》相关条款	《民法典》物权编
	第五分编　占　　有
	第二十章　占　　有
第二百四十一条　基于合同关系等产生的占有，有关不动产或者动产的使用、收益、违约责任等，按照合同约定；合同没有约定或者约定不明确的，依照有关法律规定。	**第四百五十八条**　基于合同关系等产生的占有，有关不动产或者动产的使用、收益、违约责任等，按照合同约定；合同没有约定或者约定不明确的，依照有关法律规定。
第二百四十二条　占有人因使用占有的不动产或者动产，致使该不动产或者动产受到损害的，恶意占有人应当承担赔偿责任。	**第四百五十九条**　占有人因使用占有的不动产或者动产，致使该不动产或者动产受到损害的，恶意占有人应当承担赔偿责任。
第二百四十三条　不动产或者动产被占有人占有的，权利人可以请求返还原物及其孳息，但应当支付善意占有人因维护该不动产或者动产支出的必要费用。	**第四百六十条**　不动产或者动产被占有人占有的，权利人可以请求返还原物及其孳息；但是，应当支付善意占有人因维护该不动产或者动产支出的必要费用。
第二百四十四条　占有的不动产或者动产毁损、灭失，该不动产或者动产的权利人请求赔偿的，占有人应当将因毁损、灭失取得的保险金、赔偿金或者补偿金等返还给权利人；权利人的损害未得到足够弥补的，恶意占有人还应当赔偿损失。	**第四百六十一条**　占有的不动产或者动产毁损、灭失，该不动产或者动产的权利人请求赔偿的，占有人应当将因毁损、灭失取得的保险金、赔偿金或者补偿金等返还给权利人；权利人的损害未得到足够弥补的，恶意占有人还应当赔偿损失。

续表

《物权法》相关条款	《民法典》物权编
第二百四十五条 占有的不动产或者动产被侵占的，占有人有权请求返还原物；对妨害占有的行为，占有人有权请求排除妨害或者消除危险；因侵占或者妨害造成损害的，占有人有权请求损害赔偿。 占有人返还原物的请求权，自侵占发生之日起一年内未行使的，该请求权消灭。	**第四百六十二条** 占有的不动产或者动产被侵占的，占有人有权请求返还原物；对妨害占有的行为，占有人有权请求排除妨害或者消除危险；因侵占或者妨害造成损害的，占有人有权**依法**请求损害赔偿。 占有人返还原物的请求权，自侵占发生之日起一年内未行使的，该请求权消灭。

附录二　相关法规(通过正文二维码获取)

一、综合

最高人民法院关于适用《中华人民共和国物权法》若干问题的解释(一)(2016.2.22)

最高人民法院关于贯彻执行《中华人民共和国民法通则》若干问题的意见(试行)(1988.4.2)

中华人民共和国土地管理法(2019.8.26 修正)

中华人民共和国土地管理法实施条例(2014.7.28.修订)

中华人民共和国城市房地产管理法(2019.8.26 修正)

二、物权公示

不动产登记暂行条例(2019.3.24 修订)

不动产登记暂行条例实施细则(2019.7.24 修正)

自然资源统一确权登记暂行办法(2019.7.11)

最高人民法院关于审理房屋登记案件若干问题的规定(2010.11.5)

三、所有权

物业管理条例(2018.3.19 修订)

最高人民法院关于审理建筑物区分所有权纠纷案件具体应用法律若干问题的解释(2009.5.14)

最高人民法院关于审理物业服务纠纷案件具体应用法律若干问题的解释(2009.5.15)

四、用益物权

中华人民共和国农村土地承包法(2018.12.29 修正)

中华人民共和国城镇国有土地使用权出让和转让暂行条例(1990.5.19)

城市国有土地使用权出让转让规划管理办法(2011.1.26 修正)

最高人民法院关于审理涉及农村土地承包经营纠纷调解仲裁案件适用法律若干问题的解释(2014.1.9)

最高人民法院关于审理涉及农村土地承包纠纷案件适用法律问题的解释(2005.7.29)

五、担保物权

动产抵押登记办法(2019.3.18 修订)

城市房地产抵押管理办法(2001.8.15 修正)

最高人民法院关于适用《中华人民共和国担保法》若干问题的解释(2000.12.8)

图书在版编目(CIP)数据

中华人民共和国民法典物权编注释本 / 法律出版社法规中心编. -- 北京 : 法律出版社, 2020
(法律单行本注释本系列)
ISBN 978-7-5197-4583-7

Ⅰ. ①中… Ⅱ. ①法… Ⅲ. ①物权法-法律解释-中国 Ⅳ. ①D923.25

中国版本图书馆 CIP 数据核字(2020)第 087131 号

中华人民共和国民法典物权编注释本
ZHONGHUA RENMIN GONGHEGUO MINFADIAN WUQUANBIAN ZHUSHIBEN

法律出版社法规中心 编

责任编辑 张发靖 陈昱希
装帧设计 李 瞻

出版 法律出版社
总发行 中国法律图书有限公司
经销 新华书店
印刷 三河市兴达印务有限公司
责任印制 张建伟

编辑统筹 法规出版分社
开本 850 毫米×1168 毫米 1/32
印张 9.25
字数 235 千
版本 2020 年 8 月第 1 版
印次 2020 年 8 月第 1 次印刷

法律出版社/北京市丰台区莲花池西里 7 号(100073)
网址/www.lawpress.com.cn
投稿邮箱/info@lawpress.com.cn
举报维权邮箱/jbwq@lawpress.com.cn
销售热线/400-660-8393
咨询电话/010-63939796

中国法律图书有限公司/北京市丰台区莲花池西里 7 号(100073)
全国各地中法图分、子公司销售电话:
统一销售客服/400-660-8393/6393
第一法律书店/010-83938432/8433 西安分公司/029-85330678 重庆分公司/023-67453036
上海分公司/021-62071639/1636 深圳分公司/0755-83072995

书号: ISBN 978-7-5197-4583-7 **定价:** 26.00 元
(如有缺页或倒装,中国法律图书有限公司负责退换)